H. L. A. ハート

法の概念

矢崎光圀監訳

みすず書房

THE CONCEPT OF LAW

by

H. L. A. Hart

First published by Oxford University Press, 1961

凡例

一、本書は、H. L. A. Hart, *The concept of law*, Oxford Univ. Press, 1961 の邦訳である。原著については紀伊国屋書店の復刻版があり、また *Der Begriff des Rechts*, überg. von A. von Baeyer, Suhrkamp Verlag, 1973 のドイツ語訳がある。

二、邦訳にさいしてはできるだけ原文を尊重することにした。明らかな誤植、ミスと思われるもの以外は原則としてそのまま訳出した。例外的に訂正したのは著者が本文中で他の章を参照するさいに明らかに書き違えていると見られる場合とか、同じ判例が重ねて引用されながら年数が違う場合とかである。

三、「命令」という訳語に対しては order, command などの原語があり、後者に関してはJ・オースティン（Austin）の独特の用語法が参照されているため、両者に対し同じ命令という訳語を用いながら、後の場合だけ、命令の後に command をつけることにした。

四、原著でイタリック体になっている字句には傍点を付した。

五、人名、地名の発音はそれぞれの国の原呼称にしたがうことを原則としたが、わが国で慣用の呼称があるときはこれにしたがい、原呼称が不明のときは英語の発音にしたがった。

六、「本書に対する批判的著作」（巻末参照）はハート教授自身によりつけられたものであるが、さらに「邦語参考文献」を加え、索引についても読者の便宜を考え、これをやや詳細なものに改めた。

七、邦訳のさいの分担は次のとおりである。

第一章　矢崎光圀

第二章　和泉裕之（大阪大学大学院法学研究科修士課程修了、三菱油化株式会社）
第三章　南　利明（静岡大学助教授、法哲学）
第四章　中谷　実（滋賀大学助教授、憲法）
第五章　石井幸三（龍谷大学助教授、法哲学）
第六章　松浦好治（大阪大学助教授、法哲学）
第七章　戸塚　登（大阪大学助教授、商法）
第八章　川島慶雄（大阪大学教授、国際法）
第九章　明坂　満（関西女子美術短大非常勤講師、法学・憲法）
第十章　黒沢　満（新潟大学助教授、国際法）

各自、分担、訳出した原稿を輪読会の形式で読み合わせ、吟味、修正し、訳文の解釈が分れるところは矢崎が最終的にまとめることにした。したがって、邦訳上の不備な点は矢崎の責任である。

再版にさいして

再版にさいしては、紙型を変えない範囲で、誤字、脱字、その他について最少限の修正をおこなった。末尾邦語文献については若干を加えたが、欧文文献についてはそこから参照していただくこととし、新しく加えることは避け、本来、ハート教授の列挙したものにとどめた。点検にあたっては各担当者にはもちろん、全般について点検の労をとって下さった石井幸三氏、その手助けをしていただいた角田猛之氏（中京大学・法学部）、さらに貴重な御意見をよせて下さった森際康友氏（名古屋大学・法学部）にとくに感謝したい。

一九八三年九月

矢崎光圀

序

本書における私の目的は、異なっているが関連しあった社会的現象としての法、強制、道徳の理解を促進することである。本書は主として法理学を学ぶ者のために書かれているが、法よりはむしろ道徳哲学、政治哲学、あるいは社会学に主として関心をもつ人にも役立つことを願っている。法律家は本書が法の批判とか法政策ではなく、法思考の一般的枠組の明確化にかかわっているので、分析法理学 analytical jurisprudence の試論と考えるであろう。さらに私は多くの箇所で言葉の意味に関すると言ってもよいような諸問題を提起している。たとえば私は、「せざるをえない」‘being obliged’ ということがどのようにして「責務を負っている」‘having an obligation’ ということと異なっているのか、あるルール〔この語については、巻末の「訳者解説」を参照されたい。——訳者〕が、有効な法のルールであるという陳述はどのようにして公機関の行動の予測と異なるのか、社会の集団がルールをまもるという主張で何が意味されているのか、このことは社会集団の構成員達が習慣的に一定のことをするという主張とどのように違い、また類似するのかを考察してきた。事実、本書の中心的主題の一つは、社会的ルールを考察するときには常になされうる二つの異なった種類の陳述、私が「内的」‘internal’ と「外的」‘external’ と呼ぶ陳述 statement の間の一定の決定的区別をわきまえないと、法も、その他の社会構造も理解することができないということである。

本書は分析にかかわっているが、また記述社会学 descriptive sociology の試論と考えられてもよい。言葉の意味に関する研究が言葉を明らかにするだけだと考えることは誤っているからである。社会的状況、社会的諸関係のタイプの間のすぐにはわからないような多くの重要な違いは、これに関連した表現の基準的用法を、そしてそういった表現がそれ自体しばしば明示されない社会的文脈にどう依拠しているかを、吟味することによって一番うまく明らかにされうるのである。そのこと自体しばしばのべられてないままになっていた。J・L・オースティン教授が言っているとおり、「現象に関する知覚をとぎすますために言葉に関する鋭敏な意識」を用いることが、この研究分野においては特に当てはまる。

私はおおいに、また明らかに他の理論家たちに多くを負っている。本書の大部分は、事実、オースティンの命令説の線にそって構成された法体系の単純なモデルの欠陥を扱っている。しかし、本文で他の理論家たちはわずかしか言及されていず、脚注もほんのわずかであることを読者は知るであろう。その代わり、本書の末尾には各章を読んだあとで読まれるようにつくられた詳細な注があることを知るであろう。注では本文でのべた見解が私より以前の人々および現代の人々の見解と関係づけられた上で、そういった主張が彼らの著作のなかでどのように一層追求されうるかがのべられている。私がこういう方向をとったのは、一つには、本書の主張が連続したものであって、他の理論を比較することはかえってその妨げになると思われたからである。しかし、私はまた法理論に関する書物というものは、主として他の書物が何を言っているかを学ぶ書物にほかならないという考えを、本書の構成で挫くことができないかという教育的ねらいをももっていた。書物を書く人々がこういう考えを抱いているかぎり、主題についての進歩はほとんどないであろうし、読む人々も同じ考えであれば、主題についての教育的価値は常にとるに足りないに違いない。

私はあまり長い間非常に多くの人々に負うところが大きかったので、今、私の感謝の念を一々申し上げることはできない。しかし、私はA・M・オノレ氏が詳細な批判によって私の思考の混乱と文体の拙さを明らかにして下さったことに対して特にお礼を申し上げたい。私はつとめてそういう点を取り除こうとしたが、同氏が是認しないようなところが多く残っているのではないかとおそれている。私はG・A・ポール氏との会話から本書の政治哲学に関しても、また自然法の解釈に関しても得るところがあったし、彼が校正をして下さったことに感謝したい。私はさらにラパート・クロス博士およびP・E・ストローソン氏が本文を読んだ上、有益な助言と批判をして下さったことにつき深く感謝する。

一九六一年二月　オクスフォードにて

H・L・A・ハート

日本語版への序文

本書が法理学、法哲学を学ぶ日本の人々に役立つようになると思いますと、本当にうれしいことであります。また翻訳の労をとって下さった方々に心から感謝いたします。もともと、法理学に関する英語の著作がよく用いるヴォキャブラリーには、他の語にそのまま置き換えられないような表現がたくさん含まれているため、翻訳の仕事というものは、たとえ英語を他のヨーロッパの言葉に訳すだけであっても、むずかしいということを私は承知しております。その上、うちあけて申しますと、本書の執筆にあたって私は、これまで無視されていたさまざまな法の諸側面を区分し識別するためには、私が与えたような意味ではイギリスの理論家達によって普通用いられなかったようないくらかの表現を考案する必要があったわけです。

一九六一年に本書がはじめて出版されてから、本書はかなりの批判的コメントの対象になってきました。そこで、これらの批判的著作のうちのもっとも重要なもののリスト〔巻末、本書に対する批判的著作〕をこの翻訳に加えましたが、それらすべては真に注目に価するもので、本書の論じている問題を明らかにするのに役立つと思いますし、また私の著書を読む日本の人々の助けになればと希望いたします。

一九七五年一月　オクスフォードにて

H・L・A・ハート

目　次

第一章　執拗につきまとう諸問題

第一節　法理論の困惑

人間の社会に関する諸問題のなかで、「法とは何か」の問題ほど、非常にさまざまな奇妙な、そして逆説的でさえあるやり方でまじめな思想家達によって執拗にたずねられ答えられてきたものはほとんどない。かりに最近一五〇年間の法理論だけに注目し、古代および中世の法の「本質」に関する思索をはぶいたとしても、われわれは独立の学科として体系的に研究される他のいかなる分野にも、これに匹敵するような状況を見出さないであろう。「法とは何か」の問題についてほど、おびただしい量の文献は「化学とは何か」、あるいは「医学とは何か」の問題に答えるために捧げられてはいないのである。入門的な教科書の最初のページを見れば、化学とか医学とかいった学問にたずさわる学生が考えなくてはならないことは数行で尽くされているのであって、彼に与えられる答えは法を学ぶ者にさし出される答えとはまるきり違った性質のものである。医学とは「医者が病気について行なうところのもの」であるとか、「医者が行なうであろうことについての予測」であると主張しても、また酸の研究のように、化学を特徴づける中心的部分であると普通認められるものは実は化学の部分ではまったくないと宣言しても、それが啓発的だとか重要だとかは誰も考えなかった。しかし、法の場合にはちょっと見ただけでは以上と同じほど奇妙に見えることが、法の基本的性質のはなはだしい誤解によって長い間曖昧にされてきた法の真理を啓示したものであるかのように、しばしば言われてきたし、言われただけでなく、雄弁に、しかも情熱をこめて主張されてきたのである。

「公機関が紛争について行なうところのものが……法それ自体である。[1]」「裁判所が行なうであろうことについての予言こそ……私が法という言葉で意味するものである。[2]」制定法は「法源であって、……法それ自体の部分ではない[3]」。「憲法は実定道徳にすぎない。[4]」「人は盗みをしてはならない。もしも誰かが盗みをしたら、彼は罰せられなくてはならない。……前の規範がいやしくも存在するとすれば、それは唯一の真の規範である後の規範に含まれる。……法は制裁を規定する第一次的規範である。[5]」

(1) Llewellyn, *The Bramble Bush* (2nd edition, 1951), p. 9.
(2) O. W. Holmes, 'The Path of the Law' in *Collected Papers* (1920), p. 173.
(3) J. C. Gray, *The Nature and Sources of the Law* (1902), s. 276.
(4) Austin, *The Province of Jurisprudence Determined* (1832), Lecture VI (1954 edition, p. 259).
(5) Kelsen, *General Theory of Law and State* (1949), p. 61.

これらは法の本質についてなされている、ちょっと見ただけでは少なくとも奇妙で逆説的に見える多くの積極的、ないし消極的主張のほんのわずかな例にすぎない。そのうちのあるものは、まったくしっかりと根をおろしている信念と矛盾し、簡単に拒否することができるようにみえるので、われわれは次のように答えたくなる。「たしかに制定法は法である。別のものがあるとしても、それは少なくとも法の一種である。」「法があってはじめて公機関や裁判所はつくられるのであるから、たしかに、法という言葉で単に公機関が行なうことと、裁判所が行なうであろうことを意味することはできない。」

しかし、こういった逆説的に見える表現は、まったく自明な常識的表現をも職業的に疑ってかかる夢想家や哲学者によってなされたのではない。それらは何よりもまず法律家である人々が、長いことかかって法について行なった熟慮の結果であり、彼らは職業上、法を教えることとか法実務かにたずさわり、場合によっては裁判官として法を運用することにたずさわっていたのである。その上、彼らが法についてのべたことは、その時代と場所を考慮するとき、事実われわれの法についての知識を増大してきた。なぜなら以上の陳述は、その文脈から理解してみると、人を啓発すると同時に困惑させるからである。それらは冷静な定義というよりは、不当に無視されてきた法に関するいくつかの真理を過度に誇張したようなものである。それらが投げかける光のもとで、われわれは法について隠されている多くを知ることができる。しかし、光は強烈すぎるので、われわれは目がくらみ、残りの部分を見ることができず、全体を明確につかめないままにされるのである。

さまざまな書物ではこのように際限なく理論上の論争が行なわれているのに対して、たいていの人々が、求められれば、簡単に、しかも自信をもって法の事例を引用できるのを見ることは奇妙な対照である。イギリス人であって、殺人を禁じる法律、所得税の支払を要求する法律、有効な遺言をするためにしなくてはならないことを明記する法律があることを知らない者はほとんどいない。子供とか、はじめて「法」という英語にお目にかかる外国人でなければ、実際誰でもこういう事例をふやすことができ、たいていの人々はさらにふやすことができるであろう。彼らは、あるものがイギリスの法であるかどうかを知る方法を少なくともおよそのところは記述することができるであろう。すなわち彼らは相談相手になる専門家がいることや、こういったあらゆる問題を権威をもって最終的に判断する裁判所のあることを知っている。またこれ以上のことがまったく一般に知られているのである。たいていの教養ある人々はイギリスの法がある種の体系をなしているという観念をもっており、またフランス、アメリカ、ソヴィエト、そればかりか単独の「国」と考えられている世界のほとんどの部分においても法体系があり、それらは重要な相違にもかかわられず構造上は広汎にわたって類似しているという観念をもっている。たしかに、もし人々がこういう事実を知らさないままでいたら、教育はひどく失敗したことになるだろうし、このことを知っている人々が異なった法体系の間の類似の重要な諸点が何であるかを言うことができたとしても、それが偉大な知的洗練さのしるしになるとはほとんど考えられないであろう。教養ある人々は誰でも当然これらの顕著な特徴を次のようなおおよそのやり方で確認することができるであろう。そういった特徴は、(1)一定のタイプの行動をすることを刑罰によって禁じまたは命じるルール、(2)人々が一定の仕方で損害をかけた場合相手方に対して損害賠償をせよというルール、(3)遺言や契約をしたり、その他の権利を与え責務を生み出すような取り決めをしたりするためには、どういうことをしなくてはならないかを明記するルール、(4)ルールがどういうものであるか、いつルールが違反されたかを決定し、刑罰ないし支払われるべき損害賠償を確定する裁判所、(5)新しいルールをつくり、また古いルールを廃止する立法府、から成りたっている。

もし以上すべてのことが一般に知られているならば、「法とは何か」という問題が執拗につきまとい、それに対してあれほどさまざまな、そして突拍子もない答えが出されてきたのはどうしてであろうか。その理由は、誰が見ても法体系であることが疑えないような現代の国家の法体系によって構成された明白な基準となる事例のほかに、疑わしい事例もまた存在するということ、そして普通の教養ある人々ばかりか法律家達でさえ、それらが「法としての資格」をもつかについて躊躇するということによるのであろうか。原初的な法と国際法とはこういった疑わしい事例の最たるものであり、多くの人々は周知のように今日ならわしとなっている「法」という言葉の用法をこういった事例に用いるのは適当でないとする理由、それも常に決定的だということにはならないが、そういった理由があると考える。こういう疑わしい、ないし異論の余地のある事例の存在は、たしかに長きにわたる、そして何かしら不毛な論争をひき起こしてきたが、それだからといって「法とは何か」という執拗につきまとう問題によってあらわされた法の一般的性質に関する困惑が、そのことで説明されるわけではない。それらが困難の根源でありえないということは二つの理由から明らかであると思われる。

第一に、こういう事例においてなぜ躊躇が感じられるかはまったく明らかである。国際法は立法府を欠き、国家はその事前に合意をしなければ国際裁判所に訴えられえないし、そこには中央に組織された効果的な制裁の体系は存在しない。またあるタイプの原初的な法は、今日のいくつかの法体系がしだいに発展してくる元になっているものも含めて、同じく以上の特徴を欠いている。そしてそれらがこういう点で、基準となる事例からはずれているために、法として分類されるには疑問があるように見えることは誰の目にもまったく明らかである。この点についてはいかなる神秘も存在しない。第二に、明白な基準的事例とともに、異論の余地ある境界線上の事例をも認めざるをえないということは、「法」law とか「法体系」legal system というような複雑な用語の特殊性によるのではない。こういった区別はわれわれが人間の生活の特徴や生活の場となっている世界の特徴を分類するさいに用いるほとんどすべての一般的用語に関してもなされなければならないのであって、このことは（以前はめったに強調されなかったが）、今日ではよく知られた事実となっている。明白な基準的事例、すなわちある表現を用いるための範例と疑わしい事例との相違は程度の問題にすぎないこともある。つるつるに光った頭の持主は明らかに禿げており、たっぷり髪の毛のある人がそうでないことは明らかであるが、あちこちに少し髪の毛がある人の場合に、彼がはたして禿げているかということは、議論に価すると考えられるならば、または何か実際的問題がそこから生じるならば、際限なく争われることになろう。

基準となる事例からの逸脱はただの程度の問題でないこともある。それが生じるのは、基準となる事例が実際共存しているものの、互いに異なっている諸要素の複合であり、異論の余地ある事例においてはそれら諸要素のどれが一つ、あるいはそれ以上が欠けている場合においてである。飛行艇は「船」だろうか。クイーンなしにゲームが行なわれるとしたら、そのゲームはまだ「チェス」と言えるだろうか。こういう問題は、基準となる事例が何からできているかについての概念をわれわれに熟慮させ、それを明確にさせるから有益であろう。しかし、事柄の境界線にかかわる側面と呼ばれるものが、あまりにも一般的であるので、法についての長い論争を説明することができないことは明らかである。その上「原初的法」とか「国際法」という表現を、それらが慣習的に用いられている事例を記述するため、用いるのが適当であるかを論じているのは、議論を招いたもっとも有名な法理論のなかでも、その比較的わずかな重要でない部分だけなのである。

人々には法の事例を知り、また引用することができるというまったく一般的な能力がある。このことを考慮にいれ、また法体系の基準的事例が一般にどんなにか多く知られているかを考えるとき、われわれは単に、すでになじみあることを思い出させるものを次々と挙げることによって、「法とは何か」という執拗な問題に簡単に結着をつけることができると思われるかもしれない。われわれはおそらく教養ある人の口をかりて楽観的に、国内法体系の顕著な特徴のおよそを説明してきたが（三—四ページで）、どうしてこれを繰り返すだけではいけないのだろうか。その場合、われわれは単に次のように言うことができる。「これが『法』とか『法体系』という言葉で言われていることの基準的事例であるが、これらの基準的事例のほかに、あなたは社会生活においてそういった顕著な特徴のいくつかを共有はしているものの、他を欠いているような取り決めをも見い出すであろうということを、おぼえておかなくてはならない。これらは法として分類できるとも、できないとも結論できないような争点のある事例である。」

このような問題に対する答え方は気持がいい程簡単であるし、しかも、それは推薦されるべきものであるかもしれない。というのは、まず、「法とは何か」という問題でひどく困惑している人々も、このおよその答えによって提供されるなじみ深い事実を忘れていず、そのことを思い出させるものを必要としないことは明らかだからである。その問題は深い困惑のために生き続けてきたのであるが、だからといって「法」という言葉で通常指示される現象の認識が無視されたり、忘れられたり、認識されえないということにはならないのである。さらに、法体系に関するわれわれのおよその説明の仕方を見れば、それが通常の基準的事例においてさまざまな種類の法が併存しているという主張以上に出ないことは明らかである。その理由は、この簡単な説明のなかで基準的法体系の典型的要素としてあらわれる裁判所と立法府は、ともに法によってつくられたということによる。人々に事件を審理する権限や法をつくる権威を与える一定のタイプの法があるときに、はじめて、裁判所や立法府がそのもとで構成されるのである。

このように問題を簡単にかたづけるやり方は、質問者に「法」とか「法体系」という言葉の使用に関する現行の慣例を思い出させるだけのことであり、したがって役に立たない。一番いいやり方は、明らかに法に関してたずね、また答えようとしている人々が法に親しんでおり、事例をあげる力があることはもちろんだとしても、法について彼らを実際に困らせているものが何であるかをわれわれが知るまでは、「法とは何か」という問題に答えることを控えておくことである。それ以上彼らは何を知ろうとするのだろうか。またなぜ知ろうとするのだろうか。この問題には何か一般的な答えのようなものを与えることはできる。なぜなら、そこには法の性質に関する議論や反論の不断の焦点となるような、一定の繰り返し見られる主要テーマがあり、それらはすでに引用したような法に関する誇張された、また逆説的な主張を促してきているからである。法の性質に関する思索には長くて複雑な歴史があるが、さかのぼってみると、それがほとんど常に二、三の基本的論点に集まっていることは明らかである。それらは理由なく選ばれたのでもなければ、または学問的議論の楽しみのために考案されたのでもない。それらはいかなるときにおいても当然誤解を招くと思われるような法の側面にかかわっているので、それらに関する混乱と、その結果それらを一層明確にしたいという要求とが法に精通し熟知している思慮ぶかい人々の心のなかにさえ共存しているといえる。

第二節　繰り返し見られる三つの論点

われわれはここでこのような繰り返し見られる三つの基本的な論点を区別し、なぜそれらが法の定義、いいかえると、「法とは何か」という問題に対する答えを求めるという形式に落ち着くのか、あるいは「法の性質（もしくは本質）とは何であるか」といった、はるかに漠然とした形の問題に落ち着くのかを後に示すことにする。

これらの論点のうち、二つは次の仕方で生じる。いかなる時代、いかなる場所においても、もっとも顕著に見られる法の一般的特徴は、法が存在することによってある種の人間の行為がもはや任意的でなく、ある意味で義務的なものになるということである。しかし、この単純そうにみえる法の特徴は実際は単純ではないのである。というのは、任意的でない義務的な行為の範囲内でその異なった諸形態を区別することができるからであるある。行為がもはや任意的でなくなるという第一の、もっとも単純な意味は、ある人が他人の言うことをしなくてはならない場合であって、それも彼が自分の身体を押されたり、引っぱりまわされたりするという意味で物理的に強いられるからではなく、彼が他人の言うことをきかないと不快な結果を加えられる、と威嚇されているからそうするという場合である。拳銃強盗はその犠牲者に財布を渡せと命じ、渡さないならば撃つぞと威嚇する。犠牲者が従うならば、われわれは彼がそうせざるをえなかったと言うことによって、そのように強いられた様式に言及する。ある人が他人に対し威嚇を背景とした命令を下し、この「余儀なくさせる」[1]という意味において従うように他人に余儀なくさせる場合、法の本質、あるいは少なくとも「法理学への唯一つの鍵」がここに見い出されるということは、ある人々にとっては明らかであると思われる。これがイギリスの法理学にあれほど大きな影響を与えたオースティンの分析の出発点である。

（1） Austin, op. cit., Lecture I, p. 13. 彼は「そして道徳」を加えている。

法体系がとりわけこの側面をしばしば示していることはもちろん疑いない。ある行為を犯罪とし、違反者が受ける刑罰を明記する刑罰法規は、拳銃強盗の場合の大写しにされたものとみえるかもしれない。唯一つの相違は、法規の場合、命令は、慣習的にこれに従う集団に一般的に宛てられているという比較的些細な相違と考えられるかもしれない。しかし、複雑な法現象をこのように単純な要素に還元することは、魅力的であっても、詳細に吟味すると、すでに気づかれたとおり、こういう単純な用語で分析することがもっとも許容されそうな刑罰法規の場合においてさえも、歪曲であり混乱の原因になるようにみえる。それでは法とか法的責務は威嚇を背景とする命令 orders backed by threats とどのように違い、またどのようにかかわっているのだろうか。これが常に「法とは何か」という問題のなかに潜んでいる主要な論点であった。

第二のこのような論点は、行為が任意的でなく、義務的となる第二の仕方から生じる。道徳的ルールは責務を課し、行為の一定の領域については個人が好むとおりに行動しうるような自由な選択に委ねない。ちょうど法体系が威嚇を背景とする命令という単純な場合に密接にかかわる要素を明らかに含んでいるのと同じように、法体系は、また道徳のある側面に密接にかかわる要素を含んでいることは明白である。どちらの場合でもはっきりとその関係を確認するのは困難であり、人はそれらが明らかに密接にかかわっていることから同一であると考えたくなる。法と道徳とは言葉を共有しているので、法的責務、義務、権利とともに道徳的責務、義務、権利があるが、それだけでなく、すべての国内法体系は一定の基本的な道徳的要求の骨子を再現している。殺人とか理由なき暴力の行使は、法の禁止と道徳の禁止とが一致するきわめて明白な事例にほかならない。さらに、一つの観念、すなわち両分野を統合するようにみえる正義の観念がある。それはまったく法に特有の徳であると同時に、徳のなかでももっとも法的な徳である。われわれは「法による正義」ばかりか、法についての正しさ、あるいは不正のことを考え口にするのである。

これらの事実からすると、法は道徳、ないし正義の一「分野」とされるときに一番うまく理解されるのであり、法が命令や威嚇を含んでいるということよりも、法が道徳、ないし正義の諸原則に一致するということの方が、まさに法の「本質」なのだという見解が出てくるようである。これはスコラ的自然法理論 scholastic theories of natural law だけでなく、ある現代の法理論、つまりオースティンに由来する法「実証主義」legal 'positivism' に対して批判的な法理論を特徴づけている理論である。しかし、ここでもまた法をこのように道徳に密接に同化させる諸理論は、しばしばある種の義務的行為と他の種の行為とを混同し、法的ルールと道徳的ルールとのある種の違いや、それらの要求のずれについては不十分な説明しか結局していないようにみえる。これらの違いやずれはわれわれが見い出す同一性や収斂性と少くとも同じほど重要である。そこで「不正な法は法でない[1]」という主張は、それが誤っていないとしても、「制定法は法でない」とか「憲法は法でない」と言うのと同様の誇張と逆説のひびきを帯びている。法理論の歴史をつくり上げているのはこの両極端であるが、その振幅の特徴を言いあらわせば、次のようになる。法と道徳はまったく密着しているというが、それは法と道徳が権利、義務という共通の用語をもつという事実からの誤った推論にすぎないと考える人々は、この誤った推論に対して同じく誇張された逆説的な用語で抗議するのである。すなわち「裁判所が実際に行なうであろうことについての予言こそ、そしてこれは大げさな言い方ではないのだが、私が法という言葉で考えているものである。[2]」

（1）「正しくない事柄は法であるとは考えられない。」St. Augustine I, *De Libero Arbitrio*, 5; Aquinas, *Summa Theologica*, Qu. xcv, Arts. 2, 4.

（2）Holmes, loc. cit.

「法とは何か」という問題をたえず押し出してくる第三の主要な論点はより一般的なものである。最初見たときには、法体系がルールからできているという陳述はほとんど疑えそうもないし、理解しにくいとは考えられないように見える。法の理解への鍵を威嚇を背景とする命令の観念に見い出した人々や、これを道徳ないし正義との関連のなかに見い出した人々は、ともに、法が圧倒的にルールから成りたっているのではないとしても、ルールを含んでいると語っている。しかし、法の性質をめぐる困惑の多くは、たいした問題ではないようなこの観念についての不満、混乱、不確実さに由来する。ルールとは何であるのか。ルールが存在すると言うことは何を意味するのだろうか。裁判所は実際にルールを適用するのか、それとも単に適用するという見せかけをしているのだろうか。今世紀の法理学では特にそうであったように、この観念がひとたび争われると、たいへんな意見の相違が生じるのであって、ここではただそれらの概要だけをのべることにする。

さまざまなルールがあることは、もちろんたしかであって、それは法的ルール以外にエチケットのルール、言語のルール、ゲームのルール、クラブのルールがあるという明白な意味においてだけでなく、これらの諸領域のいずれにおいてさえ、ルールと呼ばれるものがいろいろと異なった様式で生じ、その取り扱う行為との関係で非常にさまざまであるという明白さに欠けた意味においてもそうである。このようにして法の範囲内でさえ立法によってつくられるルールもあれば、そういう意識的な行為によってつくられたのではないルールもある。それ以上に重要なのは以下の場合である。ルールは人々に、それを望むかどうかにかかわらず、暴力をふるうなとか税金を支払えというように一定の仕方で行為せよと要求する意味で命令的であるが、婚姻、遺言、契約をするための手続、形式、条件を規定するような別のルールは、人々がその望みに効果を与えるにはどうすべきかを示している。これら二つのタイプのルールの間の対照は、同じくゲームのルールにも見られるのであって、それらのあるものは(反則行為とかレフェリーの権限の濫用のような)一定のタイプの行為を罰をもって禁止し、他のものは記録したり、勝つためにはどうしなければならないかを明記する。しかし、さしあたってこの複雑な事態から目をはなし、(刑法について典型的に見られるような)最初の種類のルールだけを考えたとしても、われわれはこの単純な命令的タイプのルールが存在するという主張の意味に関して、今日の理論家たちの間でさえ、極端なまでに見解が大きく分れていることを知るであろう。この観念はまったく神秘的だと見る人々も現にいるのである。

われわれはおそらくまず命令的ルールという一見単純な観念を説明したくなるのは当然であるが、この説明はすぐやめなければならない。つまりルールが存在すると言うことは、ある集団の人々、ないしその大部分の人々が、ある種の環境のもとでは特定された同じやり方で「通常は」as a rule、いいかえると、一般に行動するということを意味するだけである。だから教会では帽子をかぶってはいけないとか、「英国国歌」が演奏されるとき起立しなくてはならないというルールがイギリスにあると言うことは、この説明からすると、たいていの人々は一般にこういうことをするという意味をもつだけである。このやり方で、何が意味されるかは部分的には伝えられるとしても、これだけでは明らかに不十分である。（すべての人々がきまって朝食には紅茶を飲むとか、週に一回は映画を見に行くというように）社会集団の構成員達の行動が単に収斂するということはありうるが、そうせよと要求するルールは何ら存在しないといえよう。単なる収斂性をもった行動と社会的ルールの存在という二つの社会的状況の相違はしばしば言語の面にあらわれてくる。われわれは社会的ルールを記述するさいに、一定の言葉を用いる必要はないとしても、それらを用いることはできるが、そういった言葉は単に収斂的な行動のことを主張しようとしている場合には人を誤らせることになるだろう。これらは「ねばならない」'must'、「べし」'should'、「するのが当然である」'ought to' といった言葉であって、それぞれに違いはあっても、一定の行為を要求するルールが現存していることを示すある共通の機能をもっているのである。イギリスにおいては誰もが毎週映画を見に行かなければならないとか、行くべきであるとか、行くべし、といったルールは何ら存在しないし、それは真実でもない。人が毎週きまって映画を見に行くというのが真実であるにすぎない。しかし、教会で男は脱帽しなければならないというルールは存在するのである。

それでは社会集団のなかで行動が単に習慣的に収斂する場合と、「ねばならない」、「べし」、「するのが当然である」といった言葉でしばしば示されるようなルールが存在する場合とでは、どこに決定的違いがあるのだろうか。たしかに法理論家達はこの点をめぐって分裂しており、いろいろな事情からこの論点が前面に押し出されている今日では特にそうである。一定のタイプの行動から逸脱すると、それはおそらく敵対的な反作用に出あうだろうし、法的ルールの場合には特に、公機関によって罰せられるであろうという事実が決定的違い（「ねばならない」、「するのが当然である」という要素）のもとになっていると非常にしばしば法的ルールの場合主張されている。集団の単なる習慣と呼ばれるものの場合には、週一回映画を見に行く場合のように、逸脱しても罰はもちろん、非難さえ受けないのである。しかし、一定の行為をせよと要求するルールがある場合、そして教会では脱帽せよと要求するような法的でないルールがある場合においてさえ、常に何かこの種のことが逸脱に対しておそらく生じるであろう。法的ルールの場合、この予測可能な結果は明確であって、公機関によって組織されているが、法的でない場合になると、多分逸脱に対して似たような敵対的反作用が生じるとしても、このことは性格上組織されていず、明確ではない。

刑罰の予測可能性は、明らかに法的ルールの重要な側面である。しかし、社会的ルールが存在するという陳述でいわれていること、あるいはルールに含まれている「ねばならない」とか「するのが当然である」という要素が単にこの予測可能性だけで、あますところなく説明されると考えるわけにはいかない。このような予測説に対しては多くの異論があるが、特にその一つ、スカンディナヴィア法理論の学派全体を特徴づけている異論は慎重な考慮に価する。つまりわれわれが法的ルールからの逸脱を処罰する裁判官、公機関（あるいは法的でないルールからの逸脱を非難または批判する私人達）の活動を詳細に見るならば、この予測説ではまったく不問にされているような仕方でルールがこの活動に含まれることがわかるということである。なぜなら、裁判官は処罰をするさい、ルールをその指針と考え、ルール違反を裁判官が違反者を処罰する理由および正当化と考えるからである。裁判官がルールを見る場合、彼や他の人々がおそらく違反を罰するであろうという陳述とは考えないのであって、観察者が多分まさにこのやり方でルールを見るのとは異なるのである。ルールの予測的側面は（まったく現実的であるが）、裁判官の目的には関係がなく、指針および正当化としての地位こそ重要なのである。同じことは法的でないルール違反に対して非形式的非難が加えられる場合にも当てはまる。これらの非形式的非難もまた単に逸脱に対する予測可能な反作用にすぎないのではなく、何かルールの存在によって導かれるもの、また正当化されると考えられるものである。そこで、われわれが人を非難したり処罰したりするのは、彼がルールに違反したからであって、単に彼を非難したり処罰する見込みがあったということではないと言っておこう。

しかし、予測説に対してこういう異論を説えている人々のなかにはここに何か曖昧なもの、すなわち事実に関する明白でしっかりした用語で分析しにくいものがあると告白している人達もいる。普通の行為類型から逸脱した人々に対する規則的な、したがって予測可能な処罰ないし非難以外に、ルールのなかにはルールを単なる集団の習慣と区別するものがありうるのだろうか。これらの明白な確認されうる事実以上に何かが、つまり裁判官を導き裁判官の下す処罰を正当化しその理由を与える何か余分の要素が実際にありうるのだろうか。予測説の批判者達は、この余分の要素が正確に何であるかを言えないために、この点について次のように主張することになる。すなわちルールに対する一切の話し方や、これに対応する「ねばならない」、「するのが当然である」、「べし」といった言葉のつかい方は混乱に満ちており、その混乱は人々にはルールの重要さを増すようにみえるとしても、何らの合理的根拠をもたないのである。われわれは、単にあることをするようにわれわれを拘束し、あることをするさいに、導き正当化する何かがルールにはあると考えているが、これは有用な幻想であっても一つの幻想にすぎない、と批判者達は主張する。集団の行動と、逸脱に対する予測可能な反作用という明白な確認されうる事実の上にあるすべてのものは、ルールに従って行動することを強いられており、そうしない人々に対しては、敵対的な行動をすることを強いられているという、われわれ自身の強い「感情」なのである。われわれはこういう感情が何のためにあるのかは知らないが、何か外的なもの、すなわちこういう活動をするさいに、われわれを導き規制する世界の構造の何か目に見えない部分があると想像する。われわれはここではまさに、法が常にかかわってきたといわれる擬制の領域にいる。われわれが「人の」支配ではなく、「法の」支配をおごそかに口にすることができるのは、この擬制を取りいれているからにほかならない。このタイプの批判は、積極的主張の長所はあるが、少なくとも社会的ルールと単なる収斂性をもった行動の習慣との相違をさらに解明することを必要とする。この区別は法の理解のためには決定的であり、本書のはじめの数章の多くはこの区別を扱っている。

しかし、法的ルールの性格に関する懐疑論は、拘束力あるルールの観念そのものを混乱しているとか、擬制的だと非難する極端な形式をとってきたわけではない。そうではなくて、イギリスやアメリカにおける懐疑論のもっとも支配的な形態は、法体系が全体として、あるいは基本的にさえ、ルールから成りたっているという見解を再考することを求めている。疑いもなく、裁判所はその下す判断が、確定した明白な意味をもっている、前もって決められたルールからの必然的帰結だと印象づけるように判断を枠づけている。非常に単純な場合はそのとおりであろう。しかし、裁判所を悩ます事例の非常に多くについては、ルールを含んでいると言われる制定法も判例法も、ただ一つの解決を提供するものではない。たいていの重要な事例においては常に選択がある。裁判官は、制定法の言葉に与えられている択一的意味から一つを選択し、あるいは先例法が「結局何を意味するか」についての対立する解釈から一つを選択しなくてはならない。このことをおおい隠し、裁判官の判決を、その選択の介入もなく、前もって存在する明白なルールから円滑に演繹されたものであるかのように示すことは、裁判官は法を「つくる」のではなく、「発見する」のだという伝統にほかならない。法的ルールには、争う余地のない意味をもった中心部があるだろうし、場合によっては、ルールの意味に関する争いが生じるとは考えにくいこともあろう。遺言書には二人の証人がいなくてはならないという一八三七年の遺言法第九条の規定は、解釈の問題を生み出すとはおそらく考えられないであろう。しかし、すべてのルールには裁判官が選択肢から選択しなければならないような不確定さの半影部がある。遺言者は、遺言書に署名しなくてはならないという遺言法の単純そうな規定の意味でさえも、一定の状況のもとでは疑わしくなると言えよう。遺言者が仮りの名を用いた場合はどうだろうか。遺言者の手が他人によって導かれた場合、あるいはその頭文字だけを書いた場合、あるいはその名前を誰の助けも借りずに完全に正しく書いたが、最後のページの下にではなく、最初のページの上に書いた場合はどうだろうか。以上すべての場合は、法的ルールが意味するところの「署名すること」になるのだろうか。

私法という控え目な分野でさえこれほど多くの不確定さが生じるならば、何人も「正当な法の手続によらないで、生命、自由、または財産を奪われる」ことはないと規定しているアメリカ合衆国憲法修正第五条や第一四条のように、憲法の大げさな表現のなかにわれわれはどんなに多くの不確実さを見い出すことになるだろうか。ある理論家はこの点に関してこの表現の意味はまったく明白であると言っている。その意味するところは、「w、x、y、zが広い範囲内で何らかの価値をもつと仮定しうるなら、いかなるwも、zなくして、xないしyたりえないということである。」

懐疑論者たちはその話以上に進もうとして、ルールが不確実であるというだけでなく、裁判所のルールの解釈は権威をもつばかりか、最終的であるということをわれわれに思い出させる。以上すべてを見ると、法は本質的にルールの問題であるとする見解は、誤ってはいないにしても、たいへんな誇張ではないだろうか。このような考えは、「制定法は法源であって、法自身の一部ではない」(2) というすでに引用した逆説的な否定的見解にいたるのである。

（1）　J. D. March, 'Sociological Jurisprudence Revisited', 8 *Stanford Law Review* (1956), p. 518.
（2）　Gray, loc. cit.

第三節　定　義

したがって、ここには繰り返し見られる三つの論点がある。法は威嚇を背景とする命令とどのように異なり、またどのようにかかわるのか。法的責務は道徳的責務とどのように異なり、またかかわるのか。ルールとは何か、またどの範囲で法はルールの問題であるのか。これら三つの論点に関する疑問と困惑を取り去ることが法の「性質」に関するたいていの思索の主たる目的であった。この思索がなぜ常に法の定義への求めと考えられてきたか、また少なくともなじみある定義の形式がなぜ執拗な困難や疑問をほとんど解決してこなかったかをいま知ることができる。定義は主として定義という言葉が示すように、言語の上で別々の言葉によって際立たされているある種のことと、他の種のこととの間に線を引き区別をすることである。このように線を引く必要があるということは、問題となっている言葉の日常的用法に完全に通じているが、彼らの感覚では、ある種のことを他の種のことと分けるはずの区別を、どうしても陳述し説明することができない人々によってしばしば感じられるのである。われわれはすべて、ときに、こういう困った状況におちいるのであって、「私は象を見れば象であることがわかるが、それを定義することができない」と言う人の場合は、それを基本的に示している。同じような困った状況は聖アウグスティヌスが時間の観念についてのべた有名な言葉によってあらわされた。「それでは時間とは何か。人にたずねられないときには、私はそれを知っている。誰かの質問に対してそれを説明しようとするとき、私はそれを知らない。(1)」こういうわけで有能な法律家でさえ、彼らは法を知っているが、法について、また法とそれ以外の事柄との関係について彼らが説明できず、十分に理解していないことがたくさんあると感じてきたのである。ちょうど、ある人が勝手知った町なかである箇所から他の箇所へ行けるのに、他人にどう行ったらよいかを説明し示すことができないように、定義を切望する人々は、彼らが知っている法と他の事柄との間に存在するだろうとぼんやり感じている関係を、はっきりと示す地図を必要とするのである。

(1) *Confessiones*, xiv. 17.

このような場合に言葉の定義がこういった地図を提供することがある。それは同時に、われわれの言葉の使用を導く潜在的原則を明らかにするとともに、その言葉が用いられるタイプの現象と、それ以外の現象との関係を示すことができる。定義は「単に言語上のこと」であるとか「ただ言葉に関する」と言われるが、このことは、定義された表現が通常用いられているものである場合には、まったく人を誤解に導くものである。三角形とは「三つの直線で囲まれた図形」であるという定義とか、象とは「厚い皮膚、牙、長い鼻をもっていることで他と区別される四足獣」であるという定義さえも、控え目な仕方でこれらの言葉の基準的用法と同時に、言葉が当てはまる事柄についてわれわれに教えるのである。このなじみ深いタイプの定義は一度に二つのことをする。それはその言葉を他のよく知られた用語に翻訳する符号ないし方式を提供すると同時に、その言葉で通例指示される事柄の種類を、それがより広い部類に属する事物と共有している特徴および同じ部類の他の事物から区別される特徴とを示すことによって、位置づけることである。このような定義を求め発見するさいに、われわれは「単に言葉に注目するだけでなく、……言葉を用いて語るところの現実にも注目する。われわれは言葉に関する鋭敏な意識を用いて、現象に関するわれわれの知覚をときすますのである。(1)」

(1) J. L. Austin, 'A Plea for Excuses', *Proceedings of the Aristotelian Society*, vol. 57 (1956–7), 8.

三角形や象の単純な事例に見られるような（最近類と種差による、*per genus et differentiam*）この定義の形式はもっとも単純なものであり、それは定義される言葉の代わりになる言葉の形式を常に与えるから、ある人々にとってはもっとも満足すべきものである。しかし、それは必ずしも常に利用できるわけではなく、利用できるとしても常に人を啓発するとは限らない。定義の成功を左右する諸条件はしばしば充足されない。とりわけ主要な条件は、われわれにその特徴が知られている事物の広範な部類ないし類があり、その範囲内に定義は定義されるものを位置づけるということである。なぜなら、定義はあるものが一つの部類に属すると告げるが、われわれがもし部類の性格について曖昧な、または混乱した観念しかもたないならば、それは明らかに何の助けにもならないからである。この条件の故に、法の場合には、この形で定義をしても役に立たない。というのはここには法の所属するよく知られた、わかりきったカテゴリーがないからである。法の定義においてこの方法で使われそうなもっとも顕著な事例な行動のルールという一般的部類である。しかし、ルールという観念はすでに見たように法自体の定義と同じく人を困惑させるものであるから、法をルールの種として確認することから出発する法の定義は、常に法の理解を前進させないのである。ここで必要なのは、ある特殊な下位のものを、よく知られた、わかりきった一般的種類の事柄の範囲内に位置づけるのにうまく用いられる定義の形式より、何かもっと基本的なものである。

しかし、法の場合には、この単純な定義の形式を有効に用いられないようにする一層手ごわい障害がある。一般的表現はこの方法で定義されうるという考えの背後には、三角形とか象のように定義されるべきもののすべての例が定義された表現によって示される共通の特徴をもつという暗黙の前提がある。もちろん比較的初歩の段階においてさえわれわれは境界線上の事例の存在に注意を向けなくてはならないのであって、一般的用語のいくつかの事例は同じ特徴をもつにちがいないという仮定が独断的であることは以上から明らかになる。ある用語の日常的用法、あるいは専門的用法さえまったく「開かれている」'open' ことが多いが、それはここではその用語を、通常付随する特徴の二、三しかそなえていない事例に拡張することが禁じられていないからである。このことはすでに考察したように国際法やある形態の原初的法についても当てはまるから、このように拡張することができるとかできないとかもっともらしく言うことは常に可能である。もっと重要なことは、こういった境界線上の事例を別にしても、一般的用語のいくつかの事例は、単純な定義の形式によって求められたのとは、まったく違ったやり方でしばしば互いに結びつけられるということである。それらはわれわれが人間の「足」‘foot’と言ったり山の「ふもと」‘foot’とも言うように類比によって結びつけられるかもしれない。それらは中心的要素に対する異なった関係によって結びつけられているといえる。このような統一の原則は「健康な」‘healthy’という言葉を人間だけでなくその顔色や朝の体操に用い、顔色については健康な人という第一の中心的特徴のしるし、朝の体操については第一のそれの原因の意味で用いるところに見られる。あるいはまた、いくつかの事例はある複雑な活動の異なった構成要素であるかもしれない。――おそらくここには、法体系をきずいている異なったタイプのルールを統一する原則に似たものがある。「鉄道」‘railway’という形容詞風の表現は汽車だけでなく、線路にも、駅にも、赤帽にも、株式会社にも用いられるが、これもタイプの統一の原則によって支配されている。

　われわれがこれまで論じてきた非常に単純な伝統的形式のほかに、もちろん他の多くの定義の種類がある。しかし、われわれが「法とは何か」という繰り返し見られる問題の基礎にあると確認してきた三つの主要な論点の性格を思い出すと、定義として認められるほど簡潔なものは、いずれも問題に対して満足な解答を与えるものでないことは明らかであると考えられる。基礎にある論点は、互いにあまりにも違っており、しかも基本的であるため、この種の解決には役に立たない。このことは簡潔な定義を与えようとした試みの歴史が示したとおりである。しかし、これら三つの問題をしばしば一つの問題に、あるいは定義への要求にまとめようとした本能は道を誤ってはいないのである。というのは、本書のさきへ行くにつれて明らかになるように、三つのすべての問題に対する答の共通部分になっている一組の中心的諸要素を取り出し、特徴づけることは可能であるからである。これらの諸要素が何であるか、それらが本書で与えられている重要な位置にふさわしいのはなぜであろうかは、オースティンが詳述して以来イギリスの法理学をあれほど支配してきた理論の欠陥をまず詳細に考察するとき、非常に明らかになるであろう。これこそ、法の理解への鍵は威嚇を背景とする命令、オースティン自身の用語では「命令」‘command’という単純な観念のなかに見い出されるという主張である。以下の三章はこの理論の欠陥の吟味に当てられている。これをまず批判し、これに敵対する主要な理論の考察を本書のその後の章にまわすさいに、われわれは現代の法理論が発達してきた歴史的順序を故意に無視している。なぜなら、法は道徳との「必然的」関連をとおして一番うまく理解されるという敵対的主張は、オースティンが彼以前のベンタムと同様、主要な攻撃目標とみなしていたより古い理論だからである。このような非歴史的扱いについて弁解しなくてはならないとすれば、それは単純な命令説の誤りの方が、もっと複雑な敵対的理論のそれよりも真実へのよりよい手がかりになるだろうということである。

読者は本書のさまざまな箇所で、「法」とか「法体系」という表現を用いるのが疑わしいと、法理論家達によって感じられるような境界線上の事例に関する議論を見い出すであろう。しかし、ここで読者は、またこれらの疑問の解決に関する示唆を見い出すであろうが、そのように示唆することは本書では二次的な関心事にすぎない。というのは本書の目的は、言葉の正しい用法が、それを参照すればテストされうるような準則という意味での法の定義を提供することではないからである。ここで目ざしているのは、国内法体系の顕著な構造の進んだ分析を提供することにより、また社会現象のタイプとしての法、強制、道徳の間の類似点、相違点のよりよい理解を提供することにより、法理論を前進させることである。次の三つの章の批判的議論が進むにつれて、一組みの諸要素が確認され、第五章と第六章では詳細にわたって記述されるが、それらは本書の残りの部分で論証されるような仕方で上の目的に役立つものである。まさにこれらの理由からそれらは中心的諸要素として扱われ、その解明 elucidation にあたってもっとも重要な意義をもつものである。

第二章　法と命令

第一節　命令法の多様性

法の概念を命令 command および習慣という非常に単純な要素によって分析しようとする、もっとも明確でまたもっとも徹底した試みは、法理学の範囲の決定 *Province of Jurisprudence Determined* においてオースティンによってなされた。本章および次の二つの章においては、オースティン理論からいくつかの点でずれるかもしれないが、実質的にはそれと同じような立場についてのべ、これを批判してみよう。というのはわれわれの主な関心は、オースティンではなく、その欠陥が何であれ、たえずわれわれをひきつけるあるタイプの理論の信任状を肯定しうるかということであるから。したがってわれわれは、オースティンが言おうとしていることが明らかでない場合や、彼の見解が首尾一貫していないと思える場合にはためらわずにこれを無視し、明確で首尾一貫した立場を表明した。さらに、オースティンが批判に答えうる方法についてのヒントを与えているにすぎない場合には、われわれが考察し批判しようとする理論を、そのもっとも強力な形でのべようとして（部分的にはケルゼンのような後の学者達によってたどられた線にそって）、われわれはこれらのヒントを発展させた。

ある人は社会生活におけるさまざまな状況のもとで、他人があることをすべきであるとか、あることをするのを差し控えるべきだという願望を表現することがある。この願望が単に一つの興味ある情報、あるいはつつましい自己啓示の一つとしてのみならず、相手がこの表現された願望にそうべきだという意向のもとに表現されるとき、英語および多くの他の言語において、「家へ帰れ」、「ここへ来い」、「止まれ」、「彼を殺すな」といった命令法と呼ばれる特殊な言語形態が必ずというわけではないが通常用いられる。われわれが他人に対してこのように命令法で話しかける社会的状況はまったく多様である。それにもかかわらず、これらの状況にはいくつかの繰り返される主なタイプが含まれており、それらの重要性はある身近な分類によって示される。「すみませんが、塩をとって下さい」というのは普通単なる要請である。なぜなら通常それは話し手が自分にサービスできる人に話しかけているのであり、何か非常に差し迫ったことを示したり、それに応じないときどんなことが起きるかをほのめかすものは何もないからである。「私を殺さないでくれ」というのは、話し手がその話しかける相手の意のままになるとき、あるいは相手が話し手をその窮地から解放する力をもっているときに、通常嘆願として発せられるであろう。他方「動くな」というのは、相手がじっとしていれば避けられるかもしれない切迫した何らかの危険（たとえば草むらのなかにいる蛇）を、話し手が知っている場合に警告となりうるであろう。

言語の用法が、必ずというわけではないが、命令法から成りたっているのが特徴であるような社会的状況は多様性に富んでいるばかりでなく、互いにその境界が不明瞭である。したがって「嘆願」、「要請」、あるいは「警告」というような用語は、いくらかのおおまかな区別をするのに役立つにすぎない。これらの状況のうちもっとも重要なものには、「命令法」という言葉が特に適していると思われる。拳銃強盗が銀行員に向かって、「金を渡せ、さもなくば撃つぞ」と言う場合は、この状況の一例である。ここでは拳銃強盗は銀行員に金を渡せと単に頼んでいるのでなく、まして嘆願しているのでもなく、そう命じているのだとわれわれは言うことになるのだが、その状況の明白な特徴は、話し手が表明する願望に応じさせるために、通常の人間なら有害、あるいは不愉快と考えるようなことをするぞとおどし、その金を渡さないということは、銀行員にとって結局はつまらない行為になるとするところにある。もしこの拳銃強盗が成功する場合、われわれは彼が銀行員を強制し、銀行員はその意味で彼の手中にあると描写するであろう。このような多くの微妙な用語上の問題が、このような場合について生じるであろう。拳銃強盗が銀行員に金を渡せと命じ、銀行員がそれに従ったと言ってもよいだろうが、しかし拳銃強盗が銀行員に金を渡せという命令を下したと言うのはいくらか誤解を招くであろう。というのは、むしろ軍隊的な響きをもったこの語句は、われわれの挙げた例には見られない命令を下す何らかの権利、あるいは権威の存在を暗示するからである。もっとも、拳銃強盗がその手下にドアを見張れという命令を下したと言っても、それは少しもおかしくはないであろう。

われわれはここでこのような些細な区別にかかわる必要はない。権威および権威に対する敬意を暗示するものが、しばしば「命令」とか「服従」という言葉に付随するかもしれないが、われわれは「威嚇を背景とする命令」や「強制的命令」という表現を、拳銃強盗の命令のように、威嚇によってのみ支えられた命令を示すさいに用い、また「服従」や「従う」という言葉をこのような命令への応諾を含むものとして用いよう。しかし、ただ害悪の威嚇のみが服従を強いるために用いられている単純な状況は、われわれが普通に命令 command と言う場合の状況ではないということに注意することが重要である。もっとも、このような注意が必要だというのは、オースティンの命令 command についての概念規定が、法律家達に与えた影響の大きさにもっぱらよるのであるけれども。軍隊用語以外においてはそれほど一般的でないこの言葉は、命令 command を下す者が優越的地位を占める軍隊とかキリストの弟子の集団のように、人々の比較的安定した階層的組織が存在するということを非常に強い含みとしている。新約聖書において、キリストが彼の弟子に命令 command を下すと言うときのように、この用語で特殊な優越性の別の形態をあらわすこともあるが、命令者 commander であり命令 command を下す者は、典型的には(軍曹ではなく)将軍である。もっと重要なことは――というのは以下の点こそ「命令法」のさまざまな形態の決定的な区別であるので――命令 command が下された場合に、それへの不服従には害悪を加えるという潜在的な威嚇の存在を必要としないという点である。命令 command することは害悪を加える権能を行使することではなく、部下に対して権威を行使することを特徴とするものである。それは害悪を加えるという威嚇と結びつくことはあっても、本来は恐れにではなく、権威に対する尊敬に訴えることである。

権威と非常に強く結びついている命令 command という観念は、拳銃強盗の威嚇を背景とする命令の場合よりはるかに法の観念に近いということは明らかである。しかし拳銃強盗の場合は、この前のパラグラフで注意をした区別を無視して、オースティンが誤解を招きやすい形で命令 command と呼んだものの一例である。だが命令 command は、われわれの目的にとってはあまりにも法に近すぎる。というのは法に含まれる権威という要素は、法とは何かを簡単に説明しようとするさいに、きまって障害の一つになったものだからである。したがって命令 command という概念も権威という要素を含む以上、これを法の解明において用いても有益ではない。拳銃強盗の場合の要素は、権威という要素とは異なり、それ自身不明瞭でなく、多くの説明を要しないのであって、その点オースティンの分析は、欠陥はともかく、確かにすぐれている。だからわれわれはオースティンの試みに従って拳銃強盗の場合にもとづいて法の観念をうちたてることにしよう。しかしわれわれはオースティンとは違って成功を期待するのではなく、むしろ失敗から学ぼうとするのである。

第二節　強制的命令としての法

現代の国家のような、複雑で大きな社会においてさえ、公機関が個人に面と向かってあることをせよと命じる場合がある。警察官は個々の運転者に停止を命じたり、乞食に立ちのきを命じたりする。しかしこれらの単純な状況は、いかなる社会も各構成員になすべきすべての行為を公的に、そして個別的に知らせるために必要な公機関の数を維持しえないという理由からだけでも、法が機能するさいの標準的なあり方ではないし、またそうではありえない。そうではなくて、このような個別的コントロールの形態は例外的であるか、あるいは一般的な指令の形態を補助したり補強したりするものであって、その一般的な指令の形態は個人を名指したり、彼らに宛てられるのではなく、またなされるべき個々の行動を指示するのではない。したがって刑法でさえ（それはすべての種類の法のうち威嚇を背景とする命令にもっとも類似しているのであるが）、その標準的形態は次の二点において一般的である。すなわちそれは行為の一般的なタイプを示し、法が自分達に適用されることがわかり、それに従うことが期待されている一般的な部類の人々に適用される。公機関が面と向かって個別的に下す命令はここでは第二次的なものである。すなわちもし個人が第一次的な一般的指令に従わない場合に、公機関はたとえば徴税監督官のように個人の注意を指令に向けさせ、それに従うことを要求しうるのであり、そうしないとこの不服従が公的に確認され、記録されうるのであり、威嚇を与えていた罰が裁判所によって科せられることになる。

法的コントロールはしたがって、必ずというわけではないが、本来この二重の意味において一般的である指令によるコントロールである。これこそ、われわれが拳銃強盗の単純なモデルにおいて法の特徴を再現しようとすれば、そのモデルに加えなければならない第一の特徴である。影響を受ける人々の範囲とその範囲が示される態様は、それぞれの法体系によっても、さらにそれぞれの法によっても異なるだろう。現代の国家においては、一般的な法はその適用範囲を拡げたりせばめたりする特別の指示がないかぎり、領域内のすべての人々におよぶというように通常理解されている。教会法においても同様に適用範囲がせばめられていないかぎり、教会のすべての構成員は、その法の範囲内にあると通常理解されている。すべての場合を通じて、法がどういう範囲で適用されるかは、このような一般的理解の助けをかりて個別の法を解釈するという問題である。法律家、とりわけオースティンは、ある法がある部類の人人に宛てられていると言うことがあるが(1)、これはその表現をした人々の意図になかったような、また実際にはありもしない、面と向かった状況と同じものを暗示する点で、誤解を招くということをここで注意する必要がある。人々にあることをせよと命じることは、コミュニケーションの一形態であり、現に彼らに「宛てる」こと、すなわち彼らの注意をひくか注意をひく手段をとることを伴うが、しかし人々のために法をつくる場合はそうではない。たとえば拳銃強盗が「その札束を渡せ」と言う一つの発言で、銀行員があることをすべきだという強盗の願望を表現すると同時に、彼は現にそれを銀行員に宛てるのであり、つまり通常銀行員の注意をこの表現に向けさせるに十分なことをするのである。もし彼が後者のことを行なわず、ただ同じ言葉を誰もいない部屋で言ったとしたら、彼はそれを銀行員に宛てたのではまったくなく、銀行員に何も命令しなかったことになろう。つまり、われわれはこの状況を拳銃強盗が単に「その札束を渡せ」という言葉を言っただけの状況として描写しうるであろう。この点において法をつくることは、人々にあることをせよと命じるのとは異なっており、われわれは法のモデルとしてこの単純な観念を用いるさいに、この違いを考慮しなければならない。たしかに法はそれらがつくられた後、できるだけ早く適用される人々に注目されることが望ましいであろう。一般の人々がそうしなければ、法をつくるさいの立法者の目的は達成されないであろう。したがって法体系は、しばしば公布に関する特別のルールによってこれがなされるべきことを規定している。しかし法は一般の注目を受ける前に、またたとえまったく注目されなくても、法としては完全であろう。別段のルールがないかぎり、法はたとえそれにより影響を受ける人々が、どのような法がつくられ、誰が影響を受けるかを自分達自身で見い出さねばならない場合であっても、法として有効につくられたのである。法がある人々に「宛てられる」と言うときに、通常何が意図されるかというと、名宛人とは、この特定の法の適用を受ける人々、つまりこの法によって一定の仕方で行動せよと求められている人々だということである。しかし、もしここで「宛てられる」という言葉を用いるとすれば、われわれは法をつくることと面と向かって命令を下すこととの重要な相違に注意できないだろうし、二つの異なった質問、すなわち「誰に法が適用されるのか」と「誰に向けてそれが公布されたのか」とを混同することになるだろう。

（1）「社会全体に宛てられた」、**Austin, op. cit., p. 22.**

もしわれわれが法が存在する状況をあらわすもっともらしいモデルをえようとすれば、拳銃強盗の場合については、一般性という特徴を取りいれるほかに、さらに基本的な変更を加えなければならない。拳銃強盗が銀行員に対して優勢となり、あるいは優越するという感じがあるのは確かである。その優勢、あるいは優越性は、彼が一時的にせよ、銀行員に言いつけた特定のことをさせるに多分足りるほどに威嚇することができるということにある。この短命な強制的関係をのぞいては、二人の間に他のいかなる形の優勢および劣勢関係も存しない。しかし拳銃強盗の目的にとってはこれで十分であろう。なぜなら「その札束を渡せ、さもなくば撃つぞ」というこの単純な面と向かった命令は、この場かぎりで消えてしまうからである。拳銃強盗は（彼の手下に対してはともかく）銀行員に対しては、ある部類の人々によって繰り返し従われるような持続的命令を発するものではない。しかし法はすぐれてこの「持続的」、ないし永続的特徴をもっている。このような理由から、もし法とは何かを説明するものとして、威嚇を背景とする命令の概念を用いようとするならば、われわれは法がもっているこの持続的性質を再現するよう努めなければならない。

したがって一般的命令の適用を受ける人々の側に、もしそれに従わないと、その命令がはじめて公布されたときばかりでなく、撤回または破棄されるまでたえず、おそらく威嚇が実行されるだろうという一般的信念が存在すると仮定しなければならない。法の永続的特性をこのような単純な言いまわしで分析するのが困難であることは後にのべるとおりであるが、この不服従の結果に対する継続的信念が最初に下された命令を生かし続け、あるいは「持続的」にしていると言えよう。このように威嚇がたえず実行されうるという一般的信念が存在するためには、もちろん拳銃強盗の場合に再現されえない多くの要素が共に働くことが、実際上必要とされるだろう。多くの人々に影響を与えるこのような持続的命令に付随した威嚇を遂行する力が実際に存在することができ、また存在していると考えられるのは、人々のうちかなり多くが自発的に、つまり威嚇の恐怖と関係なく従おうとしていると同時に、従わない人々に対する威嚇の実行に協力する用意があると知られている場合に限られるであろう。

威嚇が常に実行されうるという一般的信念が何にもとづいていようと、それは拳銃強盗の場合を、法の存在する安定した状況に近づけるために、さらにつけ加えることが必要な特色と区別されなければならない。どのような動機からであっても、ほとんどの命令は、それに影響されるほとんどの人々によって、従われないよりは従われることの方が多いということを、われわれは仮定しなければならない。われわれはここでオースティンに従って、これを「服従の一般的習慣」'a general habit of obedience' と呼び、法の他の多くの面がそうであるように、それは本来漠然とした不正確な概念であることに彼とともに注意しよう。法が存在するためには、どれだけ多くの人がどれだけ多くのこのような一般的命令に、どれだけの期間従わなければならないかという質問は、人が禿であるためにはどれだけ髪が少くなければならないかという質問と同じく、明確な答をもちえない。しかし一般的服従というこの事実のなかにこそ、拳銃強盗の命令というもとの単純な場合と法との決定的区別が存在する。一方の他方に対する単なる一時的優勢は、比較的持続性と安定性をもった法とは正反対の極として当然考えられ、実際ほとんどの法体系において、拳銃強盗のように短期間の強制力を行使することは刑法上の犯罪を構成するであろう。この非常に漠然としているが単純な概念、つまり威嚇を背景とする一般的命令に対する一般的習慣的服従が、本当に法体系がもっている安定性と連続性を再現するのに十分であるのかどうかは、実際なお検討されるべき問題として残されている。

　一般の服従を受けている人によって下される威嚇を背景とする一般的命令の概念は、われわれが拳銃強盗の場合の単純な状況に次々とつけ加えていくことによって組み立てたものであるが、それは明らかに他のいかなる種類の法によりも、現代の国家の立法府によって制定された刑罰法規によく似ている。法のタイプのなかには一見このような刑罰法規とは非常に異なるようにみえるものがあるので、われわれは後に、これらの他の種類の法もまた、それと反対であるようにみえても、実は単にこの同じものの複雑で変装した別の形態でしかないという主張を考察しなければならないであろう。しかし、もし刑罰法規についてさえ、われわれが組み立てた一般の服従を受ける一般的命令というモデルのなかにその特徴を再現しようとすれば、命令を下す人についてもう少しつけ加えておかなければならない。現代の国家の法体系の特徴は、その領域内におけるある種の最高性 *supremacy* と、他の法体系からのある種の独立性 *independence* にあるが、これら二つの特徴はまだわれわれの単純なモデルに再現されてはいない。これら二つの概念は外見ほど単純なものではないが、常識的な見方（それは十分でないかもしれないが）からすると、これらにとって本質的なものは以下のように表現されるだろう。イギリス法、フランス法のようないかなる現代の国家の法も、かなりはっきりした地理的境界をもつ領域に居住する人々の行為を規律している。各国の領域内には、威嚇を背景とする一般的命令を下し、習慣的服従の下にある多くのさまざまな人々、あるいは人々の団体が存在するだろう。しかしこれらの人々や団体のあるもの（たとえばロンドン市参事会や委任立法と呼ばれる権能を行使する大臣）は、議会における女王 the Queen in Parliament が最高であるのに対して、従属的立法者として区別されるべきである。この関係は習慣という単純な用語で次のように言いあらわされるのであって、議会における女王は立法に関して習慣的に何者にも従わないのに対して、他方、従属的立法者は制定法上規定された制限を受け、したがって立法に関しては議会における女王の代理人と言えるだろう。もし彼らが制限に服さなかったら、イギリスには一つの法体系ではなく、複数の体系が存在することになるだろう。しかし実際には、この意味において議会における女王は、その領域内におけるすべての者との関係において最高であり、他の団体はそうでないというまさにその理由から、イギリスには単一の体系があり、そのなかに最高の要素と下位の要素からなる階層的関係を識別しうるのである。

他人の命令に習慣的に従っていないという、議会における女王のその消極的な特徴は、さまざまな国の別々な法体系についてのべるときに用いられる独立性の概念をおおまかに定めている。ソヴィエト連邦の最高立法府は議会における女王に従う習慣はなく、議会がソヴィエトの事柄について何を制定しようとも(それはイギリス法の一部を構成するかもしれないが)、それはソ連の法の一部を構成するものではないであろう。そうなるのはただ議会における女王が習慣的にソ連の立法府によって従われているときのみであろう。

この問題に関するこの単純な説明は、後に批判的に検討してみなければならないが、それによれば、法体系が存在しているところでは、一般の服従を受け、威嚇を背景とする一般的命令を発するいくらかの人々、あるいは人々の団体が存在していなければならず、また不服従のさいには、これらの威嚇はおそらく実現されるだろうということが一般的に信じられていなければならない。このような人や団体は対内的には最高であり、対外的には独立でなければならない。もしオースティンに従ってこのような最高で独立の人、あるいは人の団体を主権者 the sovereign と呼ぶならば、いかなる国の法も主権者、あるいは主権者に服従する従属者によって発せられた威嚇を背景とする一般的命令ということになるであろう。

第三章　法の多様性

もしわれわれが、前章で組み立てた強制的命令という単純なモデルと、イギリス法のような現代の法体系のなかに見い出されるさまざまの異なった種類の法とを比較するならば、多くの異論がすぐさま心に浮かんでくる。たしかにすべての法が、人々にあることをするように、またしないようにと命じるとは限らない。私人に遺言、契約あるいは婚姻をなす権能を与える法と、公機関に権能を与える法、たとえば、裁判官が事件を審理したり、大臣がルールを定立したり、あるいは州会に条例を制定する権能を与える法を右のように分類することは誤解を招くことにならないであろうか。またたしかに、あらゆる法は制定されるとは限らないし、それらすべてが先のモデルに見られる一般的命令のように、誰かの欲求の表現だというわけでもない。このようなことは、たいていの法体系において、控え目ではあるけれども、まぎれもなく存在している慣習には、当てはまらないように思われる。けれどもまたたしかに、たとえ法が慎重に定立された制定法だとしても、それらがもっぱら他人にのみ向けられた命令である必要はない。制定法はしばしば立法者自身を拘束しないであろうか。最後に制定された法が法であるためには、実際に立法者の現実の欲求、意向、あるいは願望の表現でなければならないであろうか。正当な手続をへて成立した法令は、(イギリス財政法の多くの部門に関して同じことが言いうるのであるが、)もしその法令に賛成した人々が、実はその法令が何を意図していたかを知らなかった場合には、それは法と言えないであろうか。

以上は、多くの考えられうる異論のうちのもっとも重要なもののいくつかである。明らかに、これらの異論に対処するためには、もとの単純なモデルを多少手なおしすることが必要であろう。そしてそれらの異論がすっかり処理された場合には、威嚇を背景とする一般的命令という観念は、もとの面影のないほどに変形してしまうであろう。

われわれが言及した異論は、三つの主なグループに分けられる。すなわち、この異論のうちのあるものは、法の内容に関し、他は法の起源の態様に、さらにもう一つは、法の適用の範囲に関係している。いずれにせよ、あらゆる法体系は、この三つの事柄の一つ、あるいはそれ以上の点にわたって、先に示した一般的命令というモデルからはずれている法を含んでいるように思われる。以下この章において、これら三つのタイプの異論を個別的に考察しよう。内容、起源の態様、適用の範囲についての異論とは別に、さらに基本的な批判、すなわち、モデルの根底にある習慣的に服従される最高にしてかつ独立の主権者という無疵の概念は、それに対応するものがいかなる現実の法体系のなかにもほとんど存在しないため、誤解を招くという批判は次章にまわそうと思う。

第一節　法の内容

刑法は、われわれが従ったり、従わなかったりするものであり、そのルールが要求するのは「義務」であるといわれている。もし従わないならば、われわれは法を「破った」といわれ、われわれが法に従わずに行なったことは、法的な「不正」、「義務違反」あるいは「犯罪」であるとされる。刑法が果たす社会的機能は、その適用を受ける人々の意思とはかかわりなく、彼らが避けねばならぬ、あるいはなすべき、何らかの行為を定め、明示することである。刑法が、その法への違反、あるいは侵害に対して加える刑罰、あるいは「制裁」は（刑罰がその他どんな目的に役立つにせよ）、これらの行為を差し控える一つの動機を与えることを意図している。これらすべての点において、刑法ならびにその制裁と、われわれがモデルとした威嚇を背景とする一般的命令との間に、少なくとも一つの強い類似性が存在している。このような一般的命令と不法行為法との間には、（多くの重要な相違にもかかわらず）いくらかの類似性が存在している。不法行為法の第一の目的は、他人の行為の結果としてこうむった損害に対する賠償を個人に認めるからである。ここでもまた、どのような行為が提訴できる不法な行為であるかを決定するルールは、人々にそのような行為を差し控える「義務」duties（あるいは、よりまれには「責務」obligations）を、人々の意図とはかかわりなく負わせているといわれている。この行為は、それ自体、「義務違反」と名づけられ、賠償あるいはその他の法的救済は「制裁」と名づけられている。しかし、法には威嚇を背景とする命令とまったく類似しない重要な部類がある。というのは、この種の法はまったく異なった社会的機能を果たしているからである。契約、遺言あるいは婚姻を有効に行なう方式を定めた法的ルールは、人々が望むと望まざるとにかかわらず、一定の仕方でこの行為をせよと要求しているものではない。以上の法は、義務とか責務を課するものではない。その代わり、これらの法は、法の強制的な枠組みのなかで、個人が権利、義務の構造を、一定の明確に規定された手続のもとで、また、一定の条件に従ってつくり出す法的権能を彼らに与えることによって、彼らの願望を実現する便宜を提供しているのである。

契約、遺言、婚姻等により、他人との法的関係を形成するため、このように個人に与えられている権能は、法が社会生活に対して果たす大きな寄与の一つである。そして、もしもすべての法を威嚇を背景とする命令の問題であるとするときには、この法のもつ特質は、おおい隠されてしまうのである。このような権能を与える法と、刑法とが、その有する機能に関して根本的に異なっていることは、この前者の部類の法についてのわれわれの通常の話し方のなかにも多く見られる。われわれは遺言をなすさいに、証人の数に関して、一八三七年の遺言法第九条の規定に「従っ」てもよいし、「従わ」なくてもよい。もしその法律に従わないならば、われわれが作成した証書は、権利と義務を生み出す「有効」な遺言とはならないであろう。それは「無効」であり、したがって法的「効力」や「効果」をもたないであろう。しかし、たとえそれが無効であるとしても、成文の規定に従わなかったことは、いかなる責務あるいは義務の「違反」とか「侵害」といったものでもなければ、また「犯罪」でもない。したがって、こういった事柄をそのような用語で考えることは、混乱を招くことになるであろう。

もしわれわれが私人に法的な権能を与えるさまざまな法的ルールを調べるならば、これらのルール自体をさらに異なった種類に区別できることがわかる。たとえば遺言や契約をなすための権能の背後には、それを行使する人がそなえていなければならない能力、すなわち最小限の人的な資格（成人であるとか、正気であるというような）に関するルールが存在している。その他に、権能が行使されるべき様式や形式を詳細に定めているルールや、遺言あるいは契約が口頭でなされるか、あるいは書面でなされるかを取り決め、書面が必要な場合には、その捺印証書や証明の形式について規定しているルールがある。さらに、このような法律行為によって個人が創造しうる権利義務の構造の種類や、その存続期間の最大限、最小限を定めているルールがある。このようなルールの例としては、契約に関する公序のルールや、遺言あるいは継承的財産処分における利子積立禁止則があげられる。

われわれは、「もしこれをしたければ、このようにしなさい」と便宜や権能を与えている法と、刑法、すなわち威嚇を背景とする命令のように「したくても、したくなくても、これをせよ」という法とを同じものとする法律家の試みについては後で考察しようと思う。しかし、ここではわれわれは、法的権能を与える点では同じであるが、その権能が、今議論したばかりの法とは対照的に、私的な性質よりもむしろ公的 public or official な性質をもつもう一つの部類の法を考察しよう。これらの部類のルールの例は、たとえ曖昧ではあっても、慣習的に権力の分立とされている三つの部門、すなわち司法、立法、行政の各部門のすべてにわたって見い出すことができるのである。

まず、裁判所の活動の背後にある法について考えてみよう。裁判所の場合においては、訴訟物や裁判官の管轄権の内容を明確に規定するルール、あるいは、われわれの言い方をすれば、裁判官に一定のタイプの事件を「審理するための権能」を与えるルールがあり、また裁判官の任命の方式や、彼らの資格、在職期間を明確に規定しているルールがある。さらに、裁判官としてなすべき司法的行動の基準を設け、裁判所で従われるべき手続を決定するルールがある。そのようなルールは、裁判法といったものを形づくっているのであるが、その例としては一九五九年の州裁判所法 County Courts Act、一九〇七年の刑事控訴院法 Court of Criminal Appeal Act、あるいは、合衆国法典第二八編 Title 28 of the United States Code がある。これらの制定法が裁判所の構成や正常な活動のために、さまざまな規定をしていることに注意する必要がある。それらのなかには一見してわかるように、裁判官にある行為をせよとか、差し控えよと命じているものはほとんどないようにみえる。というのは、もちろん法は、裁判官が彼の管轄権を逸脱したり、経済的利害をもっている事件を審理したりすることを、刑罰を条件として特別のルールによって禁じるのはかまわないとしても、このような法的義務を課すルールは、裁判官に司法的権能を与えたり、また管轄権を決定するルールに付随的なものであるであろうからである。なぜかといえば、このような権能を与えるルールは、裁判官が不正をしないようにするのではなく、裁判所の決定が有効なものとなる条件と限界を明らかにすることに関心があるからである。

裁判所の管轄権の範囲を明確に規定している典型的な規定をいくらか詳細に考察することは有益であろう。非常に簡単な例として一九五九年に修正された州裁判所法の一節をとりあげてみよう。それは州裁判所に、土地の権利回復に関する訴訟を審理する管轄権を与えているものである。その一節はおよそ「命令」的とはいえないような口調で次のようにいっている。

州裁判所は、土地の権利回復の訴訟において、問題となっている土地の満一年間の課税評価額が、一〇〇ポンドを超えないものについては、いかなる訴訟をも審理し決定するための管轄権を有する。(1)

(1)　第四八条一項

もしも州裁判所の判事が、管轄権を超えて一年間の課税評価額が一〇〇ポンドを超える土地の権利回復に関する訴訟を審理し、このような土地に関して命令を出したとしても、裁判官、訴訟当事者のいずれも犯罪を犯したことにはならない。といっても、この場合は、私人の行為が法的権能の有効な行使のために必要とされる条件に応じていないために「無効」とされるときとまったく同じだというわけではない。もし遺言をしようとする人が署名を怠ったり、遺言に必要な二人の証人をそろえなかったとしたら、彼の書いたものは法的に何らの資格も効力ももたない。これに反して、明らかにその管轄権を逸脱して出されたとしても、裁判所の命令は、遺言の場合のように扱われるのではない。たとえ裁判所が法的にはなすべきでなかった判決を下したとしても、その判決は、上級の裁判所がその有効性をくつがえすまでは、法的権威をもつべきである、ということが明らかに公序にそうているのである。したがって判決は、管轄権を逸脱した命令だとして上級審で取り消されるまでは、当事者間では法的に有効な強制力をもつ命令である。しかし、それには法的な瑕疵があり、管轄権がないという理由にもとづく上級審における取り消しないしは「棄却」を免れない。通常イギリスで、上級裁判所によってなされる下級裁判所の命令の「破棄」といわれている事柄と、管轄権がないということを理由とする命令の「棄却」との間には、重要な相違があるということに注意すべきである。命令が破棄されるのは、事件に適用される法もしくは事実についての下級裁判所の判断が誤っていたとみなされることにもとづく。しかし管轄権がないことを理由として棄却される場合、下級審の命令は、これら両者のいずれについても誤りがなかったかもしれない。誤りは、下級審の裁判官がのべ、もしくは命じた事柄にあるのではなく、そもそも彼が、それについてのべたり、命じたりすることにある。彼は、たとえ他の裁判所にはできても、彼自身には法的権限のないことをあえてしようとしたのである。管轄権を超えて下された判決は、上級審によって棄却されるまでは公序のために有効とされるという点において複雑さがあるとしても、管轄権に関するルールに適合するとかしないということは、私人による有効な法的権能の行使の条件を定めているルールに適合するとかしないということと同じことである。このようなルールと、それに適合する行為との関係は、「服従」「不服従」という言葉によってはうまく表現されない。ただ命令に似たルールをもつ刑法の場合には、そういった言葉は適切であろうが。

従属的立法機関に立法権能を与える制定法も、あえて歪曲でもしないかぎり、一般的命令とは同一視されえない法的ルールのタイプの一例として考えられる。ここでもまた私的な権能の行使と同様に、立法権能を与えるルールによって明確に規定された条件に適合することは、チェスのようなゲームにおいて「駒を一つ動かすこと」にあたる一つのステップである。その結果はルールによって限定されており、人々が法体系のもとで達成しうるものである。立法とは法的権能を「効果的」に、すなわち法的な権利義務をつくり出すのに実効あるように行使することである。権能を与えるルールの条件に適合しない場合には、なされた事柄は効果のないものとなり、したがってこの目的にとっては無効となる。

立法権の行使に関するルールは、裁判所の管轄権に関するルールよりもさらに一層複雑である。というのも、立法の多くの異なった側面がそれらのルールによって規定されねばならないからである。たとえば、どのような事柄について立法権が行使されうるかを明確に規定しているルールがある。その他に、立法府の構成員の資格づけや、確認について規定しているルールがあるし、さらに立法の様式や、立法者のとるべき手続について規定しているルールがある。これらは当面の問題に関連したほんの少しのルールにすぎない。一八八二年の地方公共団体法 The Municipal Corporations Act は、従属的立法機関ないしルール制定の機関に権能を与え、また限界を明らかにしているが、そのような法令を一見すればわかるように、さらに多くのルールがある。このようなルールに一致しなかった場合常に同じ結果が生じるとは限らないが、次のようなルールは常に存在しているであろう。すなわちその種のルールに違反した場合、立法権の意図された行使は無効とされたり、あるいは下級審の判決のように、効力がないものと宣言されざるをえないとしている。ときには、必要な手続に従ったという証明書が、法によって内部的手続の問題に関して決定的なものとされるであろうし、またときには、ルールによって資格が与えられていない人が立法手続に参加した場合、このことを犯罪とする特別の刑罰規定によって罰せられるかもしれない。しかし、このような複雑な事情によって部分的には曖昧にされるとしても、立法権を与えその行使の態様を定めているルールと、威嚇を背景とする命令に少なくとも類似している刑法のルールとの間には、決定的な相違が見られる。

これら二つの一般的なタイプのルールを同一視することは、いくつかの場合において馬鹿げたものとなるであろう。議会に提出された法案が必要とする多数票を獲得し、その結果、正式に議会を通過した場合、その法案に賛成した人は多数決を要求する法に「従った」というのでもなければ、またそれに反対した人もその法に従ったとか従わなかったというのでもない。もちろん同じことは、法案が必要な多数をえられずに成立しなかった場合にも言いうる。このようにルールの機能に決定的な違いがあるからこそ、刑法のルールにかかわる行為をあらわすのに適した用語をここで用いるわけにはいかない。

すべての法は一つの単純なタイプの法に還元されうるにちがいないという先入見にとらわれず、現代の法体系に含まれているさまざまな法を十分詳細に分類する仕事はまだ残されているのである。権能を与える法という名で大まかに呼ばれている一定の法を、義務を課し、威嚇を背景とする命令に類似する法から区別することは、その端緒にすぎない。しかし、この端緒だけでも、たぶん次のことを示すには十分である。つまり、法体系の顕著な特質のいくつかは、法体系が、このタイプのルールによって、私的ならびに公的な法的権能の行使にそなえるところにあるということである。もしこのような特徴をもったルールが存在しないとするならば、社会生活のもっともなじみ深い概念のいくつかをわれわれは欠くことになるであろう。なぜならばこれらの概念は論理的にこのようなルールの存在を前提としているからである。ちょうどもし威嚇を背景とする命令に類似した命令的性質をもつ刑法がなかったら、いかなる犯罪もなく、したがってまた殺人や窃盗もありえないのと同様に、もし権能を与えるルールがなかったなら、売買や贈与、遺言、婚姻はありえないであろう。というのは、このような事柄は、裁判所の命令や立法機関の法令と同様に、法的権能を有効に行使するところに成りたつのだからである。

それにもかかわらず、法理学において統一を求める声は強い。そしてそのような企ては決して評判の悪いものではないだけに、われわれとしても、偉大な法学者達によって展開されてきた統一を求める二つの択一的な議論を考察しなければならない。これらの議論の目的は、先に強調されたさまざまな法の区別が、たとえ現実離れしたものではないとしても表面的なものにすぎず、「結局は」威嚇を背景とする命令の観念は、刑法のルールの分析にとってと同様、権能を与えるルールの分析にとっても適切なものである、ということを示すことにある。法理学において長い間主張されてきたたいていの理論と同じように、こういった議論のなかにもなにがしかの真理は見い出される。たしかに、先に区別した二つの種類の法的ルールの間には類似点がある。いずれの場合でも、行為がなされれば、ルールに照らして法的に「正しい」事柄とか、「不正」な事柄として評価され批判されるであろう。遺言作成に権能を与えるルールと、刑罰で暴行を禁じている刑法のルールは、いずれも特定の行為を批判的に評価するのにたる基準となるのである。両者がともにルールであるといわれる場合に、おそらく右の程度のことが含意されているのであろう。さらに、権能を与える種類のルールは、義務を課すルール、したがって威嚇を背景とする命令といくぶん類似しているルールとは違っているにせよ、常にこれらのルールに関係をもっているということを了解することは重要である。というのは、ルールが与える権能は、後者の一般的ルールをつくるための権能であったり、あるいは義務づけられなければ服従しようとしない特定の個人に義務を課す権能であったりするからである。このことは、与えられた権能が通常、立法の権能と呼ばれているものにあたる場合には、とりわけ明らかである。しかし後で見るように、そのことは他の法的権能の場合にも当てはまる。多少の不正確さに目をつぶるならば、刑法のようなルールは義務を課すルールであるのに対して、権能を与えるルールは義務を生み出すための手段である、と言えるかもしれない。

制裁としての無効

二つの種類のルールが基本的に同一であることを示し、そのいずれもが強制的命令であるということを明らかにしようとする第一の議論は、権能の行使に不可欠な条件が満たされない場合に生じる「無効」にそのよりどころを求めている。その主張によれば、無効は刑法上の刑罰と同様、ルール違反に対して法によって強制される威嚇された害悪つまり制裁である。もっともこの制裁が、ある場合には、わずかな不都合さしか生ずるにすぎないであろうということは認められている。このような例としてただちに思い浮ぶのは、次のような場合である。すなわち、ある人が自分に対してなされた約束を、契約上拘束力あるものとして法によって履行させようとしたのに、捺印がなくそして必要な約因を与えていなかったために、書面による約束が無効だと知って残念がっている場合がそうである。同じように、二人の証人を欠いている遺言は効力をもたないと規定しているルールについても、それは、ちょうど拘禁されることを考えて刑法に従うよう動機づけられるのと同様、遺言法第九条に従うよう遺言者を動機づけていると考えることができる。

いくつかの場合においては無効と、法律行為が有効であってほしいという望みが失われるといった心理的要素との間に、このような結びつきがあることを誰も否定しえないであろう。それにもかかわらず制裁の観念を拡げて無効を含ませることは混乱の原因（そして徴候）である。そうすることに対しては、周知のように、いくつかのちょっとした異論がある。たとえば多くの場合において無効は法的有効性に必要な条件を満たさなかった人にとって「害悪」ではないかもしれない。また裁判官は、自分の下した命令が妥当性をもつということに、実質的な利害をもっていないかもしれないし、また無関心であるかもしれない。契約に関して訴えられた当事者が、一定の年齢に達していなかったとか、ある種の契約に必要な書面に署名しなかったという理由で、その契約に拘束されないと気づいたとしても、おそらく彼は「威嚇された害悪」や「制裁」を科されているとは思わないであろう。しかし、これらの些細な事柄は巧妙な手段を使えばうまくつくろわれるかもしれないが、それを別としても、無効はもっと重要な理由からして、ルールが禁じている行動をさせないようにするため、ルールに付け加えられている刑罰と同じものとされるわけにはいかない。刑法のルールについては、ルールが禁じている行為の類型とそのような行為をさせないようにするための制裁という二つの事柄を確認し、区別することができる。しかし、たとえ法の要求する形式的要件を満たしていないとしても、互いに拘束するという望ましい社会的活動を、このような観念からわれわれはいかにして考察しうるであろうか。このような約束は、刑法によって禁じられた行為に類似したものでもなければ、契約の法的形式を規定している法的ルールが抑圧しようとしているものでもない。ルールは法的な承認を単に与えないだけである。法案が必要な多数をえられないため、法としての資格を与えられないという事実を制裁とみなそうとすることは、さらに一層馬鹿げたことである。この事実を刑法の制裁に同化させてしまうことは、ゲームの得点に関するルールは、得点するための行動以外のすべての行動を排除しようとしていると考えるのと同じことになろう。もしそのようなことが実際になされれば、あらゆるゲームは成りたたなくなるであろう。それにもかかわらずなお、権能を与えるルールについて、それは一定の仕方で人々を行動させようとし、それに服従させるために「無効」を加えているのであると考える場合にのみ、われわれは、このようなルールを威嚇を背景とする命令と同じものと見ることができる。

無効が刑法の威嚇された害悪や制裁に類似したものであるという考えに内在する混乱は、別の形でも明らかにされるであろう。刑法のルールについていえば、たとえ刑罰とかその他の害悪の威嚇を何ら伴わないとしても、そのようなルールが存在するということは論理的に可能であるし、好ましいことであるかもしれない。もちろんこの場合、そのようなルールが法的ルールといえるかについては議論があろう。それにもかかわらず、われわれは一定の行動を禁じているルールを、そのルールが破られた場合に科されることになっている刑罰に関する規定から明確に区別しうるし、また、前者のルールは後者の規定を伴わなくても存在すると考えうるであろう。ある程度までわれわれは制裁を排除し、行動に関して維持されるべき明瞭な基準だけを残すことができるであろう。しかし、一定の条件たとえば有効な遺言のための証明に従うことを求めるルールと、制裁と称せられている「無効」との間に、そのような区別をすることは論理的に不可能である。この場合、不可欠な条件に従わなくても無効にならないとするならば、そもそもルールが、たとえ法的でないルールとしてであっても、制裁なしに存在するとはどう考えても言えないであろう。無効に関する規定は、義務を課すルールに付加されている刑罰とは異なった仕方で、この種のルール自体の構成要素なのである。ゴールにボールを入れることに失敗した場合、それが得点とならないという意味での「無効」でないとすれば、得点に関するルールは存在していると言えないであろう。

われわれがここで批判した議論は、法律行為が権能付与のルールに従わないため無効とされる場合、その無効をも含ませるために制裁や威嚇された害悪の意味を拡張することによって、そのようなルールと強制的命令の基本的な同一性を示そうとする試みである。われわれが次に考察する第二の議論は、それとは異なったまったく正反対の議論の進め方をする。権能を与えるルールが強制的命令の一種であるということを示そうとはせずに、これらのルールは「法」ではないと主張する。これらのルールを除外するために、「法」という言葉の意味を縮小する。法学者により多かれ少なかれ極端な形をとってあらわれてくる議論の一般的形態によれば、漠然とないしは通俗的な表現で完全なルールであると考えられているものは、実際には、唯一の「真正な」法的ルールである強制的ルールの不完全な断片にすぎない。

法の断片としての権能付与のルール

この議論の極端な形態は、真正な法であるとしばしば言われている刑法のルールについてさえ、そうではないと主張しようとする。ケルゼンの行なった議論がこの形態である。すなわち「法とは制裁を規定している第一次規範である。[1]」殺人を禁じている法は存在しない。ただ人を殺した者に対して一定の条件の下で一定の制裁を科すべし、と公機関に指示を与えている法が存在するのみである。一般に、法の内容をなすものと考えられている事柄は、一般市民の行動の指針となるように意図されているが、この見解によれば、それは市民にではなく公機関に向けられ、一定の条件が満たされた場合に一定の制裁を科すべしと彼らに命じているルールの先行条件、もしくは「条件節」にすぎない。この見解によれば、あらゆる真正な法は制裁を科すべしという公機関に向けられた条件的命令である。それらはすべて、「Xという事柄がなされたり、なされなかったり、あるいは生じたりした場合には、Yという制裁を科すべし」という形式をとっている。

（1） *General Theory of Law and State*, p. 63. 本書二ページ参照。

先行条件や条件節にさらに一層手が加えられることによって、私的ないしは公的権能を与え、その行使の態様を定めているルールをも含めて、あらゆるタイプの法的ルールは、この条件的形態へと言いかえられることができるのである。たとえば、二人の証人を要求する遺言法の規定は、遺言執行人が遺言書のその条項に違反して遺贈財産の支払いを拒否する場合、裁判所が彼に対して制裁を科すべしとする多くのさまざまな指令に共通する要素ということになろう。すなわち「これらの条項を含んでいる遺言書が正式な証明をへているならば、またその場合にのみ、そしてもし……の場合に、そのときには制裁が彼に対して科せられねばならない。」同じように、裁判所の管轄権の範囲を明確に規定しているルールは、裁判所が制裁を科す前に満たさなければならないいくつかの条件に見られる共通の要素であるということになろう。したがってまた立法権を与え、立法の様式を定めているルール（最高の立法府に関する憲法の規定を含めて）は、（とりわけ）裁判所が制定法に定められている制裁を科しうるために、満たさねばならない一定の共通の条件を明確に定めるものである、と言いかえられることができるし、また言いあらわすことができる。したがってこの理論は、曖昧な形式をときほぐして実体を明らかにするようわれわれに命じる。そのときわれわれが気づくことは、「議会における女王が制定するものが法である」というような憲法上の諸形式や、あるいは連邦議会の立法権に関するアメリカ憲法の規定は、裁判所が制裁を科しうる一般的条件を単に明確に規定しているにすぎないということである。これらのルールの形式は本質的に「条件節」であって、完全なルールではない。すなわち「もし議会における女王がそのように制定したならば」とか、あるいは「もし連邦議会が憲法に明確に規定された限界の内で、そのように制定したならば」ということは、制裁を科すべしとか、一定のタイプの行為を罰すべしと裁判所に向けられた非常に多くの指令に共通してみられる条件の形式だからである。

これは、さまざまな一般的形式や表現によって曖昧にされているが、その下に隠されている法の真の統一的性格を明らかにしようとする点で、侮りがたく興味ある理論である。その欠点について考察する前に、このような極端な形態をとる理論は法についての始源的な概念、すなわち法は制裁の威嚇を背景とする命令から成りたつ、つまり命令が従われなかったとき制裁が加えられるとする概念から離れているということに注意すべきである。それに代わって今や中心概念となっているのは、制裁を科すべしとする公機関に対する命令という概念である。この見解によれば、あらゆる法の違反に対して制裁が規定されている必要は何らない。ただ必要なことは、あらゆる「真正な」法は制裁の適用を指令するものだということである。それゆえ、公機関は、そのような指令を無視しても処罰されえないであろうということは十分ありうることであり、このことはもちろん事実上多くの法体系においてしばしば見られることである。

すでにのべたように、この一般的理論は、さらに今のべたほど極端でない形態でも展開されるであろう。さほど極端でない形態の議論においては、法はとりわけ一般市民に向けられた威嚇を背景とする命令であるという法の始源的概念（それは多くの人々にとっては、より受けいれやすいものと感じられている）は残されているのであり、常識的にみて単に公機関にではなく、まず一般市民の行為に向けられているルールに関しては、少なくともそうである。このより穏和な観点からすれば、刑法のルールはすでに威嚇を背景とする命令であるからそのままで法であり、他の完全なルールの断片として修正される必要はない。しかし他の場合にはこのような修正が必要となる。私人に法的権能を与えるルールは、より極端な理論にとってと同様、この理論にとっても、真の完全な法すなわち威嚇を背景とする命令の単なる断片にすぎない。どのような法が完全な法であるのかは次のように問うことによって明らかにされるはずである。すなわち法は誰に対してある事柄をなすようにと命じ、従わない場合には刑罰をもってのぞむのか、と。このことが明らかにされるとき、証人に関する一八三七年の遺言法のルールのような規定や、個人に権能を与えそれらの有効な行使のための条件を定めている他のルールは、究極的には、そのような法的義務を生じさせるいくつかの条件を明確に規定しているものとして修正されるであろう。そのときには、それらのルールは威嚇を背景とする条件的命令または義務を課するルールの先行条件、「条件節」を構成するものということになろう。「遺言書が規定に従って遺言者によって署名され、二人の証人によって証明された場合に、またその場合にのみ、そしてもし……の場合に、そのときには遺言執行人（あるいは他の遺言執行者）は、遺言書の条項を実行すべきであろう。」同じように、契約の締結に関するルールは、もし一定の事柄が満たされ、のべられ、もしくは実行された場合（当事者が成年に達し、捺印の下に契約を行ない、あるいは約因を与えられた場合）、契約によってなされるべきことをすべしと、人々に命じるルールの単なる断片にすぎないものということになる。

立法権を与えるルール（最高の立法府に関する憲法の規定を含めて）が「真の」ルールの断片であると説明するために、この理論のうち、より極端な議論に関して四〇ページでのべられたのと類似したやり方で修正が加えられうるであろう。唯一の相違は、より穏和な見解においては、権能付与のルールは（より極端な理論におけるように）制裁を科すべしという公機関に対する指令の単なる条件節としてではなく、むしろ制裁による威嚇の下に、一般市民にある事柄をなすべしと命じるルールの先行条件ないしは条件節として説明されるということである。

この理論での考え方はともに、明らかに異なっているさまざまな法的ルールを、法の精髄を伝えていると主張される単一の形式へと還元しようとする。違った仕方ではあるが、その両者は制裁を非常に重要な要素とするのであり、その結果いずれも、もし制裁のない法が議論の余地なく考えられるということが明らかになる場合には、成りたたなくなるであろう。しかしこの一般的な異論は後にまわさねばならない。ここでわれわれがこの理論における双方の形態に対して行なおうとする特別の批判は、それらが都合のよい法の統一的パターンをえるために、あまりに大きな犠牲を払ってあらゆる法を還元しているという点にある。つまりさまざまなタイプの法的ルールが果たしている異なった社会的機能をゆがめているということである。このことはどちらの理論形態にも当てはまるのであるが、より極端な形態の理論が刑法の修正を求めるさいにもっとも明白にあらわれてくる。

統一性の代償としてのゆがみ

この修正によってもたらされたゆがみは、法の多くの異なった側面を明らかにするという点からすれば考察する価値がある。社会統制のため存在している多くの技術のなかで刑法を特徴づけているものは、社会の構成員の全体あるいは社会の特定の部類の人々を導くための基準として一定のタイプの行動をルールによって示すことにある。人々は公機関の助けや介入なしにルールを理解し、それが彼らに適用されることを知り、それに従うことを期待されている。法が破られ、そしてその第一次的機能が果たされないときにのみ、公機関は違反の事実を確認し、威嚇された制裁を科そうとするのである。交通整理の警官のような公機関が、運転手に対して個々の面と向かった命令を下すのに比べると、この技術の特徴は、ルールを知り自己の行動をそれに従わせることが社会の構成員にまかされているということである。この意味において、たとえルールに付加されている制裁によってルールに従う動機をもつにせよ、彼らはルールそのものを自分自身に「適用している」のである。そのようなルールが機能する特徴的なあり方について、もしわれわれが、従われない場合に制裁を科すことを裁判所に求めているルールのみを考えたり、それが第一次的なものであるとすれば、その特徴的あり方がおおい隠されてしまうことは明らかであろう。というのも裁判所に向けられたルールは、この体系の第一次的目的がそこなわれたり、果たされない場合にそなえているものであるから。それらのルールは、なるほど欠くことのできないものとはいえ補助的なものである。

刑法の実質的ルールは、単に刑罰の体系を運用する公機関にばかりではなく、公的でない生活をいとなむ一般市民の指針としても機能する（そして広い意味において、そこにルールの意義がある）というこの観念は、基本的な区別をすて社会的統制の手段としての法の特定の性格を曖昧にしないかぎり、取り去ることができない。ある犯罪に対する罰金のような刑罰と、ある種の行為に対する税金とを比較した場合、両者はともに同じ金銭的損失を負わすべしという公機関に対する指令を含んでいるが、この二つは同じものではない。これらの観念はどこで区別されるかといえば、罰金は税金の場合とは違って、犯罪、すなわち一般市民の行為の指針としてもうけられたルールを侵害したという形での義務違反を含んでいるということによってである。このわかりきった区別が、一定の事情の下では曖昧にされるかもしれないということも事実である。法が「かくかくの行為を犯罪とする」ときには、それをしてはならぬとはっきり指示するのであるが、そのような明白な指示を与えないにせよ、税金は歳入を目的としてではなく、課税さるべき行為を行なわせないために課されることがある。逆に、いくつかの刑事犯に対して科せられる罰金が、貨幣価値の下落のために少額のものとなり、その結果罰金は喜んで支払われるかもしれない。まさしくこのような事情の下では、そのルールが刑法の大部分のルールのように、行動の基準としてまじめにとられることを意図しているという感覚が失われてしまうので、罰金はおそらく「単なる税金にすぎない」と感じられるであろうし、「犯罪」はしばしば生じるであろう。

ときとして今考慮されている理論と同じような理論に賛成してこういう主張もなされている。つまり、法は制裁を科すべしという指令だとしてとらえることは、「悪人」が法について知ろうと欲していることをすっかり明らかにするから、法のこのような修正は明晰さの点で進歩である、と。これは真実であるかもしれないが、この理論を弁護するものとしては不十分であるように思える。法が何を要求しているかを告げられさえすれば、喜んで何かをなすであろう「困惑している人」や「事情を知らない人」、あるいは、どうしたらよいかを告げられさえすれば「自今の仕事をかたづけようと望んでいる人」に対して、法はなぜ悪人に対する以上とはいわないまでも、これと同じようにかかわってはならないのか。もちろん、裁判所が制裁を科すことになる場合に法を執行するやり方を知ることは、法を理解する上で非常に重要なことである。しかしそうだとしても、裁判所で起こることだけを理解すればそれで十分だと考えることはゆきすぎである。社会統制の手段としての法の重要な機能は、民事訴訟や犯罪訴追手続に見ることができるのではなくて、これらは極めて重大なものであるにせよ、なお法体系が破られる場合にそなえている補助的なものなのである。法の主要な機能は、裁判所外での生活を統制し、導き、計画するために法が用いられるさまざまな仕方においてこそ見られるべきなのである。

この極端な理論は補助的な機能と主要な機能との関係を逆に理解しているが、われわれはこれをゲームのルールを考えるさい、ルール以下のように修正する考え方と比較することができる。ある理論家はクリケットや野球のルールは主として競技者に対し、あるルールは主として競技役員（審判、スコアラー）に、あるルールは両者に向けられているという型にはまった主張の下に、何らかの統一が隠されているのを発見したと主張するかもしれない。彼の主張によれば「あらゆるルールは、実は一定の条件のもとで一定のことをすべし、と競技役員に指令を与えているルールである。」ボールを打ったあとの一定の動作が「得点」となり、捕球された場合には「アウト」になるというルールは、まさしく実は、競技役員に向けられた複雑な指令なのである。前の場合には、ルールは、スコアブックに「得点」を書くべしというスコアラーへの指令であり、後の場合には、審判は人に「フィールドから離れよ」と命ずべきだという審判への指令である。それに対しては、次のようなもっともな異議が出される。すなわち、ルールをこのように変形することによってルールに加えられる統一性は、ルールが機能する仕方や、選手が目的的活動の指針としてルールを用いる態様をおおい隠し、その結果、ゲームという競争的ではあるけれど協同的な社会的企てにおけるルールの機能を曖昧にするものだと。

これほど極端でない理論では刑法や、義務を課すその他のすべての法は、すでに強制的命令の単純なモデルに合致しているので修正されないままであるが、法的権能を与えその行使の態様を定めているすべてのルールは、この単一の形態へと還元されることになろう。この理論に対しては、極端な形態の理論に対してと同じ批判が可能である。もしすべての法を、義務が課される人々の観点からのみながめ、法の他のすべての諸側面は、人々に義務を課すための多少手のこんだ条件であるとするならば、われわれは、少なくとも義務とならんで法の特質であり社会にとって重要である要素を、従属的なものにすぎないとみなすことになってしまうであろう。私的な権能を与えるルールについて理解しようとすれば、それを行使する人々の観点からながめねばならない。そのときには、この権能を与えるルールは、強制的統制の要素に加えて、法によって社会生活に導入された要素であることが明らかになる。このようなルールが導入されるのは、それがないと単なる義務の担い手に終始する私人に法的権能を与えることによって、彼らを私的な立法者とさせるためである。彼は、そのなしうる契約、信託、遺言、その他の権利義務の構造の範囲内で、法がいかなるコースをとるかを決定する資格が与えられているのである。もちろん義務の範囲は、部分的にはこのような権能の行使によって決定されるのであるが、このように特別な仕方で用いられ、社会にとって非常に明らかに好都合なルールを、義務を課すルールと違ったものと認めてはなぜいけないのか。そのような権能付与のルールは、義務を課すルールと違った仕方で社会生活において考えられ、のべられ、用いられているのであり、また義務を課すルールとは違った理由のゆえに尊重されているのである。それらの性質の違いを明らかにするのに他のいかなるテストがありうるのか。

立法権および司法権を与え定めているルールを、義務を生じさせる条件についての陳述に還元することは、公的な領域においても同じように事実を曖昧にする欠点をもっている。権威的な立法を行ない命令を下すため、これらの権能を行使する人々は、これらのルールを義務の履行とか、強制的命令に対する服従とはまったく違った目的的活動の形態で用いるのである。そのようなルールを、義務のルールの単なる側面ないしは断片であるとすることは、私的な領域に関してより、さらに一層法及びその法の枠内で可能とされる活動の明らかな特徴を曖昧にすることになる。というのは、立法者に義務のルールを変更したり、補充する権能を与え、そして義務のルールが破られたとき、裁判官に決定をする権能を与えているルールが社会に取りいれられたということは、車輪の発明と同じほど社会にとって重要な前進の一歩だからである。それは単に重要な一歩というだけでなく、後に第四章で論じるように、法以前の世界から法的世界への一歩と考えられてしかるべきである。

第二節　適用の範囲

およそ考えられうるさまざまな法のうちで、明らかに刑罰法規は強制的命令という単純なモデルにもっとも近い。

しかし、これらの法でさえ、われわれがそのモデルにとらわれるかぎり見失いがちな一定の特徴をもつことは、この節で吟味されるとおりであって、それを理解しようとすれば、モデルの影響をふりきらなければならないであろう。威嚇を背景とする命令は本来、一定の事柄をすべきとか、すべきでないという他人に対する願望の表現である。もちろん、このようにもっぱら他人に向けられた形で立法をすることは可能である。立法権を掌握する絶対君主は、一定の体系のうちで、みずから制定する法に拘束されないと常に考えられるであろう。民主的な体系においてさえ、法を制定した人々に適用されず、ただ法によって指示された特定の部類の人々にのみ適用される法の制定も行なわれるといえよう。しかし、法の適用範囲は常に法の解釈の問題である。法を制定した人々をその範囲から除外することは、解釈上考えられることもあるし、考えられないこともある。もちろん、現在多くの法は立法者にも法的義務を課している。立法は十分完全にこのような自己拘束力をもつことができるのであって、この点で、威嚇を背景としてある事柄をなすべしと他人に命じるだけのものとは異なっている。立法に関して本質上他人に向けられているといったようなものは何もないのである。われわれがそのモデルの影響の下に、法というものを法の上に立つ人または人々が、法に従う他人に対して制定したものだといつでも考えているかぎり、どうしても当惑させられるような法現象がここにある。

立法についてのこのような垂直的、言いかえると「上から下へ」のイメージ this vertical or 'top-to-bottom' image of law making はその単純さのゆえに魅力的であるが、これを現実と一致させようとするならば、立法者を公的な資格をもつ者と、私的な資格をもつ者とに分ける工夫をしなければならない。公的な資格で行動する場合、彼は「私的な資格」における彼自身を含んだ他人に責務を課す法を制定するのである。このように説明されるということについては、いかなる異論も存在しないが、別々の資格に分けるという考えは、第四章で見るように、強制的命令に還元しえない権能付与の法的ルールという観点に立った場合はじめて理解できるものである。いずれにせよ、このような複雑な工夫は実際にはまったく必要でないということに気づくべきである。そのようなことをしなくても、制定された法令の自己拘束的な特質を説明することができる。というのは、そのことについてはるかにうまく理解させてくれるものをわれわれは日常生活においても、法においても手にしているからである。それは約束の働きであって、すべてではないとしても、法の多くの特徴を理解するために、多くの点で強制的命令のそれよりもはるかにすぐれたモデルなのである。

約束するということは、約束した者に責務を生み出す何かをのべることである。のべられた言葉がこの種の効果をもつためには、ルールが存在し、言葉が適切な場合にしかるべき人によって(すなわち、さまざまな圧力から自由にみずからの立場を理解する正常な人によって)用いられるときには、その当人が言葉によって指示された事柄をするよう拘束されることが定められていなくてはならない。したがって約束する場合、われわれは、自分自身に責務を課し他人に権利を与えることによって、われわれ自身の道徳的状況を変えるため、特定の手続を利用しているのである。法律家の用語法で言えば、われわれはこのことをするために、ルールによって与えられた「権能」を行使しているのである。約束をする者の「なかで」二つの人格、すなわち責務の創造者という資格で行動するものと、これに拘束された人格という資格で行動するものとを区別すること、要するに前者が後者に何かをすべしと命じていると考えることは、実際可能ではあるけれど役には立たない。

同様に、立法の自己拘束力について理解するためには、この工夫は不必要である。というのは、法を制定することは、約束する場合と同じように、その過程を支配している一定のルールの存在を前提としているからである。このルールによって資格を与えられた人々が、ルールによって明確に規定された手続に従ってのべたり、書いたりした言葉が、明示的にせよ黙示的にせよ、指示した範囲内のすべての人々に対して責務を生み出すのであり、これらの責務は立法過程に加わった人々にも及ぼされるであろう。

約束することと法制定の間には、立法の自己拘束的性質を説明するこのような類似がみられるが、もちろん両者の間には多くの相違がある。法制定を支配しているルールの方がはるかに複雑であり、約束の双務的性質は見られない。通常そこでは、受約者のようにみずからのために約束し、しかも履行について、唯一のではなくても、特別な請求をなしうる特別な地位にある者は誰も存在しない。これらの点において立法の自己拘束性により近いものとしては、ある人が彼みずから他人のための財産の受託者であると宣言するような、イギリス法において知られた自己に責務を課す一定の他の形態があげられる。いずれにせよ、一般に立法による法の制定をもっともよく理解しようとすれば、個個の法的責務を生み出すこのような私的なやり方を考慮する必要がある。

強制的命令あるいはルールのモデルを修正するために何がもっとも必要とされているかというと、それは立法というものを、社会によって一般的に従われるべき行動の一般的基準を取りいれ、または変更することだ、と考えなおすことである。立法者は他人に対して命令を下す者、すなわち定義上みずからはそれに拘束されない者に必ずしも類似していない。約束する人と同様、立法者はルールによって与えられた権能を行使するのである。そのさい約束する者は、その権能の範囲内にとどまらねばならないが、立法者もたいていはそうである。

第三節　起源の態様

これまでわれわれは、法の多様性については、すでに強調したような相違はあるけれども、明らかに強制的命令と類似する一点をもつ制定法にかぎって論じてきた。立法行為は、命令を下すのと同様、日付のはっきりしている意識的な行為である。立法にたずさわる人々は、ちょうど命令を下す人が、彼の意図が確実に承認され従われるように意識的に一定の言葉を使うのと同様、立法手続を意識的に用いている。したがって法の分析にあたって強制的命令というモデルを用いる理論は、あらゆる法は、もしその粉飾を取り去るならば、このような立法と類似した点をもっているのであり、その法たる資格は意識的な立法行為に負っていると考えられると主張する。この主張と非常に明白に衝突する法のタイプとしては慣習 custom があげられる。しかし慣習が「本当に」法であるのかどうかという議論は、二つの異なった問題がうまく分離されていないことによって、しばしば混乱させられてきた。まず第一の問題は、「慣習そのもの」が法であるのかどうかということである。慣習そのものが法でないとされるときの意味と十分な理由としては、いかなる社会においてもその法の構成要素となっていないような多くの慣習があるという単純な真実があげられる。婦人の前で帽子を取らないとしても、少しも法のルールを破ったことにはならないであろう。慣習は法によって承認された場合は別として、法的資格をもっていないからである。このことは、慣習のなかのあるものが、ただ個々の法体系によって法として「承認された」場合にのみ法になるということを示している。第二の問題は「法的承認」という意味に関してである。慣習が法的に承認されるとはどういうことなのか。強制的命令のモデルが要求するのと同じように、誰かが、おそらくは「主権者」とか彼の代理人が慣習に従うべきだと命じたという事実、だからこの点において、慣習の法としての資格は何か立法に類似した事柄に由来しているという事実があれば、法的に承認されたということになるのであろうか。

現代の世界では、慣習はあまり重要な法の「源」ではない。立法者は制定法によって慣習的ルールの法的資格を拒否しうるという意味において、それは通常従属的な法源である。また多くの体系において、ある慣習が法的な承認をうけるにふさわしいかどうかを決定する場合に裁判所が用いるテストには、「合理性」といった不安定な概念が含まれているのであって、そのことは、慣習を拒否するか受けいれるかにさいして、裁判所は事実上無制限な裁量を行なっているのであるという見解に、少なくとも何らかの根拠を提供しているのである。たとえそうであるとしても、裁判所、立法者、主権者がそのように「命じた」という事実に慣習の法的資格を求めることは、命令に与えられたもとの意味を拡大し、その理論から核心を取り去るときに、はじめて恰好がつけられるようになる理論を採用することである。

法的承認に関するこの理論を取りあげるためには、われわれは強制的命令としての法の概念において主権者の演じる役割を思い出さねばならない。この理論によれば、法とは主権者かもしくは彼が自分に代わって命令を下すために選んだ従属的立法者の命令である。前者では、法は「命令」という文字通りの意味での主権者の命令によって制定される。後者は従属的立法者によって下された命令であり、その場合には、もしそれが主権者によってあらかじめ発せられた何らかの命令に従って下されたときにのみ、法たりうるのである。従属的立法者が主権者に代わって命令を下すためには、彼から委任された何らかの権威をもっていなければならない。場合によってはこの権威は、一定の事柄に関して「命令を下す」ようにという大臣への明白な指令によって与えられる。もしここで立ち止まってしまうならば、明らかに、この理論によっては事実を説明することは不可能である。そのため、この理論は拡張されて、主権者は場合によっては、みずからの意思を間接的な仕方で表明することができるというように主張する。彼の命令は「黙示的」であってもかまわない。彼は明白な命令を下すことなしに、彼の臣民に対して、一定の事柄を行なうべきであるというみずからの意図を知らせることが可能であり、その場合には、彼は、従属的立法者が臣民に命令を下しさらに服従しない者を処罰することに、口出しをしなければそれでよいのである。

「黙示の命令」という観念に関しては、軍隊が可能なかぎり明白な例を提供してくれる。通常上官に従っている一人の軍曹が、自分の部下に雑役を命じ、そして服従しないものを処罰したとしよう。このことを聞いた将軍が、もし軍曹にその雑役をやめるように命じていたならばそうできたであろうが、事態を放置しておいたとしよう。このような場合、将軍は雑役を行なうべきであるというみずからの意思を黙示的に表明したとみなされうるであろう。やめさせることができたにもかかわらず、それをしなかったということは、彼が雑役を命じるさいに用いるであろう言葉を無言のうちに示したものといえる。

このような観点から、ある法体系のなかで法たる資格をもっている慣習的ルールを調べるように求められるのである。裁判所が個々の事件においてそれらを適用するまでは、そのようなルールは単なる慣習にすぎず、いかなる意味においても法ではない。裁判所がそれらを用い、そしてそれらに従って強制力のある命令を下す場合に、はじめてこれらのルールは法的承認を受けるのである。その場合、やめさせようと思えばそうすることのできた主権者が、彼の臣民に対して、前もって存在している慣習にもとづいて「形づくられた」裁判官の命令に従うよう黙示的に命じたというわけである。

慣習の法的資格についてのこの説明は、二つの異なった批判にさらされることになる。慣習的ルールは、それが訴訟で適用されるまでは法たる資格をもたない、とは必ずしもいえないというのが第一の批判である。常にそうなのであるという主張は、単なるドグマにすぎないか、さもなければ、一定の体系において常にそうである場合とそうであるかもしれない場合を区別することができないかのいずれかである。一定の明確な方法でつくられた制定法が、個々の事件において裁判所によって用いられる以前に法であるとするならば、なぜ一定の明確な種類の慣習もまたそうであってはならないのか。立法者が制定したものが法であるという一般原則を、裁判所が拘束力をもっていると承認するのと同じように、彼らがまた一定の明確な種類の慣習は法であるという他の一般原則を拘束力をもっていると承認してなぜいけないのか。ある事件が生じたときに、裁判所がちょうど制定法を適用するのと同じように、慣習をそれがすでに何か法であるものとして、そしてまさしくそうであるからという理由で適用するという主張には何か馬鹿げたところがあるだろうか。もちろん、ある一つの法体系が、いかなる慣習的ルールについても裁判所が無制限な裁量にもとづいて法たる資格をもつべきであると宣言するまでは法たりえない、と規定するということは可能である。しかしながら、これはまさしく一つの可能性にすぎないのであり、裁判所がそのような裁量権をもたないような体系の可能性を排除することはできない。その場合、慣習的ルールが裁判所によって適用されるまでは法としての資格をもつことができないという一般的な主張は、いかにして成りたちうるのであろうか。

これらの異議に対してなされる解答は、いかなるものも、ある人によって法であれと命じられることがなければ、そしてそうされるまでは、法たりえないというドグマの繰り返しにすぎないこともある。裁判所と制定法との関係、裁判所と慣習との関係は類似していると示唆されてきたが、それは結局、裁判所による適用以前においてすでに制定法は「命じ」られているのに対して、慣習はそうではないという理由で拒否されるのである。これよりドグマ的でない議論といったものは特定の法体系の特定の仕組みをあまりに重視しすぎるのでこのさい不適当である。慣習は、イギリス法では、もしそれが「合理性」というテストを通過しないならば裁判所によって拒否されるという事実から、慣習は裁判所で用いられるまでは法ではないということが明らかになると言われることもある。このこともまた、せいぜいイギリス法における慣習についての何かを説明しているにすぎないであろう。その上、もしある人が主張するように、一定の慣習的ルールが合理的である場合にのみ裁判所はそれらを用いるよう拘束されているといった体系と、裁判所が無制限な裁量権をもっているような体系とを区別することが無意味である、というのが真実でないならば、以上のことさえ確立されえないのである。

慣習が法である場合、その法的資格は主権者の黙示の命令に由来するという理論に対しては第二の批判が出てくるが、これはより基本的なものである。慣習は、個々の事件において裁判所によって強制されるまでは法ではない、ということがたとえ認められるとしても、主権者がそのことに口出しをしなかったということを、ルールに従うべきであるという願望を黙示的にあらわしたものである、とみなすことが果たして可能であろうか。五一ページの非常に単純な軍隊の例においてさえ、将軍が軍曹の命令に口出しをしなかったという事実から、将軍はその命令が従われるよう望んだという結論を引き出しうるとは限らない。将軍は、単に彼にとって大切な部下の機嫌を損じないよう願っていただけかもしれないし、また命令された連中が、その雑役を避ける何らかの方法を見つけることを望んでいただけかもしれない。もちろん、われわれは、いくつかの場合において、彼は雑役がなされなければならないと望んでいたと推論することはできるだろうが、しかしたとえそう推論したとしても、その根拠の要点は、将軍は命令が下されたことを知っており、それについて考える時間があり、しかも何もしないと決定したという事実に求められるであろう。慣習の法的資格を説明するために、主権者の意思の黙示の表明という観念を用いることに対する主要な異論は、およそ現代の国家においてはそのような知識や考慮、さらに口出ししないことの決定を、最高の立法府であれ、選挙民であれ、ともかく「主権者」に求めることがほとんど不可能であるということである。もちろん、たいていの法体系において、慣習が制定法に従属する法源であるということは真実である。このことは、立法者は慣習から法的資格を奪い取ることができるということを意味しているが、そうしないからといって、立法府がこれを望んだということを示すものとはいえないであろう。裁判所によって用いられた慣習的ルールに対して、立法府が注意を向けているということは非常にまれなことであり、さらに選挙民についていえばなおさらそうである。それゆえ、彼らが口出ししないということを、将軍が軍曹に対してそうしなかったということと比較することは不可能である。将軍の場合においては、部下の命令が従われるようにという願望をそこから推論してもよいだろうが。

それでは慣習が法的に承認されるということは何にもとづいているのか。慣習的ルールの法的資格が個々の事件にそれを適用した裁判所の命令にも、あるいは最高の立法権の黙示の命令にももとづかないとするならば、その法的資格は何に由来するのであろうか。それは、制定法がそうであるように、裁判所が適用する以前にいかにして法たりうるのであろうか。これらの疑問に十分答えるためには、われわれは、次章で行なうように、法が存在するところでは、一人もしくは複数の主権者が存在していなければならず、明示であれ、黙示であれ、その一般的命令だけが法であるという理論を詳細に吟味する必要がある。さしあたりこの章の結論を以下のように要約してみよう。

法を強制的命令としてとらえる理論は、はじめから異議に出あうのであって、それによると、あらゆる体系のなかには三つの主要な点においてこの説明どおりにはいかないさまざまな法が見い出される、とされる。まず第一に、強制的命令にもっとも近い刑罰法規でさえ、他人に向けられた命令の適用範囲とは異なった範囲をしばしばもっているのである。というのも、このような法は、他人に対してと同様、それを制定した人々に対しても義務を課しうるのであるから。第二に、他の制定法は一定の事柄をすべきだと人々に求めるのではなく、彼らに権能を与えるという点において命令と異なっている。それらは義務を課すのではなくて、法の強制的な枠組みのなかで、法的な権利、義務を自由につくり出すための便宜を与えている。第三に、制定法の制定は、いくつかの点で命令を下すことに類似してはいるものの、いくつかの法のルールは慣習から生まれ、その法的資格は、まったくそのような意識的な法定立行為によってはいない。

これらの異議からこの理論を守るためにさまざまな手段が講じられてきた。害悪あるいは「制裁」による威嚇といったもともと単純な観念が法律行為の無効を含ませるために拡げられた。法的ルールの概念は、権能を与えるルールを法の断片にすぎないものとして排除するために狭められた。みずから定立した法令によって拘束される立法者という一人の自然的人格の内に二つの人格が発見された。命令の概念は、文字通りの意味での命令から、従属的立法者によって下された命令に口出しをしないという形での「黙示」の意思表示にまで拡げられた。これらの工夫の巧妙さにもかかわらず、威嚇を背景とする命令のモデルは法について明らかにするよりも多くの事柄を曖昧にしてきた。さまざまな法をこの単一の単純な形態に還元しようとする努力は、結局はそれらに見せかけの統一を押しつけることになってしまう。事実、ここで統一を求めることは誤りであるかもしれない。というのは、第五章で論じられるように、唯一無二とはいえないまでも、法の一つの顕著な特徴が、法はさまざまなタイプのルールから成りたっているということにあるのだから。

第四章　主権者と臣民

強制的命令としての法という単純なモデルを批判するにあたって、われわれは、その考え方からすればいかなる社会においても、その法となるような一般的命令を下す一人または複数の「主権」者については、これまで問題にしてこなかった。実際、威嚇を背景とする命令の観念がさまざまな種類の法を十分に説明するかどうかについて議論したとき、われわれは、法が存在する社会ではどこでも主権者が実際に存在するのであり、その存否は服従の習慣を参照することによって明らかにされると仮定した。そこでいう主権者とは、その下す命令が社会の大多数によって習慣的に従われ、そしてみずからはほかの誰にも習慣的に従わない人または人々の団体のことである。

われわれは、ここで、すべての法体系の基礎に関係しているこの一般理論について、いくらか詳しく考察しなければならない。というのは、この主権の理論は、極度に単純であるけれども一般理論であるからである。その理論の主張によれば、法が存在する人間社会ではどこでも、絶対君主制とか民主制とかのように政治形態が多様であっても、その底には習慣的に服従する臣民と誰にも習慣的に服従しない主権者というこの単純な関係が究極的には見い出されるのである。主権者と臣民からなるこの垂直的構造は、法をもっている社会の本質的な部分を構成しており、それはあたかも人間の背骨のようなものである、とその理論は言う。その構造が見い出されるところでは、主権者をもつ社会を一個の独立国家として語ることができるだろうし、その法についても語ることができるだろう。他方その構造が見い出されないところでは、こういった表現のどれも使うことができない。というのは、この理論では、主権者と臣民の関係はそういった表現の意味そのものの要素となるからである。

この理論では二つの点が特に重要なのであり、後に本章で詳しくなされる批判の輪郭を示すために、ここでは一般的な言い方でそれらを強調しておこう。第一点は、服従の習慣の観念に関するものであって、これは主権者の法の適用を受ける人々の側にのみ要求されるものである。ここで、このような習慣が、たいていの法体系に見られる二つの顕著な特徴を説明するのに十分であるかどうかを調べてみよう。すなわち、立法者が次々と他の立法者に継承されることによって保持されていく法定立権威の継続性、および法の定立者と彼に習慣的に服従した人々が死んだずっと後になっても法がもつ永続性に関してである。第二点は、法の上にある主権者が占める地位に関してである。すなわち、主権者は他の人々に対して法をつくり、そうして彼らに法的義務または「制限」を課すのであるが、彼自身は法的には制限がなく、また制限されえないと言われている。ここで、最高の立法者というこの法的に制限されえない地位が法の存在にとって必要であるのかどうか、そして、立法権に対する法的制限のあるなしが、この理論が分析をすすめている習慣や服従のような単純な用語で理解することができるのかどうかについて調べていこう。

第一節　服従の習慣と法の継続性

服従の観念は、吟味しないで用いられる一見単純な他の多くの諸観念と同じく、複雑さを免がれていないのである。「服従」という言葉が、しばしば権威に対する尊敬を示唆しており、単に威嚇を背景とする命令に従うことを示唆しているだけではないというこの複雑さについては、すでに注意した(1)のでふれないことにしよう。たとえそうするとしても、ある者が他の者に面と向かって単一の命令を下す場合でさえ、指定された行為の遂行が服従を構成するためには、命令を下すことと、指定された行為の遂行との間にいかなる関係が存在しなければならないかを正確にのべることは容易ではない。たとえば、命令された者がたとえ命令されなかったとしても、たしかに、まったく同じことをしていただろうということが事実ならば、その事実にはどのような意義があるのだろうか。こういう困難さは、多くの人々がしようとは決して考えもしないようなことを禁じる法の場合をいくつか取りあげてみると特にめだつのである。

これらの困難さが除去されるまでは、一国の法に対する「一般的な服従の習慣」という観念全体は、いくぶん曖昧なままで残るにちがいない。しかし、当面の目的のためには、「習慣」および「服従」という言葉が、おそらくかなり明確に用いられてもよいような非常に単純な場合を想定しよう。

（1）二二ページ参照。

われわれは、絶対君主（レックス Rex）が非常に長期にわたって統治している領土で住民が生活していると想定することにしよう。その君主は、威嚇を背景とする一般的命令によって住民を支配するのである。その命令は、住民に、もしこれがなければ行なわないような種々のことをするように要求したり、これがなければするようなことを差し控えるよう要求する。統治しはじめた頃には困難な事もあったが、情勢は長らく安定しており、一般的にはレックスは人々の服従をあてにすることができる。レックスの要求がしばしば厄介であったり、不服従への強い誘惑にかられたり、罰せられてもかまわないと思ったりするため、服従は、一般的になされているとしても、その言葉の真の意味またはもっとも普通の意味において、「習慣」または「習慣的」であるとはほとんど想定できないのである。もちろん、われわれはある種の法に従う習慣をまったく文字通りに身につけることができる。たとえばイギリス人にとっては、左側を運転することはこのような身についた習慣の典型であるだろう。しかし、たとえば、税金の支払いを要求する法のように、人間の強い性向に反する法の場合は、結局、その法に従うことがたとえ規則的になされていても、習慣がもっているような、熟慮されない、努力のいらない、身にしみこんだといった性質をそなえてはいない。レックスに対する服従は、しばしば習慣のもつこの要素を欠くだろうが、それにもかかわらず、他の重要な諸要素をもつだろう。ある人が朝食のときに新聞を読むといった習慣をもっていることは、その人がこれまでかなりの期間そうしており、そして、この行動を繰り返すだろうということを意味する。もしそうだとすれば、われわれが描いた社会の大部分の人に関しても、初期の困難な時期をすぎたあとでは、いつでも彼らがレックスの命令に一般的に従ってきており、そうし続けるであろうといえるだろう。

レックスの下における社会状況をこのように説明するさいに注意すべきことは、服従の習慣は個々の臣民とレックスとの個人的な関係であるということ、すなわち、各人はとりわけ自分に対してレックスがせよと命じることを規則的にするということである。もし、われわれが、その住民について「このような習慣をもっている」と語るならば、これは人々が土曜の夜になると習慣的にしばしば居酒屋へ行くという言明と同様に、たいていの人々の習慣が一致しているということ、つまり人々がそれぞれ土曜の夜居酒屋へ習慣的に行くのとちょうど同じように、その住民達はそれぞれ習慣的にレックスに従うということを意味するにすぎないだろう。

この非常に単純な状況において、レックスが主権者となるために社会から要求されることは、住民の側の服従という個人的な行為だけである、ということに注意しなければならない。住民はそれぞれ自分の方から従うだけでよい。そして服従が規則的になされそうであるかぎり、社会の誰も自分自身や他人のレックスに対する服従が何らかの意味で正しいとか、適当であるとか、正当に要求されているとかについての見解をもったり、表明したりする必要は少しもないのである。服従の習慣という観念にできるだけ文字通り当てはまるように記述してきた社会が非常に単純な社会である、ということは明らかである。おそらくこのような社会は単純すぎるため、かつてどこにも存在しなかったであろう。そして、それはたしかに原初的社会ではない。というのは、原初的社会はレックスのような絶対的な支配者をほとんど知らないし、その構成員達は通常ただ単に服従するということだけにかかわっているのではなく、関係する者すべての側において服従の正当性について見解を表明しているからである。それにもかかわらず、レックスの下における社会は、法によって治められる社会の重要な特徴のいくつかをたしかにもっているのであって、少くともレックスの生存中はそうなのである。その社会はある程度の統一性さえ保持しており、「国家」と呼ぶことができよう。この統一性は、たとえ、社会の構成員達が同一人物に従うことの正しさについて見解をもっていないとしても、従うという事実によってつくりだされるのである。

さて、レックスの成功した統治が彼の死とともに終り、息子のレックス二世がひき続いて一般的命令を下しはじめると想定しよう。レックス一世の生存中、彼に対する一般的な服従の習慣が存在したという単なる事実だけからは、レックス二世は習慣的に従われるだろうという可能性さえ出てこない。したがって、もしレックス一世が従われているという事実、および彼が従われ続けるだろうという可能性しか指摘できないとすれば、われわれは、レックス二世の最初の命令に関しては、レックス一世の最後の命令について言えたようにはそれが主権者である者によって下され、それゆえ法であるとは言えないであろう。いままでのところ、レックス二世に対する服従の習慣は確立されていない。この理論に従って、彼が現在主権者であり、彼の命令が法であると言えるためには、彼の父になされたような服従がレックス二世に対してもなされるかどうかを待ってみなければならないだろう。彼をはじめから主権者にするようなものは何もないのである。彼の命令がしばらくの間、従われているということがわかったあとでこそ、服従の習慣が確立されたと言うことができるだろう。そのとき、はじめて、それ以後の命令に関しても、それが発せられるや否や、そして、従われる以前からすでに法であると言うことができるのである。この段階に至るまでは、いかなる法もつくられえない空白期間があるだろう。

このような状態は、もちろんありうることであり、混乱した時期には実際ときおり生じている。しかし、断絶から生じる危険は明白であって、通常は好まれないのである。その代わりに、ある立法者から他の立法者への交代を橋渡しするルールによって立法権の不断の継続性を確保することは法体系の特徴なのであって、それは絶対君主制の下においてさえも見られるのである。そのようなルールは、立法者の資格や選任方法を一般的な用語で指定したり、特定したりすることによって、前もって継承を規律するのである。現代の民主制の下においては、その資格は極めて複雑であり、しばしばいれ代わる構成員からなる立法府の構成と関連をもっているのであるが、継続性にとって必要なルールの要点は、われわれの想定する君主国に特有な、より単純な形態において見ることができる。もしそのルールが長男の継承を規定するならば、レックス二世は彼の父のあとを継ぐ資格を持つのである。彼は父の死とともに法をつくる権利をえるだろう。そして彼の最初の命令が発せられたとき、彼個人と彼の臣民との間において、習慣的服従の関係が確立されるほど時間がたっていなくても、命令はすでに法であると十分な理由をもって言うことができるだろう。このような関係は決して確立されないかもしれない。しかし、彼の言葉は法であるだろう。というのは、レックスス二世自身は最初の命令を発してすぐ死ぬかもしれないからである。その場合、彼は服従されるほどに長くは生きていなかったけれど、彼は法をつくる権利をもっていただろうし、彼の命令は法であるだろう。

個々の立法者が次々と他の立法者に継承されることによって保持されていく立法権の継続性を説明するさい、「継承のルール」、「資格」、「継承権」、「法をつくる権利」のような表現を使用するのは自然なことである。しかし、これらの表現によって、われわれは、新しい諸要素のセットを導入してきていることも明らかである。いうなれば、われわれは主権理論のいうところに従って、一般的命令に対する服従の習慣という観点からレックス一世の単純な法の世界を築いてきたが、こういった習慣的服従という観点からでは説明できない新しさがそこにあるのである。というのは、その世界では、ルールも、権利も資格もなく、したがって、いうまでもなく継承の権利も資格もなかった。存在したのは、命令がレックス一世によって下されたという事実と、彼の命令が習慣的に従われたという事実のみであった。レックスの生存中、彼が主権者であり、彼の命令が法となるためには、それら以外は必要でなかった。しかし、このことから、彼の継承者の権利は十分説明されえない。実際、習慣的服従の観念は、あらゆる通常の法体系において、ある立法者が他の立法者のあとを継ぐときに観察される継続性を、二つの関連してはいるが異なっている点で説明できないのである。第一に、ある立法者が下した命令に対する単なる服従の習慣だけでは、新しい立法者に、先の立法者のあとを継いだり、彼に代わって命令を下したりするいかなる権利も付与されえないのである。第二に、先の立法者への習慣的服従だけでは、新しい立法者の命令が従われるだろうということは可能にされないし、また、そのように推定する根拠にもならない。もし、このような権利やこの推定が継承のときに存在するためには、先の立法者の統治期間中に社会のどこかに服従の習慣という点から記述されうるものよりは、もっと複雑な一般的な社会的慣行が、すなわち、そこでは新しい立法者に継承する資格を与えるルールが容認されていなければならないのである。

より複雑なこの慣行とは何であろうか。ルールの容認とは何であろうか。ここで、われわれは、すでに第一章でおおまかに試みた検討を再びはじめなければならない。それに答えるためには、しばらくの間、法的ルールという特別の場合から離れなければならない。習慣はルールとどのように異なるのであろうか。集団の構成員が、たとえば土曜の夜、映画に行くというような習慣をもっているとのべることと、男は教会に入るとき帽子を取らなければならないというのがその構成員にとってルールであるとのべることとの間には、どのような違いがあるのだろうか。このタイプのルールを分析しようとすれば、どうしても考慮されなければならない諸要素のいくつかについては、すでに第一章で言及したが、ここではその分析を一層進めなければならない。

社会的ルールと習慣には、たしかに類似点が一つある。それは、どちらも当該の行動（たとえば教会で帽子を取ること）は必ずしも不変でないとしても、一般的でなければならないということである。このことは、一定の状況になればその行動が集団の大部分によって繰り返されることを意味する。すでにのべたように、「人々は通常 *as a rule* そうする」という句に含まれているのはそのぐらいのことである。しかし、このような類似点があるとしても、次のような三つの顕著な違いがある。

第一に、集団が習慣をもつためには、人々の行動が事実上、一致するだけで十分である。通常の仕方から逸脱しても何らかの形で批判されるような事柄である必要はない。しかし、行動がこのように一般的に一致したり、まったく同一であったとしても、それだけではその行動を要求するルールが存在するためには十分ではない。というのは、このようなルールが存在するためには、それからの逸脱は一般的に過ちや失敗と考えられ、批判にさらされるのであり、逸脱がなされそうな場合、一致への圧力に直面するのである。もっとも、批判や圧力の形態はルールのタイプに応じて異なる。

第二に、このようなルールが存在する場合、このような批判が実際に行なわれるのみならず、基準からの逸脱は、それに対する批判の十分な理由 *a good reason* として一般的に受けいれられている。逸脱に対する批判は、逸脱が生じそうな場合の基準への一致の要求がそうであるのと同様に、この意味において正当とみなされ、また正当化されるのである。さらに、少数の常習的違反者は別として、このような批判や要求は、批判や要求をなす者とされ方る者双方から一般的に正当とみなされたり、十分な理由をもってなされるのである。集団がルールをもっていると言うことができるためには、集団のうちどれだけの人が、どの程度頻繁に、そしてどれぐらいの期間にこれらの種々の仕方で規則的な行動の様式を批判の基準として扱わなければならないのかという問題は、はっきりしていない。多少の毛があっても禿といわれる場合の毛髪の数に関する問題と同様、われわれはこの問題で煩わされる必要はない。覚えておく必要のあるのは、集団があるルールをもっているという陳述は、ルールに違反するだけでなく、ルールを自分や他人にとっての基準としてみなすことを拒む少数者の存在と矛盾しないということだけである。

社会的ルールを習慣と区別する第三の特徴は、すでにのべたところに含まれている。しかし、それは法理学において極めて重要であるのに非常にしばしば無視されたり、不正確にのべられたりしているので、ここで念入りに考察してみよう。それは、本書を通じてルールの内的側面 *internal aspect* と呼ぶ特徴である。ある習慣が社会集団において一般的であるという場合、この一般性は集団の大部分の人々の観察可能な行動についての事実にすぎない。このような習慣が存在するためには、集団の構成員は一般的な行動について全然考える必要はないし、また当該の行動が一般的であるということを知ることさえ必要でない。まして彼らはその行動を教えようと努力したり、維持しようと意図したりする必要はさらさらない。各人は、他人が実際にそうしているように、それぞれ行動するだけで十分なのである。しかし、これとは対照的に、社会的ルールが存在するためには、少くともいくらかの人々が当該の行動を集団が全体として従わなければならない一般的基準とみなさなければならないのである。社会的ルールは、観察者が記録できる規則的、画一的な行動にみられる外的側面をもつ点では社会的習慣と共通しているが、それに加えて「内的」側面ももっている。

ルールのこの内的側面は、ゲームのルールからでも簡単に説明されるだろう。チェスの指し手は、クィーンを同じように動かす類似の習慣をもっており、外的な観察者は彼らがどういう態度でそう動かすかを知らなくてもその習慣を記録できるけれども、指し手の場合にはそれだけでない。その上、指し手達は、この行動様式に対する反省的、批判的態度をもっている。彼らは、その様式をゲームをする人達すべてにとっての基準とみなすのである。各人は自分自身でクィーンを一定の仕方で動かすのみならず、そのような仕方でクィーンを動かすことはすべて適切なのだという「見解をもっている。」その見解は、逸脱が現にあったり、なされそうな場合における他人に対する批判および他人に対する一致への要求において表明されたり、また一方、人からこのような批判を受たり、要求されたりする場合、それを正当だと認めることにおいて表明されるのである。このような批判、要求、是認を表現するためには、広範囲の「規範的な」言語が使用される。それには、「私（あなた）は、そのようにクィーンを動かすべきでなかった」、「私（あなた）は、そのようにしなければならない」、「それは正しい」、「それは誤っている」という表現がある。

ルールの内的側面は、外部から観察可能な身体的行動と対照をなす単なる「感情」の問題として、しばしば誤って説明される。ルールが社会集団によって一般的に受けいれられ、社会の批判と一致への圧力によって一般的に支えられている場合、明らかに諸個人は、束縛または強制という心理的な経験に類似したことをしばしば経験するであろう。彼らが一定の仕方で行動するように「拘束されていると感じている」と言う場合、実際、彼らはこのような経験についてのべているのである。しかし、このような感情は、「拘束力ある」ルールの存在にとって必要でも十分でもない。人々はあるルールを受けいれているが、強いられているというこのような感情は経験しない、と言っても矛盾ではない。必要なことは、共通の基準としての一定の行動の様式に対する批判的、反省的態度 a critical reflective attitude が存在しなければならないということと、この態度は（自己批判をも含む）批判や、一致への要求において、さらにこのような批判や要求が正当であると是認することにおいてあらわれなければならない、ということである。そして、それらはすべて「すべきである」、「しなければならない」、「するのが当然だ」、「正しい」、「誤っている」といった規範的な用語で特徴的に表現されるのである。

これらは社会的ルールを単なる集団の習慣と区別する決定的な特徴であり、われわれは、これらのことを念頭において法にもどることにしよう。われわれの社会集団には、教会で帽子を取るというルールのように、特定の種類の行動を基準とするルールだけでなく、語られたあるいは書かれたある人の言葉を参照することによって間接的に行動の基準の確認にあたるルールがあると考えてよいだろう。このルールは、もっとも単純な形態では、およそレックスが（おそらく、一定の形式にそって）指定するすべての行為はなされなければならないということになる。これは、レックスに対する単なる服従の習慣という観点からわれわれが最初に描いた状況を変えてしまうのである。というのは、このようなルールが受けいれられるところでは、レックスは、なされなければならないことを事実上指定するのみならず、そうする権利をもつだろうからである。そして、彼の命令は一般的に服従されるのみならず、彼に従うことは正しいということが一般的に受けいれられるであろう。実際、レックスは、立法する権威、すなわち新しい行動の基準を集団の生活に導入する権威をもつ立法者であろう。そして、われわれが今かかわっているのは「命令」ではなくて基準であるので、立法者は自分自身の立法によって拘束されないという理由は何もないのである。

このような立法的権威を支えている社会的慣行は、教会での脱帽といった行為についての単純な直接的なルールを支えている社会的慣行と本質的な点ではすべて同様である。われわれは、この行為のルールを今や単なる慣行的ルールとして識別するのだが、それらの社会的慣行は同じように一般的な習慣からは区別されるであろう。レックスの言葉は今や行動の基準であるので、彼が指定する行動から逸脱すれば批判を受けるだろう。彼の言葉は今や、批判や一致への要求を正当化するものとして一般的に言及され、受けいれられるであろう。

このようなルールが、どうして立法的権威の継続性を説明するのかを知るためには、ある場合には新しい立法者が立法をしはじめる前でさえも、彼が一部類もしくは一系列の人々のうちの一人であるという理由から、今度は立法する権利を彼に付与するしっかりと確立されたルールが明らかに存在するということに注目するだけでよい。したがって、集団がレックス一世の生存中に次のようなことを一般に受けいれていることがわかるであろう。すなわち、服従を要求する言葉を発する人はレックス一世個人に限定されるのでなくて、たとえば、ある先祖の直系の子孫である最年長の生存者というように、さしあたり一定の手続によって資格をもつ人も含まれるということである。つまり、レックス一世はある時期にそのような資格をもった特定の個人にすぎないのである。このようなルールは、現在の現実の立法者だけでなく将来予測される立法者にも言及するので、レックス一世に従う習慣とは違って前向きなのである。

このようなルールが受けいれられ、そして存在することは、レックス一世の生存中に、部分的には、彼に対する服従によって明らかになるが、また服従は彼が一般的ルールによってえた資格にもとづいて権利として求めうるものだと是認されることによって明らかにされるだろう。集団によってあるときに受けいれられたルールが、立法者としての職務の継承者をこのように一般的な用語でその範囲にいれているというまさにこの理由から、そのルールの容認は以下の二つの陳述に根拠を与えることになる。一つは、継承者は立法しはじめる前であっても立法する権利をもつという法についての陳述であり、もう一つは、継承者は彼の先任者と同様に服従されるであろうという事実についての陳述である。

もちろん、社会が一時期ルールを受けいれたからといっても、そのことからルールが継続的に存在することは保障されるわけではない。革命が起こるかもしれないし、そうなれば社会はそのルールを受けいれなくなるであろう。このようなことは、レックス一世という立法者の生存中にも、また、レックス二世という新しい立法者への移行時にも生じるかもしれない。もし生じた場合、レックス一世は立法権を失うだろうし、レックス二世も立法権を獲得しないだろう。たしかに、その地位は曖昧であろう。というのは、われわれが面しているのは、単なる反乱なのか、古いルールの一時的な中断なのか、それとも古いルール全体がすっかり廃棄されることとなのかがはっきりしないときには、中間的な混乱した諸段階があるからである。しかし、原則的に言うならば、その問題ははっきりしているのである。新しい立法者が立法権をもつという陳述は、彼にその権利を与えるルールが社会集団において存在することを前提にしている。もし、現在の立法者に資格を与えるルールが先任の立法者にも資格を与えており、そして、先任者の生存中に受けいれられたことが明らかであるならば、反対の証明がないかぎり、そのルールは廃棄されておらず、いまだ存在しているものと考えられなければならない。ゲームにおいても、ルールが前回終了後、変更されたという証明がないかぎり、スコアラーがいつも通りに評価して新しいバッターに得点を与えるとき、同じような継続性が観察されうるのである。

レックス一世と二世の単純な法の世界を考察すれば、たいていの法体系に特徴的である立法的権威の継続性は、次のような社会的慣行によっているということが、おそらく十分に示されるであろう。それは、ルールの容認を構成するものであって、単なる習慣的服従という、より単純な事実とは、すでに示した種々の点で異なっている形態の社会的慣行なのである。われわれは、次のように議論を要約できるであろう。レックスのような人は習慣的に服従される一般的命令を出す点で立法者と呼ばれたり、彼の命令が法と呼ばれたりすることを認めるとしても、このようなあいつぐ立法者達のそれぞれに対する服従の習慣では継承者の継承する権利や立法権の必然的継続性までは十分に説明できない。第一の理由は、習慣は「規範的」でないということである。習慣は誰にも権利ないし権威を与えることはできない。第二の理由は、一個人への服従の習慣は受けいれられたルールと異なって現在の立法者ばかりか将来継承していくであろう一部類ないし一系列の立法者達にまで言及することはできないし、また彼らに対する服従を可能にするものでないということである。したがって、一人の立法者に対する習慣的服従が存在するという事実は、彼の継承者が法をつくる権利をもっているという陳述に対しても、また彼は服従されるであろうという事実についての陳述に対しても根拠を与えないのである。

しかし、これに関して注意しなくてはならない重要な点がある。それは後の章で詳細に展開するつもりであるが、オースティンの理論の強味の一つとなっているものである。われわれは、受けいれられたルールと習慣との本質的な差異を明確にするために非常に単純な社会形態を扱ってきた。主権のこの側面から離れるまえに、立法する権威を付与するルールの容認というわれわれの説明がどの程度現代の国家にまで当てはまるのかについて検討しなければならない。われわれの想定した単純な社会に言及したさい、あたかもたいていの一般人は法に従うだけでなく、立法者達の継承を資格づけるルールを理解し、そして受けいれたかのようにのべた。単純な社会ではそうかもしれないが、しかし、現代の国家に関しては法が大層多くの国民によって維持されているとしても、彼らがたえずいれ代わっていく立法権限をもった人々の機関を資格づけているルールまで、はっきりと理解していると考えることは不合理であるだろう。小規模な部族の構成員が継承していく首長達に権威を与えるルールを受けいれているのと同じように、人々がこれらのルールを「受けいれている」と言うことは、一般市民ならばおそらくもたないような憲法的な事柄についての理解を彼らの頭につめこむということになるだろう。われわれは、このような理解を体系の公機関または専門家に対してしか要求しないであろう。たとえば、それらは何が法であるかを決定する責任を負っている裁判所や、一般市民が何が法であるかを知りたい場合に相談しに行く法律家である。

単純な部族社会と現代の国家の間にあるこれらの違いは注目に価する。それでは、継承する立法者が次々と代わりながらも維持されてきた議会における女王の立法的権威の継続性は、どのような意味で一般的に受けいれられている、ある基本的ルールまたは諸ルールにもとづいていると考えることができるのであろうか。明らかにこの場合、一般的容認は公機関と一般市民とにわけられているという意味で複雑な現象であって、両者は異なった仕方でその容認に貢献し、法体系の存在に貢献するのである。体系の公機関は次のような場合、立法的権威を付与するこのような基本的ルールを明示的に認めていると言えるであろう。すなわち、立法者達が彼らに立法権を授権するルールに従って法をつくる場合や、裁判所がこのように資格づけられた者のつくった法をみずからが適用すべき法として確認する場合、さらに、このようにしてつくられた法を参照することによって、専門家が一般市民に指針を与える場合にそうしているのである。一般市民は、もっぱら、これらの公機関の運用の結果を黙認することでその容認をあらわすのである。そして、彼らは、このようにしてつくられたり、確認された法を順守し、そしてまた請求をし、法によって付与された権能を行使するのである。しかし彼らは法の起源、またはその制定者についてはほとんど知らないであろうし、法についてはそれが「法」であるということしか知らない者もいるであろう。法は一般市民がしたいと望むことを禁じ、従わないならば警察官によって逮捕され、そして裁判官によって投獄の判決を下されるかもしれないということを彼らは知っているのである。威嚇を背景とする命令に対する習慣的服従が法体系の基礎であると主張する理論は、法体系の存在と呼ばれる複雑な現象の概して受動的な側面について現実主義的に考えさせる点でまさに長所をもつ。この理論の短所は、それがもっぱらではないとしても主として体系の公機関または専門家による法の定立、法の確認、法の適用の活動において見られる他の概して能動的な側面を曖昧にしたり、歪めるという点にある。もし、われわれがこの複雑な社会現象をありのままに見ようとすれば、二つの側面とも心にとめておかなければならない。

第二節　法の永続性

一九四四年、イギリスで一人の婦人が一七三五年の魔術取締法に違反して占いをしたかどで訴追され、有罪となった。(1) このことは、何世紀も前につくられた制定法が今日でもなお法でありうるという、非常によく見られる法現象の典型的な一例に他ならない。しかし、このことは、ありふれているとはいっても、このような法の永続性は、法を習慣的に従われる個人の下した命令としてとらえる単純な図式ではどこか説明されえないような性質のものである。実際ここで直面する問題は、今考察したばかりの法定立権威の継続性の問題とは逆になっている。立法者としての職務を継承する者のつくった最初の法が彼自身習慣的服従を受ける以前からすでに法であると言うことは、服従の習慣という単純な図式をもとにして、どのようにして言えるのであろうか。それがこれまでの問題であった。ここで問題となるのは、ずっと以前に死んだ立法者によってつくられた法が彼に対して習慣的に従っているとは言えない社会にとってもどのようにしていまだに法でありうるか、ということである。最初の場合のように、われわれが視点を立法者の生存中に限定すれば、単純な図式でも困難は生じない。実際、魔術取締法がイギリスでは法であったが、その法律で用いられている言葉がかりにフランスで占いをするフランス人にまで拡げられていたとしても、フランスでは法ではなかったであろうということの理由を巧みに説明するようにみえる。もちろん、その法は不幸にもイギリスで裁判にかけられたフランス人には適用されえたであろうが。このことは、イギリスではこの法を制定した者に対する服従の習慣があったが、フランスではそうではなかったということで単純に説明されるであろう。したがって、それはイギリスでは法であったが、フランスでは法でなかったのである。

(1) *R. v. Duncan,* [1944] 1 K. B. 713.

しかし、法についての考察を法を制定した者の生存中に限定するわけにはいかない。というのは、法はその制定者達と彼らに習慣的に服従する人々を超えて生き残れる強い力をもっているという特徴こそ、われわれが説明しようとするものだからである。魔術取締法が当時のフランス人にとって法でなかったとしたら、なぜわれわれにとっていまだに法なのであろうか。いくら言葉を拡げてみても、二〇世紀のわれわれイギリス人が、ジョージ二世と彼の議会に習慣的に服従していると言えないことは確かであろう。この点において、現在のイギリス人と当時のフランス人は類似している。というのは、前者はこの法の制定者に習慣的に従っていないし、後者は従わなかったからである。魔術取締法は当時の統治から存続している唯一の法令であり、その上今なおイギリスでは法であるだろう。「なぜいまだに法なのか」というこの問題に対する答は、「なぜすでに法であるのか」というわれわれの最初の問題への答と原則的には同じである。つまり、それは主権者に対する服従の習慣という単純すぎる観念に代えて、その言葉が社会にとって行動の基準となるような、すなわち、立法する権利をもつ一部類もしくは一系列の諸個人を明記する一般的に受けいれられた基本的ルールの観念を取りいれることによって答えるのである。このようなルールは、現在存在していなければならないとしても、ある意味では、時間とは無関係である。というのは、それは未来の立法者の立法活動に前向きに関係するのみならず、過去の立法者の活動にも後向きに関係するからである。

レックス王朝という単純な観点からあらわせば、その状況はこのように位置づけられる。レックス一世、二世、三世というような一系列の立法者は、直系の子孫である最年長の生存者に立法する権利を付与する同じ一般的ルールによって、それぞれ資格を与えられる。個々の支配者が死んでも彼の立法したものは生き続けるのである。というのは、それは次々と社会を受けついでいく世代が、その時代その時代の立法者それぞれに関して尊重し続けていく一般的ルールという基礎をもとにしているからである。単純な場合においては、レックス一世、二世、三世は、それぞれ立法によって行動の基準を取りいれる権限を同じ一般的ルールから与えられるのである。たいていの法体系においては問題はそんなに単純ではない。というのは、過去の立法を法として承認するような現在受けいれられているルールは、当時の立法に関係していたルールと異なるかもしれないからである。しかし、基礎となるルールが現在受けいれられているならば、法の永続性は神秘的ではないのであって、それは丁度メンバーが交代したチーム間で行なわれるトーナメントの第一ラウンドにおける審判の決定が、第三ランドの審判の決定と最後の結果においては同等の価値をもつという事実が神秘的でないのと同様である。神秘的でないとしても、現在だけでなく過去および将来の立法者の命令に権威を与える容認されたルールという観念は、現在の立法者に対する服従の習慣という観念よりもたしかにもっと複雑で、微妙なものである。このような複雑さなしですますことができるのであろうか。そして、威嚇を背景とする命令という単純な概念をいくらか巧みに拡張すれば、法の永続性は結局、現在の主権者に対する習慣的服従という、より単純な事実にもとづいているということを示すことができるのであろうか。

このようなことをしようとして、巧みな試みがなされている。ホッブズは、「立法者は、その人の権威によって最初に法がつくられたところの人ではなく、それらを今なお続けて法たらしめる権威を有する人なのである」[1]とのべており、彼の試みは、ベンタムとオースティンによってそのままの形であらわされている。もし習慣というより単純な観念を取りいれて、ルールの観念なしですますならば、立法者の「力」とは区別された「権威」とは一体いかなるものでありうるかは、すぐには明らかにならない。しかし、この引用があらわしている一般的な主張は明確であって、次のようになる。魔術取締法のような法の源、または起源は、歴史の問題としては過去の主権者の立法作用であったが、それが二〇世紀のイギリスで現在、法としての地位をもっているのは、現在の主権者によって法として承認されているからである。この承認は、現在生存している立法者達がつくった制定法の場合のように、明示の命令という形態をとらず、主権者の意思の黙示の表現という形態をとる。このことは、主権者の機関（裁判所とたぶん行政府）がずっと昔につくられた制定法を執行するさい、主権者がそれに介入できるにもかかわらずそうしないという事実にある。

（1）*Leviathan*, chap, xxvi.〔水田洋訳『リヴァイアサン』、岩波文庫(二)一七八ページ、参照。ただし訳文の都合上わずかな省略をした。〕

もちろん、これはすでに考察した黙示の命令の理論、すなわちいかなるときにも、いかなる人によっても命令されたようにはみえない、ある種の慣習的ルールの法的地位を説明するために採用された理論と同じである。この理論については第三章で批判したが、この理論が過去の立法を引き続いて法として認めることの説明に用いられるならば、さらに一層その批判はぴったりと当てはまる。というのは、裁判所がある事件に慣習的ルールを実際に適用するまでは、このルールは法としての地位をもたないという見解は、裁判所は不合理な慣習的ルールを拒否できる広範な裁量権をもつ点でいくぶんもっともらしくみえるだろうが、過去の「主権者」によってつくられた制定法は裁判所によって個々の事件に実際に適用され、現在の主権者の黙認を受けて強制されるまでは法ではないという見解にはもっともらしいところはほとんどないからである。もし、この理論が正しいならば、裁判所はその制定法がすでに法であるという理由からそれを強制するということにはならない。しかし、このようなことは、現在の立法者が過去の制定法を廃止しようと思えばできるのにこの権限を行使していないという事実から導こうとするので不合理な推論になるだろう。というのは、ヴィクトリア朝時代に制定された法も、今の議会における女王の下で通過した制定法も現在のイギリスではまったく同一の法的地位をもっているからである。それらの制定法は事件が裁判所にもちこまれ適用される前でさえも、どちらも法なのであり、したがって、実際そのような事件がもちこまれたとき、裁判所はヴィクトリア朝時代の制定法と現代の制定法双方をどちらもすでに法であるという理由をもって適用するのである。いずれの場合とも、それらは裁判所によって適用された後においてのみ法となるのではない。また、それらの法としての地位は、それらが現在受けいれられているルールの下で権威ある立法をなす人達によって制定されたという事実に由来するということは、どちらの場合とも同様である。そのさい、制定した人達が生存しているか否かの事実には関係がない。

過去の制定法が現在、法としての地位をもつのは、現在の立法府が裁判所によるその制定法の適用を黙認しているからであるという理論には矛盾がある。その矛盾は、この理論が、ヴィクトリア朝の制定法のうち廃棄されずに今も法であり続けるものと、エドワード七世のときに廃棄され、もはや法でないものとを現在の裁判所がなぜ区別すべきなのか、ということを説明できない点においてもっとも明確にあらわれるだろう。裁判所（ならびに体系を理解する法律家と一般市民）がこのような区別をするさい、現在の立法活動と同じく過去の立法活動も含めて、何が法とみなされるべきかについての一つの基本的ルールまたは諸ルールを基準として用いることは明らかである。したがって、彼らは、一方の制定法は現在の主権者が黙示的に命令したもの（すなわち、強制することを許したもの）であるが、他方の制定法はそうではないという理解にたちながら二つの制定法を区別しているのではない。

また、われわれが拒否した理論がもつ唯一の長所をあげるならば、それは、この理論が曖昧ではあるが、現実主義的にものごとを考えさせる説明であるという点ぐらいのように思われる。この場合、体系の公機関、とりわけ裁判所が、過去または現在の一定の立法活動は権威をもつというルールを受けいれないかぎり、その立法がもつ法としての地位にとって、不可欠なものが何か欠けることになるだろうということをわれわれに考えさせるのである。しかし、この平凡な種類の現実主義は、ときとして、リーガル・リアリズムとして知られている理論にまで拡げられてはならない。この理論の主要な特徴については後に詳細に議論するが[1]、この理論のあるものは、いかなる制定法も裁判所が実際に適用するまでは法ではないと主張するのである。制定法が法であるためには、裁判所は一定の立法活動が法をつくるというルールを受けいれなければならないという真理と、制定法は裁判所によって個々の事件で適用されるまでは法でないという人を誤らせる理論との間には違いがあり、それは法を理解するうえで決定的なものである。もちろん、リーガル・リアリズムの理論のうちのあるものは、われわれが批判してきた法の永続性についての誤った説明よりも一層極端である。というのは、それは、過去の主権者であれ現在の主権者であれ、彼らによってつくられたいかなる制定法も裁判所が実際にそれを適用する以前に法としての地位をもつことができる、ということを徹底的に否定するからである。しかし、徹底的なリアリストの理論まではいかないで、過去の主権者とは区別される現在の主権者によってつくられた制定法は、裁判所によって適用される前に法であると認めて法の永続性を説明するのは、どこからみても最低であり、たしかにまったく馬鹿げている。この中途半端な立場を支持できないのは、現在の主権者によってつくられた制定法の法的地位と以前の主権者によってつくられたが廃棄されていない制定法の法的地位を区別するものは何もないからである。それらのどちらも（通常の法律家なら認めるように）現在の裁判所によって個々の事件に適用される前にすでに法であるか、または、徹底的なリアリストの理論が主張するように、それらのどちらもそれまでは法でないかのいずれかなのである。

（1）一四八―一五四ページ参照。

第三節　立法権に対する法的制限

さきの主権理論によれば、臣民の側における服従の一般的習慣は、主権者の側にはこのような習慣はないということによって補足されるのである。主権者は臣民に対して法をつくるのであり、そのさいいかなる法にも拘束されない地位からそうするのである。彼の立法権能には、何らの法的制限も存在しないし、存在しえないのである。法的に無制限な主権者の権能が、定義上彼のものであるということを理解することは重要である。立法者が習慣的に服従している他の立法者の命令の下にある場合のみ、立法権に対する法的な制限がありうるのだが、その場合、彼はもはや主権者ではないとこの理論は主張するだけである。もし彼が主権者であるならば、彼は他のいかなる立法者にも従わず、したがって彼の立法権に対する法的制限はありえない。もちろんその理論が重要であるのは、事実については何も教えるところのないこれらの定義とか、その定義から必然的に導かれる単純な帰結のためではない。重要であるのは、その理論が法の存在するあらゆる社会には、これらの属性をそなえた主権者がいると主張するからである。われわれは、すべての法的権限は制限されており、そして、いかなる人または人々も主権者がもつような法に拘束されない地位を占めるものではないことを示唆するような法的、政治的諸形態をふり返ってみなければならないだろう。しかし、しっかりと研究するならば、その理論の主張するように、われわれは諸形態の背後にある現実を見い出すだろう。

　われわれは、その理論の主張を誤解して、実際以上に弱い主張をしているとか強い主張をしているとか考えてはならない。その理論は、法的制限に服さない主権者が見い出されるような社会がいくつかあるとのべているだけではなくて、至るところで法の存在はこのような主権者の存在を含んでいるとのべているのである。他方その理論は、主権者の権力は何らの制限もないと主張しているのではなくて、その権力にはいかなる法的な制限もないと主張しているだけである。だから、主権者は、世論を侮辱したときに生じる結果を恐れたり、また彼自身が世論を尊重するように道徳的に拘束されていると考えたりするために、立法権の行使のさい、事実上世論に従うかもしれない。彼がそうするのには、さまざまな要因が影響を及ぼしているだろう。人々が起こす反乱の恐れや道徳的確信が理由となって、さもなければ彼が立法したであろうようなことを思いとどまるならば、彼は実際これらの要因を彼の権力への「制限」として考え、語るであろう。しかし、それは法的制限ではない。彼はこのような立法を差し控える法的義務を負っていないのである。そして司法裁判所は自分が扱っているのが主権者の法なのかどうかを考慮するさい、それが世論または道徳上の要請からはずれているので、法としては位置づけられないという主張があっても、主権者のそうせよという命令がないかぎり、この主張に耳を傾けようとしないだろう。

この理論が法の一般的説明として魅力をもっていることは明らかである。それは、二つの主要な問題に満足のいく単純な形で答えてくれるように思われる。誰からも習慣的に従われるが、誰にも習慣的に従わない主権者を見い出したとき、われわれにできることは二つある。第一に、われわれは、彼の一般的命令において当該社会の法を確認することができるのであり、さらに法とならんで社会の構成員の生活を統御する道徳的、もしくは単なる習慣的な他の多くのルールや原則または基準から、法を区別できるのである。第二に、法の領域においてわれわれが直面しているのは、独立した法体系なのか、またはより広いある体系の従属的部分にすぎないのかどうかについて決定することができるのである。

通常、主張されているところによれば、単一の継続的に立法する統一体と考えられている議会における女王は、この理論の要求するものを満たしているのであって、議会の主権は議会における女王がそれを満たしているという事実にもとづいているのである。この考え方が正確であるかどうかは別として（そのいくつかの側面については後に第六章で考察する）、その理論が要求するものは、たしかに、想定されたレックス一世の単純な世界のなかにまったくそのまま再現されうるのである。現代の国家のようなさらに複雑な場合を考察する前に、それを再現しておくことは有益である。というのは、そうすれば、その理論の含みがあますところなく明らかになるからである。服従の習慣という観念については第一節で批判がなされたが、これをやわらげるために、われわれは習慣というよりはむしろルールによってその状況を考えることができる。こういう立場にたって次のような社会、すなわち、レックスが何かをせよと命令するときはいつも彼の言葉が集団にとっての行動の基準となるというルールが、裁判所、公機関、市民によって一般的に容認されているような社会を想定しよう。これらの命令のうちで、レックスが「公的な」地位をもたせようと思わない「私的な」願望の表明を公的な地位をもたせようとする願望の表明から区別するためには、補助的なルールが設けられ、このルールは、君主が彼の妻または愛人に私的な命令を下す場合ではなくて、「君主の資格において」立法する場合に使われなければならない特別の仕方を明記していると当然に考えられるだろう。立法の様式と形式に関するこのようなルールは、その目的につかえるならば、まじめに考えられなければならない。そして、そのルールがレックスに不便を感じさせることもときどきあるだろう。われわれはそのルールを法的ルールとして位置づけてもよいのだけれども、それにもかかわらずそのルールをレックスの立法権に対する「制限」としてとらえる必要はない。というのは、要求されている形式に従うならば、彼の願望を満たすために立法しようとしてできないことは何もないからである。彼の立法権の「範囲」は、その「形式」を別にすれば、法によって制限されていないのである。

法の一般理論としてのこの理論に対しては、その想定された社会におけるレックスのような法的制限に服さない主権者の存在は、法の存在にとっての必要条件や前提ではないという異議がもち出される。この異議を確証するために、われわれは議論や異論の余地のあるタイプの法をもち出す必要はない。だから、われわれの主張は、慣習法と国際法の体系からひき出されるものではない。もっとも、それらは立法機関を欠くというまさにこの理由から法の資格を否定することを望む人もいるのではあるが。これらの事例に訴える必要はまったくない。というのは、法的に制限を受けない主権者という概念は、誰も法が存在することを疑わないような多くの現代の国家における法の性質を誤って説明するからである。そこには立法府が存在するのだけれども、その体系内で最高の立法権が制限を受けないというにはほど遠いという場合がときどきある。成文憲法は立法の形式と様式を明記することによるだけでなく（われわれはこれを制限であるとは見ない）、一定の事柄を立法権の範囲からまったく除くことによって立法府の権限を制限し、実質的な制限を課すだろう。

また、現代の国家という複雑な場合を検討する前に、レックスが最高の立法者である単純な世界において「レックスの立法権に対する法的制限」とは実際に何を意味するのか、そしてこのことはなぜ一貫した観念なのであろうか、ということを見ておくことは有益である。

レックスの単純な社会においては、（成文憲法に具体化されているかどうかにはかかわりなく）次のようなルールが設けられているだろう。すなわち、レックスの法が住民を領土から締め出すならば、また裁判しないで住民を投獄すると規定しているならば、その法は効力をもたず、そして、これらの規定に反すればいかなる制定法も無効であるというルールがそれであって、すべての者によってそのように取り扱われているだろう。このような場合、レックスの立法権が、たとえわれわれがそのような基本的な憲法的ルールを「一つの法」と呼ぼうとしなくても法的であることがたしかであるような制限を受けることになろう。レックスは、自分の気持を抑えてまでも世論もしくは一般の道徳的確信をしばしば尊重するかもしれないが、これらを無視することと違って、上述の特殊な制限を無視する場合、彼の立法は無効となるだろう。したがって裁判所がこれらの特殊な制限を取り扱うとき、立法者による権限の行使に対する他の単なる道徳的または事実上の制限を取り扱うのとは違った仕方で行なうであろう。しかし、これらの法的な制限にもかかわらず、レックスがこの制限内で制定するものは、たしかに法であり、彼の社会には独立した法体系が存在するのである。

このタイプの法的制限が何であるかをみきわめるためには、この想定された単純な場合についてもうしばらく考えることが重要である。われわれは、しばしばレックスの地位を表現するのに、彼は裁判によらないで投獄することを規定するような法律を通過させることは「できない」と言うだろう。この意味における「できない」ということと、人はあることをしてはならないというある法的義務、または責務を負っているという意味における「できない」ということを対照させることは教えられるところが多い。「あなたは歩道では自転車に乗ることはできない」という場合の「できない」は、後者の意味において使われている。体系内における最高の立法機関の立法権限を効果的に制限する憲法は、立法機関に一定の仕方で立法しようとしてはならないという義務を課すことによってそうするのではない。（いずれにしても課す必要はない）。そうではなくて、憲法は、このような趣旨をもった立法は無効であると規定するのである。憲法は法的義務を課すのではなくて、法的に無能力にしているのである。「制限」は、この場合、義務の存在ではなく、法的権限の欠如を意味するのである。

レックスの立法権に対するこのような制限は、憲法的と呼んでもよいだろう。しかし、その制限は裁判所が関与しないようなただの習律とか道徳的な事柄ではないのである。というのは、裁判所はこのようなルールを裁判所にもたらされる何らかの趣旨をもった立法の妥当性の基準として使用するからである。しかし、このような制限が法的であって、単なる道徳的、または習律的でないとしても、その制限の存否はレックスの側における他人に対する服従の習慣の存否によって表現されうるものではない。レックスは、たぶん、このような制限に従うかもしれないし、決して免れようとしたりしないかもしれない。そうだとしても、彼が習慣的に従う人は誰一人存在しないであろう。彼は、有効な法をつくるための条件を満しているにすぎないのである。あるいは、また、その制限に違反する命令を発して制限を免れようと試みるかもしれない。しかし、彼がそうしたとしても、彼は誰にも従わなかったということにはならないであろう。彼はいかなる上位の立法者の法を破ったことにならないし、法的義務に違反したことにもならないだろう。（たとえ破っていないとしても）彼は有効な法をつくることにたしかに失敗したことになるだろう。逆に、もしレックスに立法する資格を与える憲法のルールがレックスの立法する権威に対して何らの法的制限を加えていない場合、レックスが習慣的に近隣の国王ティラヌスの命令に従うという事実は、レックスの制定法から法としての地位をとりさらないし、レックスの制定法はティラヌスが最高の権威である単一の体系の従属的部分であるということを示さないであろう。

以上の考察は非常にわかりきったことであるが、単純な主権理論によってひどく曖昧にされてきた多くの点を明らかにするものであって、しかもそれらは法体系の基礎を理解するうえで決定的な意義をもっている。それらの点は次のように要約できるだろう。第一に、立法的権威に対する法的制限は誰か上位の立法者に従えという、立法者に課される義務からなるのではなくて、立法者に立法する資格を付与するルールにおいて、その能力がないとされていることからなっている。

第二に、何らかの趣旨をもって制定されたものが法であるということを確証するために、われわれは、その制定法が「主権的」ないし「無制限の」立法者の明示的または黙示的な制定によるのかどうかまでわざわざ調べる必要はないのであって、そのさい、「主権的」ないし「無制限」であるということは、その立法的権威が法的に無制限であること、または彼が他のいかなる人にも習慣的に従わない人であることを意味しているのである。そうではなくて、われわれは、その制定法が現存するルールの下で立法する資格をもっている立法者によってつくられたということ、そしてそのルールには制限するものが何も含まれていないこと、ないしはこの特定の制定法に影響を及ぼすものは何もないということを示さなければならないのである。

第三に、目の前にある法体系が独立しているということを示すために、そこの最高の立法者が法的に制限されていないとか、他の誰にも習慣的に従わないとかいうことを示す必要はない。われわれは、立法者を資格づけるルールが他の領域において権威をもっている者に対し、その立法者に優越する権威を与えていないということを示すだけでよいのである。逆に、立法者がこのような外国の権威に服さないという事実は、彼は彼自身の領域内において無制限な権威をもっているということを意味するものではない。

第四に、われわれは、法的に無制限な立法的権威と、制限されてはいるがその体系内で最高の立法的権威とを区別しなければならない。レックス自身の立法は憲法によって制限されているとしても、すべての他の立法は彼自身の立法によって廃棄されうるという意味において、レックスはその国の法で認められている最高の立法的権威であると言ってよかろう。

第五に、これが最後なのだが、立法者の立法する権限を制限するルールの存否は決定的であるのに対し、立法者の服従の習慣は、せいぜい間接証拠としてのいくらかの重要性しかもたないことである。立法者が他人に従う習慣をもっていないということが事実ならば、その事実のもつ唯一の意義は、彼の立法する権威は、憲法的もしくは法的ルールにもとづいて他人の権威に服していないことを、決定的といえないまでも、いくらか示す証拠を提供するということである。同様に、立法者が習慣的に誰か他の者に従うという事実があるとしても、その唯一の意義は、ルールの下で彼の立法する権威は他人のそれに服していることを示すいくらかの証拠になるということぐらいである。

第四節　立法府の背後にある主権者

現代の世界においては、普通、体系内で最高の立法府と思われている機関が、その立法権限の行使に関して法的制限に服しているような法体系が多数存在する。しかし、このような立法府がその制限された権限の範囲内で制定するものは明らかに法であるということは、法律家も法理論家もともに合意するところであろう。これらの場合において、法が存在するところでは、どこでも法的制限を受けない主権者が存在するという理論を維持しようとするならば、われわれは法的に制限された立法府の背後に、このような主権者をさがさなければならない。そのような主権者がそこで見い出されるかどうかの問題を、われわれはこれから考察しなければならない。

当面のところ、立法者の資格と立法の「様式と形式」に関する規定は無視することにしよう。それらの規定は、必ずしも成文憲法によらなくてもよいのだが、どんな法体系でも何らかの形においてつくらなければならないものであり、それらは、立法権限の範囲に対する法的制限というよりも、立法機関を確認するための明細な規定、また、それが立法するにあたってしなければならないことに関する明細な規定として考えることができる。もっとも、南アフリカ共和国の経験が示しているように(1)、立法の「様式と形式」に関する規定や立法機関の定義にすぎないものを、「実質的な」制限から満足いくように区別しうる一般的基準を与えることは実際に困難である。

（1）*Harris v. Dönges*, [1952] 1 T. L. R. 1245 参照。

しかし、実質的な制限に関する例は、アメリカ合衆国やオーストラリアの憲法のような連邦憲法においてはっきりと見られる。そのようなところでは、連邦政府と各州との間の権限の分割さらに一定の個人の権利は、通常の立法手続によっては変更されえないのである。これらの場合において、このように保護されている連邦での権限の分割や個人の権利を改正しようとしたりする、または、これらに抵触したりする州または連邦議会の立法は、権限踰越として扱われ、憲法の規定に違反する限度において裁判所によって法的に無効と宣言されるに違いない。このような立法権に対する法的制限でもっとも有名なのは、アメリカ合衆国憲法修正第五条であって、これは、そのなかでは特に、何人も「正当な法律の手続によらなければ、生命、自由または財産」を奪われることはないと規定している。そして、連邦議会の制定法は、憲法によって加えられた立法権に対するこれらの制限やその他の制限に違反することがわかれば、裁判所によって無効と宣言されてきた。

もちろん、憲法の諸規定を立法府の活動から保障していくためになされる工夫はさまざまである。スイスの場合のように、連邦を構成している州の権限や個人の権利に関するいくつかの規定は、形式上は命令的であっても、「単なる政治的」ないし勧告的なものとして扱われる場合がいくつかある。このような場合、裁判所は連邦議会の法律がたとえ議会の活動についての正当な範囲に関する憲法の規定に明らかに違反するときでも、それを「審査したり」、無効と宣言する権限は与えられていないのである。[1] アメリカ合衆国憲法のある種の規定は「政治的問題」にかかわると言われており、事件がこのカテゴリーに属するならば、裁判所は制定法が違憲であるかどうかを審査しないであろう。

（1）　スイス憲法、第一一三条参照。

憲法が最高の立法府の通常の作用に対して法的制限を課すとき、これらの制限自体は、法的な変更についての一定の形式に拘束されるかもしれないし、されないかもしれない。これは、憲法改正のための憲法の規定の性質いかんによる。たいていの憲法は広範な改正権を規定しており、それは通常の立法府と異なった機関によって行使されることもあれば、特別の手続を用いる通常の立法府の構成員によって行使されることもある。アメリカ合衆国憲法は、改正について、全州の四分の三の多数の議会もしくは全州の四分の三の憲法会議によって批准されるものである、と第五条で規定しているが、それは第一のタイプの改正権の例である。そして、一九〇九年の南アフリカ法第一五二条における改正規定は、第二のタイプの例である。しかし、必ずしもすべての憲法が改正権に関する規定をそなえているわけでないし、その権限があるところでさえも、立法府に制限を課している憲法の一定の規定は改正権の範囲からはずされていることがある。この場合改正権はそれ自身制限されているのである。このことは、アメリカ合衆国憲法においてさえも見られる（もっとも、その制限はもはや実際的重要性をもたないが）。すなわち、第五条は次のように規定している。「一八〇八年以前に行なわれる改正によって、第一条第九節第一項および第四項の規定に変更をきたすことはできない。また、いかなる州もその同意がなければ上院における平等の投票権を奪われることはない。」〔訳者注、この箇所は、宮沢俊義編『世界憲法集』、岩波文庫、および、大石義雄編『世界各国の憲法』を参照したが、二、三言葉をかえたところがある。〕

立法府の服する制限が、南アフリカの場合のように特別の手続を用いる立法府の構成員によって除去されるところでは、その立法府は、例の理論が要求するような法的制限を受けない主権者と同一視されうると論じることができる。その理論にとって困難なのは、アメリカ合衆国におけるように、立法府に対する制限の除去が改正権を委託されている特別の機関によってしか行使されえない場合とか、制限が改正権の範囲からまったくはずされている場合である。

これらの場合を矛盾なく説明できるというその理論の主張を考察するにあたって、オースティン自身がその理論を入念に構成したさい、イギリスにおいてさえ主権者を立法府と同一視しなかったということを、それはしばしば見落とされているだけに、想起しておかなければならない。これが彼の見解であった。とはいっても、通常受けいれられている理論によれば、議会における女王はその立法権に関して法的制限を受けず、したがって議会における女王は「硬性」憲法によって制限されている合衆国議会やその他の立法府と違って、いわゆる「主権的立法府」といわれているものの典型として、しばしば引用されているのである。それにもかかわらず、オースティンは、いかなる民主制の下においても主権的機関を構成したり、その部分を形成したりするのは、選ばれた代表者ではなくて選挙人であるという見解をもっていた。したがって、イギリスでは、「正確に言えば、庶民院の構成員は彼を選び、任命した機関の受託者にすぎない。そのため、主権は常に貴族院と庶民院を選任する機関にあることになる。[1]」同様に彼は、アメリカ合衆国における各州の主権や「連邦的結合から生じているより大きな国家の主権は、一つの集合体を形成する諸州の政府にあるのであって、その政府とは州の通常の立法者を意味するのではなくて、その通常の立法府を任命する市民の集まりを意味する[2]」と主張した。

（1） Austin, *Province of Jurisprudence Determined*, Lecture VI, pp. 230—1.
（2） Ibid., p. 251.

この観点から見るならば、通常の立法府が法的制限に服さないような法体系と法的制限に服するような法体系との違いは、主権者である選挙民がその主権的権力を行使するために選択する様式の違いにすぎないようにみえる。この理論に従えば、イギリスでは選挙民がその分有している主権を行使する唯一の場合は、議会で席を占める代表者を選挙することと、代表者に彼らのもつ主権的権力を委任することとである。この委任は、ある意味では絶対的なものである。というのは、代表者は彼らに与えられた権限を濫用しないという信頼を受けているけれども、このような場合、この信頼は道徳的制裁に関する事柄にすぎないのであり、裁判所は立法権に対する法的制限についてのように、そのことにかかわらないからである。これに対して、通常の立法府が法的に制限されているどの民主制においてもそうであるが、アメリカ合衆国においては、選挙民団による主権的権力の行使は、受託者の選任にとどまるのではなくて、受託者を法的制限に服させるのである。とすれば、選挙民は、憲法上の制限を順守すべく法的に「拘束」されている通常の立法府にまさる「特別の、隠された立法府」と考えられるであろう。そして、憲法違反が生じた場合、裁判所は通常の立法府の制定した法律を無効と宣言するであろう。したがって、選挙民のなかに、その理論が要求するすべての法的制限から免れている主権者がいるのである。

その理論がここまで拡げられるならば、当初の単純な主権者という概念は、根本的に変化したとはいわないまでも、かなり複雑になったということは明らかなのである。主権者とは「社会の人々が習慣的に服従している人もしくは人人である」という記述は、本章の第一節で示したとおり、レックスが絶対君主であるような、そして立法者である彼を継承さすための規定がつくられていないようなもっとも単純な社会形態に、ほとんど文字通りに当てはまる。立法的権威における一貫した連続性は現代の法体系にとって大層顕著な特徴なのであるが、この連続性は継承に関する規定がそなえられるところでは、服従の習慣という単純な用語ではあらわされることはできないのであって、それを表現しようとすれば、継承する者が実際に立法をする前に、そして服従を受ける前から彼に立法する権利を与えるという容認されたルールの観念が必要とされたのである。しかし、今行なったように主権者を民主主義国家における選挙民と同一視することは、「服従の習慣」とか「個人または諸個人」とかの鍵となる言葉に対して、それらが単純な場合に適用されたときにもっていた意味とはまったく異なった意味を与えないかぎり、全然説得力をもたないのである。そして、その意味とは容認されたルールという観念がこっそりと取りいれられてはじめて明確になりうるような意味であり、服従の習慣や命令という単純な図式ではこの意味を十分に満たすことができないのである。

このことはさまざまの方法で示すことができるだろうが、もしわれわれが子供と精神的障害者のみを除いた選挙民が住民の「大部分」を構成するような民主制を考えたり、全員が投票する権利をもっている正常の大人からなる単純な社会集団を想定したりするならば、そのことはもっとも明確になる。もし、われわれがこのような場合の選挙民を主権者として扱い、そして、それにもとの理論における単純な定義を適用しようとするならば、この社会の「大部分の人々」は習慣的に自分達自身に従っていると言っていることに気づくであろう。したがって、もとの明確な社会に関する想定によれば、社会は命令を下し法的制限から免れている主権者と、習慣的に彼に従う臣民という二つの部分にわかれていたが、このような想定は、多数もしくは全員が下す命令に対してその多数が従うような社会というぼんやりとした想定によって取って代わられる。たしかに、この場合には、もとの意味における「命令」(他人に一定の仕方で行動せよと要求する意図の表現)も「服従」も存在しないのである。

この批判に答えるために、社会の構成員が、個人としての私的な資格をもつ場合と、同じ人々が選挙人もしくは立法者としての公的な資格をもつ場合とを区別することができる。このような区別は完全に理解できるのであり、実際、多くの法的および政治的現象はこのような用語でもっとも自然にあらわされるのである。しかし、もし、われわれが公的な資格における個人が習慣的服従を受ける別の人格を構成するとまで言いきる用意ができているとしても、その区別は主権理論を救うことはできない。というのは、もし諸個人からなる集団について、彼らが代表者を選挙したり、命令を発するとき、彼らは「個人として」ではなくて、「彼らの公的な資格で」行為しているのであると言うことによって何が意味されているかを問うならば、その答えは、彼らが一定のルールによって資格を与えられているということや、有効な選挙をしたり、法をつくるために彼らがしなければならないことを規定しているその他のルールに彼らが一致しているということから与えられるからである。われわれが何かに関して、それが諸個人からなるこの機関による選挙だとか、この機関がつくった法であるとかを確認できるのは、ひとえにこのようなルールを参照することによってなのである。個人が話したり、書いたりした命令を当人のものとするさいに、われわれが用いる単純な、自然なテストと同じやり方では、選挙や法にかかわる事柄は、それらを「なす」機関のしたことだとするわけにはいかない。

それでは、このようなルールが存在するとはどういうことであろうか。それらは社会の構成員が選挙民として（その理論の目的からすれば主権者として）活動するさいにしなければならないことを明記するルールであるので、それらだけで主権者によって発せられた命令という地位を得ることはできないのである。というのは、ルールがすでに存在していて、従われているということがないかぎり、何も主権者の発した命令とは考えられないからである。

それならば、これらのルールは住民における服従の習慣という記述にぴったりと当てはまると言えるだろうか。主権者が一人であって、彼が彼の命令を、たとえば署名や副署された文書というような一定の形式に従って下すとき、そしてそのときにのみ社会の大部分が彼に従っているような単純な場合においては、われわれは、（習慣という観念をこのように用いることについて第一節でなした異議に従って）彼がこのやり方で立法しなければならないというルールは社会における服従の習慣という記述にぴったりと当てはまると言えるかもしれない。人々は、彼がこのように命令を下すとき習慣的に従うのである。しかし、主権者がそのようなルールを離れては確認できないところでは、われわれはそのルールをそのように、社会が習慣的に主権者に従うさいの条件にすぎないものとして表明することはできない。主権者はそのルールがあってはじめて成立するのであり、そのルールは単に主権者に対する服従の習慣の記述にさいして言及しなければならないたぐいのものではない。そのため、われわれは、この場合には選挙民に関する手続を明記するルールをもって、社会つまり非常に多くの個人が選挙民としてのそれ自身に従うさいの条件をあらわしているものとは言えないのである。というのは、「選挙民としてのそれ自身」は、ルールを離れて確認できる個人を言っているわけではないからである。それは、選挙人達が彼らの代表者を選ぶさいにルールに従ったという事実を簡潔に言及したものなのである。せいぜい、われわれは、そのルールは選挙された諸個人が習慣的服従を受けるための条件を設定していると（第一節でなした異議に従って）言えるぐらいであろう。しかし、これでは、選挙民でなくて立法府が主権者であるというその理論の一形態に戻ってしまうだろう。そして、このような立法府がその立法権に対する法的制限に従うであろうという事実から生じる困難は、すべて未解決のまま残るであろう。

例の理論に反対するこれらの主張は、本章のはじめの節でなした主張と同じく基本的なものであって、それは、その理論が細部において誤っているだけではなく、命令、習慣、服従というような単純な観念は、法の分析にとって適切ではありえないと主張する結果になるという意味においてである。それに代わって必要なものは、一定の方式で資格づけられた人々に一定の手続に従って立法する無制限の、または制限された権能を与えるルールという観念である。

その理論は、概念上一般的に不適当だといわれることとは別として、最高の立法府として通常みなされているものが法的に制限されるという事実を自己の枠内におさめようとする点で多くの付随的な反論を加えられている。もし、このような場合において、主権者が選挙民と同一視されうるならば、選挙民が通常の立法府に対する制限をすべて除去しうるような無制限の改正権限をもっている場合においてさえも、選挙民が通常の立法府によって習慣的に従われる命令を与えているという理由で、これらの制限が果たして法的であるかを十分に問うことができるであろう。われわれは、立法権に対する法的制限が命令として、したがって立法権に課された義務として誤って表明されているという異議を差し控えてもよい。たとえそうするとしても、これらの制限は、選挙民が立法府に遂行するように黙示的に命令した義務であると想定することができるのであろうか。黙示の命令という観念に対して以前の章で行なった批判はすべて、ここでのこの観念の使用にはるかにぴったりと当てはまる。アメリカ合衆国憲法におけるように、改正権の行使の様式が複雑なためこれを行使できないということは、しばしば選挙民の無知や無関心を十分にあらわしているとしても、それが選挙民の願望をあらわしているとはほとんど言えない。軍曹が彼の部下達にせよと命じたことを将軍が知っているならば、その将軍は彼の部下に黙示的に命令したのであると考えられるということはもっともらしいのではあるが、われわれのこの場合は将軍の場合とははるかに異なっているのである。

さらに、立法府に対するいくらかの制限が、選挙民に委ねられている改正権の範囲にまったく属さない場合には、われわれはその理論の立場からは何を言えるのであろうか。これは単に考えられうるというだけではなく、いくつかの事例において実際に見られたことである。このようなとき、選挙民は法的制限に服すのであり、選挙民は特別の立法府と呼ばれるかもしれないけれども、法的制限を免れておらず、したがって主権者ではない。ここでは、社会全体が主権者であり、社会がみずから命令した法的制限に対して逆らえないでいるので、その法的制限は社会全体によって黙示的に命じられていると言うことができるのであろうか。これでは革命と立法とを十分に区別できなくなるのであって、このことがおそらくそれを拒否するための十分な理由であるだろう。

結局、選挙民を主権者として扱うその理論はせいぜい、選挙民が存在する民主制下の制限された立法府を用意するだけである。とはいえ、その体系内で制限されているとともに最高でもある、レックスのような制限された立法権限をもつ世襲君主という観念は不合理ではない。

第五章　第一次的ルールと第二次的ルールの結合としての法

第一節　新たな出発

前の三つの章でわれわれは、主権者の強制的命令という法の単純なモデルは、さまざまの決定的な点で法体系のもっている顕著な特徴のいくつかを再現することができないことを見てきた。このことを示すのに、法として議論の余地のある、または境界線上の例として考える人もいる国際法や始源的法を（以前の批判者がしたように）引き合いに出す必要はないと考えた。その代わりに、われわれは、現代の国家においてわれわれの国内法がもっているなじみ深い一定の特徴に注意し、そしてこの過度に単純な理論ではこれらの特徴がゆがめられるか、またはまったくあらわされないことを示した。

この理論が主としてどのようにして誤ったかは教訓的であって、それはもう一度まとめ直すだけのことがある。第一に、さまざまな種類の法のなかで刑法は刑罰を背景としてある行為を禁じたり、命じたりする点で、威嚇を背景として一人の人が他の人々に下す命令にもっとも似ているが、それにもかかわらず、このような法は、他人にだけではなく通常はそれを制定した人々にも適用されるという重要な点で、そのような命令と異なっていることが明らかになった。第二に、他のさまざまな法が存在するのであって、とりわけ裁判や立法する法的権能（公的権能）、あるいは法的関係を創設したり変更する権能（私的権能）を付与する法が存在しており、これらはとうてい威嚇を背景とする命令として理解することはできない。第三に、法的ルールではあるが、何か明示の規定に似ているものによってはつくり出されないために、起源の点で命令と異なっているものがある。最後に習慣的に従われ、当然すべての法的制限から免がれている主権者という観点から法を分析することでは、現代の法体系に特徴的な立法的権威の継続性を説明しえないし、そして主権者を、それが一人であろうと複数であろうと、現代の国家の選挙民や立法府と同一視することはできなかった。

このように法を主権者の強制的命令としてとらえる考えを批判するさいに、その理論の難点を救うためにそれが本来もっていた単純さをこわしてまでも多くの補助的な工夫がもち出されたことについて考察したことをも思い出しておこう。しかしこれらの工夫もまた失敗しているのである。一つの工夫は黙示の命令という概念であるが、これは現代の法体系の複雑な現実には適用されないようにみえる。これが適用されるのは、部下の下した命令に故意に口出しをしない将軍のような非常に単純な場合のみであろう。他の工夫は、たとえば、権能付与のルールを義務を課すルールの単なる断片として取り扱ったり、あるいはすべてのルールをただ公機関に向けられたものとして取り扱うものであるが、これとてもルールが社会生活で語られ考えられそして現実に使われている様子をゆがめているのである。われわれは、ゲームのすべてのルールは「本当は」審判やスコアラーに向けられているのだという理論に同意できないのと同様これにも同意できない。また立法の自己拘束の特徴を制定法は他人に下された命令であるという理論と調和させようとする工夫は、公的資格において活動する立法者を私的資格では立法者自身をも含めたところの他人に対して命令を下すひとりの人として識別することにある。この工夫はそれ自体非難の余地がないが、その理論に含まれていないもので理論を補足することになる。つまり立法するには何がなされなければならないかを定めたルールの観念がこれである。というのは、そのようなルールに従った場合にのみ、立法者は公的資格をもち、私的な個人としての立法者と対比される別の人格をもつからである。

したがって前の三章は失敗の記録であり、新たに出発する必要があることは明らかである。しかし、この失敗は教訓的であり詳細に検討をしただけの価値があるのである。なぜならば、理論が事実にそぐわなかった個々の点に関して、なぜそれは失敗せざるをえなかったか、そしてよりよい説明のためには何が必要とされるのかを、少なくともひととおり見ることができたからである。失敗の根本原因は、理論の構成要素、すなわち命令、服従、習慣、そして威嚇という観念がルールの観念を含まず、またそれらをよせ集めたところでルールの観念を生み出しえないところにある。それなのに、このルールの観念なしには法のもっとも原初的な形態でさえ説明しえないのである。たしかにルールという観念は、決して単純な観念でない。もし法体系の複雑性に対して正当な取り扱いをしようとするなら、二つの関係しているが異なったルールのタイプを区別する必要があることは、すでに第三章で見たとおりである。一つのタイプのルールは基本的または第一次的なタイプとして考えてよいであろうが、これによって人々は望むと否とにかかわらずある行為をなしたりあるいは差し控えることを要求される。他のタイプのルールはある意味では第一のタイプに寄生し、あるいはそれに対して二次的である。というのは、それらのルールは、人々がある事を行なったりのべることによって、第一次的タイプの新しいルールを導入し、古いルールを廃棄、あるいは修正したり、さまざまなやり方でその範囲を決定したり、それらの作用を統制することができるように定めるからである。第一のタイプのルールは義務を課する。第二のタイプのルールは公的または私的な権能を付与する。第一のタイプのルールは物理的動きや変化を含む行動に関係する。第二のタイプのルールは物理的動きや変化だけでなく義務や責務の創設や変動のきっかけとなる作用を用意する。

われわれはすでに社会集団のなかにこれら二つのタイプのルールが存在しているという主張に何が含まれているかを、あらかじめ若干分析してきた。そこで、本章では、われわれはもう少しこの分析を進めるだけでなく、オースティンが強制的命令という概念に見い出したと誤って主張したもの、つまり「法理学への唯一の鍵」がこれら二つのタイプのルールの結合のなかに存在している、という一般的主張をなすであろう。もちろん、われわれは、「法」という言葉が「適切に」用いられているところではどこでも、第一次的ルールと第二次的ルールのこの結合が見い出されるであろうと主張するつもりはない。というのは「法」という言葉が用いられるさまざまな場合は、決してそのような単純な画一的基準でまとめられるのではなく、形式上または内容上中心的な事例に似ているという間接的な関係によってまとめられていることは明らかだからである。本章および以下の章で、われわれは次のことを示そうと思う。つまり、法の大部分の特徴は非常に人々を当惑させるものであり、定義への探究を起こさせたり回避させたりしたが、それはこれら二つのタイプのルールおよびその相互作用が理解されたならもっともよく明確にされうるだろうということである。こうした諸要素の結合は、法的思考の枠組を形づくる概念の解明をするさいに説得力をもっているので、それを中心的部分におく。一連の明らかに異質な場合についてまで「法」という言葉をなぜ用いるのが正しいかということは、中心的要素が把握されたときに試みられうる第二次的な問題である。

第二節　責務の観念

法を強制的命令としてとらえる理論は、その誤りにもかかわらず、法があるところでは人間の行為は何らかの意味で任意的でなく義務的なものにされるという事実を完全に正しく認識して出発していたことを思い出しておこう。その理論はこの出発点を選んだことで生命を与えられた。したがって、われわれも第一次的ルールと第二次的ルールの相互作用から法を新しく説明しようとするさいに、同じ観念から出発しよう。しかし、われわれがおそらくその理論の誤謬から非常に多くのものを学びとるのは、この決定的な第一歩においてである。

拳銃強盗の場合を思い出してみよう。AはBに金を渡せと命令し、従わないなら撃つぞとおどすのである。強制的命令の理論によれば、この状況で一般に責務あるいは義務の概念が例示されるのである。法的責務はこの状況においてはっきりと見い出すことができる。つまり、Aは習慣的に従われる主権者でなければならず、命令は単一の行動ではなく一連の行為を命じた一般的なものでなければならない。拳銃強盗の場合が責務の意味を示しているという主張がもっともらしいのは、この状況はたしかに、もしBが命令に従ったなら彼は金を渡さ「ざるをえなかった」とわれわれが言う状況であるという事実があるからである。しかし、もしこれらの事実に関して、Bが金を渡す「責務あるいは義務を負っていた」と言うなら、その状況を誤って記述していることは同じくたしかである。したがってはじめから、責務の観念の理解には明らかにこれ以外の何かが必要である。人があることをせざるをえなかった'*was obliged to*'という主張と、彼はそれをなす責務を負っていた'*had an obligation*'という主張には、なお説明されるべき違いがある。前者はしばしば行動を行なうさいの信念や動機についての陳述である。Bは金を渡さざるをえなかったということは、拳銃強盗の場合のように、もし彼はそうしないなら何らかの害悪や他の不快な結果がふりかかるだろうと信じ、これらの結果を避けるためそうしたということを意味するにすぎないだろう。このような場合、行為者が従わなければ自分に何が起こるかという予測から、事情が別であれば彼がやってしまおうと思っていたであろうこと(金を保持しておくこと)もできなくなる。

あることをせざるをえないという観念の解明は、さらに二つの要素が加わることによって少し複雑にされている。威嚇された害悪が、常識によれば、命令に従った場合にBまたは他人がこうむる不利益や重大な結果に比べて些細な場合には、Bは金を渡さざるをえないと考えるべきではないのは明らかであろう。たとえば、単にAがBをつねるぞとおどす場合にはそれにあたるだろう。また、Aが比較的重大な害悪をもたらす威嚇をたぶん実現できるし、また実現するだろうと考えるにたる十分な根拠がない場合も、Bはせざるをえなかったとおそらく言うべきでない。しかし、この観念は、害悪の比較についての常識や蓋然性についての十分な評価に言及しているけれども、人はある人に従わざるをえなかったという陳述は、主として行動がなされた場合の信念や動機についての心理的な陳述である。しかし、ある人があることをする責務を負っていたという陳述は、それと非常に違ったタイプのものであり、そしてこの差異は多くのことで示されている。たとえば、拳銃強盗の場合におけるBの行動、信念と動機についての事実は、Bは彼の財布を渡さざるをえなかったという陳述が真実であるためには十分であるが、彼はそうする責務を負っていたという陳述が真実であるためには十分ではないという場合がこれにあたる。さらに、この種の事実、つまり信念や動機についての事実は、人があることをする責務を負っていたという陳述が真実であるためには必要でないということもまたそうである。このように、人がたとえば、真実を告げるか、兵役につく責務を負っていたという陳述は、たとえ彼が見つけ出されないと(十分な根拠をもってまたは根拠なしに)信じ、そして不服従からくる恐怖を何らもっていなかったとしても、その陳述は真実であることにかかわりない。その上、彼はこの責務を負っていたという陳述は、彼が実際に兵役についたかどうかの問題とはまったく無関係であるが、他方ある人はあることをせざるをえなかったという陳述は、普通彼は現実にそうしたという含みをもっている。

ある理論家達、とりわけオースティンは、人があることをする責務を負っていたかどうかの問題に対して、おそらく人の信念、恐れ、動機が一般的に関係がないものと考えたので、この概念をこれらの主観的事実から定義するのではなく、責務を負う人は不服従のさいには他人の手による処罰または「悪」をこうむるだろうという可能性あるいは蓋然性から定義した。要するに、これは責務の陳述を心理的陳述としてではなく、処罰や「悪」をこうむる可能性の予測や評価として取り扱うのである。このことは、のちの多くの理論家達には、とらえどころのない概念を地上に引きおろし、そしてそれを科学で使われているのと同じ明確なきっちりした経験的用語に言いかえる啓示のように思われた。なるほど、それは、責務や義務というものが通常の観察可能な事実の世界の「上」または「背後」に神秘的に存在する目に見えないものであるとする形而上学的な概念に対する唯一の選択肢としてときには受けいれられてきた。しかし、多くの理由からこのように責務の陳述を予測と解釈することは困難であり、そして、事実その解釈が不明瞭な形而上学に対する唯一の選択肢ではないのである。

予測的解釈については、それが次のような事実を曖昧にしているという基本的な異議が出される。つまり、ルールが存在しているところでは、それからの逸脱は、違反者に対して敵対的な反作用が生じるだろうとか、裁判所は彼に制裁を加えるだろうという予測の根拠になるだけでなく、そのような反作用や制裁の適用に対する理由となり正当化となるという事実をその解釈は曖昧にしていることである。われわれは、すでに第四章で、ルールの内的側面を無視することの点に注意をしてきたが、さらに本章でのちにそれを詳しくみてみることにする。

しかし、責務の予測的解釈に対して、もう一つのより単純な異議が出される。もし人が責務を負っていたという陳述が、不服従の場合、彼はたぶん罰せられただろうという意味にとってよいならば、次のように言うこと、すなわち、彼がたとえば兵役につく責務を負っていたが、司法の手からのがれたり、うまく警察や裁判所を買収したという事実のために、彼が捕えられたり、罰せられる可能性がほとんどなくなったと言うことは矛盾するであろう。実際は、こう言っても矛盾はないし、またそのような陳述はしばしばなされ理解されているのである。

通常の法体系の下では、大部分の犯罪に対して制裁が加えられているから、もちろん、違反者は普通、処罰の危険をおかすことはたしかである。したがって、普通、人が責務を負っているという陳述と、彼は不服従に対してはたぶん罰せられるであろうという陳述は、ともに真実であろう。実際、これらの陳述は、何か今言った以上に深く関連しあっている。少なくとも国内法体系では、もし一般に制裁が違反者に対してたぶん加えられないならば、個人の責務について特定の陳述をなしてもほとんどあるいはまったく意味がないであろうことはおそらく真実であろう。この意味において、そのような陳述は制裁の体系がいつも正常に作用しているものであると前提していると言ってよいだろうし、それはちょうどクリケットで「彼はアウトだ」という陳述が、選手、審判、スコアラーがおそらく通常の処理をするであろうと言明しないでも、前提しているような場合とほとんど同じである。それにもかかわらず、責務の観念を理解するためにどうしても知っておかなければならないことは、個々の場合に、人があるルールの下で責務を負っているという陳述と、彼は不服従のためにたぶん罰せられるだろうという予測との間にはずれが生じるであろうということである。

拳銃強盗の場合には、あることをせざるをえないという、より単純な観念はそこにある諸要素でうまく定義されるだろうが、そこでは責務を見つけることはとうていできない。責務の法的形態の理解に不可欠な前提である責務の一般的観念の理解のために、われわれは拳銃強盗の場合と異なって、社会的ルールの存在を含んでいる社会的状況を調べなければならない。というのは、この状況が次の二つの点で人が責務を負っているという陳述の意味を明らかにするのに助けとなるからである。第一に、あるタイプの行動を基準とするようなルールの存在は、責務を負うという陳述に対するそれと明言されてはいないが、通常の背景ないし適切な前後関係となっている。第二に、そのような陳述に特有な機能は、特定の個人の場合がこの一般的ルールに当てはまっているという事実に注意を促すことによってその人にそのルールを適用することである。すでに第四章で見たように、何らかの社会的ルールが存在するところには、規則的な行為と、その行為を基準とする特有な態度の結合がみられる。われわれは、また、社会的ルールが社会的習慣と主にどのようなところで違っているか、そして、どのようにしてさまざまな規範的な言葉(「するのが当然である」'ought'「しなければならない」'must'「すべきである」'should')が、基準やそれからの逸脱に注意を促したり、基準にもとづいているだろう要求、批判、認容をなすために用いられているかを見てきた。この規範的な言葉の部類のなかで、「責務」「義務」という言葉は重要な下位の部類となっており、それは他には普通みられない、ある含みをもっているのである。したがって、社会的ルールを単なる習慣から一般に区別する要素を把握することは、責務または義務の概念の理解には、たしかに欠くことができないけれども、それだけでは十分でないのである。

ある人が責務を負っているとか、責務の下にいると言う陳述は、なるほどルールの存在を意味している。しかし、ルールがあるからといって、ルールの要求する行為の基準が責務の観点から考えられるとはかぎらないのである。「彼はすべきであった」と「彼はする責務を負っていた」という表現は、現存の行為の基準を暗黙に引き合いに出している点では同じであり、そして、両方とも一般的ルールから個々の場合での結論を出すのに用いられているが、必ずしも交換可能なものではない。エチケットや正しい話し方のルールは、たしかにルールである。それらは、習慣が同じ方向に向かう場合や、行為が規則化される場合以上のものである。それらは教えられ、維持するための努力がなされるのである。それらは特徴ある規範的な言葉で、自己や他人の行動を批判するのに使われる。たとえば、「あなたは帽子を取るべきである」とか「you was と言うのは誤っている」とかがそうである。しかし、この種のルールに関連して「責務」とか「義務」という言葉を使うなら、人を誤解させるであろうし、単に語法上おかしいだけではないだろう。それは社会的状況を誤ってのべていることになるであろう。というのは、責務のルールを他のルールから区別する線はいろいろな点で曖昧であるが、区別の主な根拠はかなりはっきりしている。

ルールに従うことが一般に強く求められており、そしてルールから逸脱しまたは逸脱しようとする人に対する社会的圧力が大きいとき、ルールが責務を課していると考えられ語られるのである。そのようなルールは、もとはまったく慣習的なものであったであろうし、ルール違反に対して中央に組織された刑罰の体系がないかもしれない。また、社会的圧力は物理的制裁に至らないような一般に分散している敵対的または批判的な反作用という形しかとらないかもしれない。それは口先で非難したり、人々に対して破られたルールを尊重するように訴えるという言葉だけでの表明にかぎられる場合もあろう。それは主として、恥、自責の念、罪の意識という感情の働きによっている場合もあるだろう。社会的圧力が今のべたようなものであるときには、われわれはそのルールを社会集団の道徳の部分として分類し、そのルールの下での責務を道徳的責務として分類したくなるだろう。反対に、いろいろな圧力のうちで物理的制裁が顕著なものであり、かつ普通である場合には、たとえこの制裁が公機関によって詳細に定められておらず、執行されもせず、一般に社会に委ねられていても、われわれはそのルールを法の始源的ないしは初期的形態として分類したくなるだろう。もちろん、これら二つの重要な社会的圧力のタイプは、ともに明らかに同一の行為のルールの背後にあるかもしれない。そして、このような場合、そのうちの一方を主要なものとして他方を副次的なものとしてそれぞれうまく区別できない場合がときどき起こりうるだろう。この場合われわれは、道徳的ルールに、それとも初期的な法のルールに直面しているのかという問題には答えられないだろう。しかし、さしあたり、法と道徳との区別は可能かどうかに立ち入るには及ばない。ルールの背後にある社会的圧力の重要さ、ないし重大さへの求めこそ責務を生みだすものとしてルールを考えるさいの決め手になること、これがここで重要なことである。

責務の他の二つの特徴は当然のことながらこの主要なものに付随しているのである。この重大な圧力を支えとするルールが重要だと考えられるのは、社会生活そして社会生活の特徴として非常に重んじられているものを維持するのに、ルールが必要なものと思われているからである。典型的には、暴力の自由な行使を制限するルールのような明らかに必要なルールは、責務という観点で考えられるのである。そして、正直であること、誠実であること、約束を守ることを求めるルールや、社会集団のなかである一定の役割や役目を果たす人が何をなすべきかを定めているルールも、「責務」あるいはおそらくよりしばしば「義務」という観点から考えられている。第二に、これらのルールが要求する行為は、他人に利益を与えると同時に義務を負っている人がしたいと望んでいる事柄と衝突するかもしれないことが一般的に認められる。したがって、責務や義務はその性質上犠牲や自制を含むものであると考えられており、そして責務ないし義務と利益とのたえまない衝突の可能性は、すべての社会において法律家と道徳家の自明の理の一つとなっている。

「責務」という言葉に埋もれている、責務を負っている人を結びつけるきずなという比喩、そして「義務」という言葉にひそむ債務という同じような概念は、これら三つの要因によって説明されうるのであって、責務や義務のルールが他のルールから区別されるのもこれらの要因によってである。多くの法についての思考を悩ましているこの比喩において、社会的圧力は責務を負う人々を結びつける鎖としてあらわれ、その結果人々はしたいことができなくなるのである。あるときには、この鎖の他の端は集団やその集団の公的な代表者によって握られているのであり、彼らは義務の履行を求め、刑罰を執行するのである。それはまたあるときには集団によって私人に委ねられており、彼は義務の履行かまたは代替物を求めるか求めないかを選択できるのである。前の状況は刑法の義務や責務の典型となり、後の状況は私法の義務や責務の典型となっており、そこでは私人が責務と関係している権利をもっていると考えられる。

このような比喩や隠喩は自然なものであり、おそらく啓発的なものであろう。けれども、それらに幻惑されるあまり、誤って責務というものは基本的には責務を負う人が経験する圧力や強制の感情にほかならぬと思いこんではならない。責務のルールは一般に重大な社会的圧力によって支えられているという事実からは、ルールの下で責務を負うことが強制や圧力の感情を経験することであるということにはならない。したがって、常習的な詐欺師が地代を払う責務を負っていたのに、そうしないで立ち去るときに、支払うという圧力は感じなかったと言っても、そこには何ら矛盾がないし、しばしば正しいかもしれないのである。せざるをえないと感じることと責務を負っていることとは、しばしば相伴うものであるが別個のものである。この両者を同一視するならば、すでに第四章で注意した重要なルールの内的側面を心理的感情から誤って解釈することになるだろう。

たしかに、ルールの内的側面は、われわれが最終的に予側理論の主張をかたづける前にもう一度言及しなければならないものである。予測理論の弁護者は、社会的圧力が責務のルールの非常に重要な特徴ならば、なぜこの理論の不十分さを強調しようと努めるのか、とわれわれにたずねるだろう。というのは、この理論は、行為が一定の道筋からはずれた場合、威嚇された刑罰が加えられ敵対的な反作用が生じるであろうという蓋然性から責務を定義することによって、まさにそのようなルールの特徴を中心にすえているからである。責務の陳述を逸脱に対する敵対的な反作用の予測あるいは可能性の算定として分析することと、われわれ自身の主張、すなわちこの陳述の前提にはルールからの逸脱は一般に敵対的な反作用に出会うという背景があるけれども、陳述の特徴的な用法はそのことを予測するのではなく、その人の場合がこれこれのルールに当てはまると言うことであるという主張、との間には些細な違いしかないように見えるだろう。しかし、実際上、この違いは些細なものではない。たしかに、その重要性を把握してはじめて、われわれは人間の思考、話や行動に関して、ルールの存在のなかに含まれており社会の規範的構造をなしているそれらに特有な様式のすべてを正しく理解することができるのである。

さらに、ルールの「内的」側面および「外的」側面から以下のような対比をしてみると、これによって法だけでなくどんな社会の構造の理解にとっても、何がこの区別を非常に重要にしているかが明らかにされるであろう。社会集団に一定の行為のルールがあるという事実は、密接に関係しているが異なった多くの種類の主張をなす機会を与えている。というのは、ルールにかかわる場合として、自分自身はルールを受けいれないような単なる観察者の場合か、あるいは行為の指針としてルールを受けいれ用いる集団の一員の場合かがありうるからである。そして、これらをそれぞれ「外的視点」、「内的視点」と呼ぶことにしよう。外的視点からの陳述にはそれ自体さまざまな種類がある。なぜならば、観察者は彼自身ルールを受けいれないでいながら、集団がそれを受けていれていることをのべ、そうして彼らが内的視点に立ってどのようなしかたでルールにかかわるかに外側から言及するだろうからである。しかし、ルールが、たとえばチェスやクリケットのようなゲームのルールまたは道徳のルールや法のルールのように、どんなものであっても、われわれはもし望むなら集団の内的視点に外側からさえ言及しない観察者という立場もとりうるのである。このような観察者は、部分的にはルールへの一致が見られる観察可能な行動の規則性、そしてそれに続くルールからの逸脱に加えられる敵対的な反作用、非難、処罰という形での規則性を記録するだけで満足する。その後、外的観察者は観察された規則性をもとにして、逸脱と敵対的な反作用を関連づけ、そして集団の正常な行動からの逸脱は敵対的な反作用や処罰にあうかもしれない可能性をかなりの成功度で予測し、その可能性を算定できるだろう。そのような知識によって集団についての多くの事が明らかにされるだけでなく、観察者はその知識なしに集団のなかで生活しようとすればおそらくこうむるだろう不快な結果を避けて生活できるであろう。

しかし、もし観察者がこの極端な外的視点を本当に固執して、ルールを受けいれている集団の構成員がどのように彼ら自身の規則だった行動を見ているかについてまったく説明しないならば、彼らの生活についての彼の記述は決してルールに関するものでありえないし、したがってルールに依拠している責務や義務の概念に関するものでありえない。そうではなくて、彼の記述は行為の観察可能な規則性、予測、蓋然性、しるしに関するものであろう。そのような観察者にとっては、集団の一員が正常な行為から逸脱したことは、敵対的な反作用がおそらく生じるだろうというしるしであってそれ以上のものでないだろう。彼の見方は、しばらくの間にぎやかな通りでの交通信号の動きを観察していた人が、信号が赤になったときには交通が止まるだろうという高度の蓋然性があると言うだけの場合と同じである。彼は、雲は雨になるだろうというしるしであるのと同じように、信号を単に人々が一定のやり方で行動するだろうという自然のしるしとして取り扱うのである。その場合、彼は、彼が見守っている人々の社会生活のすべての次元を見ているわけではないのである。というのは、人々にとって赤信号は、他の人々が止まるであろうというしるしであるばかりではなく、彼らはそれを彼らが止まるための信号とみなすのであり、つまり赤信号で止まることを行動の基準そして責務にしているルールに従って赤信号を止まるべき理由とみなしているからである。これをのべることは、集団がどのように自己自身の行動を見ているかの説明に入ることになる。そして、そのことは彼らの内的視点から見られたルールの内的側面に言及することなのである。

外的視点は、集団のある構成員達、すなわちルールを拒否するけれど違反には不快な結果がおそらく生じるだろうと判断するときに、またそう判断するために、ただルールに関心をもつような構成員達の生活でルールが機能する仕方を非常に正確に再現するだろう。彼らの見方を表現するのに必要なのは、「私はそれをせざるをえなかった」、「私は、もし……の場合、そのために害をこうむるだろう」、「あなたは、もし……の場合には、そのためにおそらく害をこうむるだろう」、「彼らは、もし……の場合には、君に対してそれをするだろう」というようなものであろう。しかし、そこには「私は責務を負っていた」、あるいは「君は責務を負っている」というような表現形式は必要とされないだろう。というのは、これらの表現様式は彼ら自身や他の人々の行為を内的視点から見る人々によってのみ必要とされるからである。行動の観察可能な規則性だけにかかわる外的視点は、通常、社会の大多数をなしている人々の生活で、ルールがルールとしてどのように機能しているかを再現することができないのである。彼らは、さまざまな状況において、社会生活での行動の指針として、請求、要求、容認、批判、処罰に対する、つまり、ルールに従った生活でのすべてのありふれた処置の根拠として、ルールを用いる公機関、法律家または私人なのである。彼らにとっては、ルールの違反は、敵対的な反作用を生じるだろうという予測の根拠だけではなく、敵対的行為のための理由なのである。

法的かどうかを問わず、ルールに頼っているすべての社会の生活においては、いつでも一方ではルールを受けいれてその維持に自発的に協力し、したがって、彼ら自身や他人の行動をルールから見る人々と、他方、ルールを拒否し起こりうる処罰のしるしとして外的視点からのみルールに注意する人々との間には緊張が存在しているだろう。事実の複雑性を正しく扱おうとしたすべての法理論が直面した難問の一つは、これら両者の視点を忘れないで、しかもどちらかをないものとして定義しないということであった。おそらく責務の予測理論に対するわれわれのすべての批判の要点は、この理論が責務のルールの内的側面をないものとして定義したことを非難したところにあるといえよう。

第三節　法の諸要素

立法機関、裁判所、公機関をまったくもたない社会を想定することはもちろん可能である。事実、原初的社会に関する多くの研究は、このことがありえたと主張するだけでなく、これまでに責務のルールとして特徴づけてきたようなそれ自身の基準的行動様式に対して集団がとる一般的態度だけが、唯一の社会統制の手段となっているような社会生活を詳細に描写している。この種の社会構造はしばしば「慣習」からなるものだと言われている。しかし、この用語は使わないことにしよう。なぜならば、それは、慣習のルールはたいへん古く、他のルールほど社会的圧力によって支えられていないという含みをしばしばもつからである。これらの含みを避けるために、このような社会構造を責務の第一次的ルール primary rules of obligation からなるものと呼ぼう。社会がそのような第一次的ルールのみで存続していこうとする以上、人間の性質やわれわれの住んでいる世界についてのいくらかのもっとも自明な真理を認めたならば、必ず満たされねばならない一定の条件がある。これらの条件の第一として、人間が互いにたいへん接近して共存する場合、犯しやすいが一般に抑制しなければならない、暴力の勝手な行使、盗み、欺罔を何らかの形で制限するルールが存在しなければならない。われわれが知っている原初的社会では、共同生活に奉仕し貢献するといういろいろな積極的義務を個人に課しているさまざまな他のルールとともに、そのようなルールは事実いつも見られるものである。第二に、そのような社会にも、既述したようにルールを受けいれる人々と社会的圧力の恐れによって従う以外はルールを拒否する人々との間に緊張が見い出されるだろう。しかし、もし社会がおおよそ同じような肉体的強さをもつ人々からなっていて、しかも非常にゆるやかに組織されていても、それが存続しうるには、後者は少数でしかありえないことは明らかである。というのは、そうでなければルールを拒否する人々は恐れるほどの社会的圧力を感じないだろうからである。このこともまた、われわれの原初的社会に関する知識によって確証されるのであって、そこでは意見の一致しない人や悪人がいるが、多数は内点視点から見られたルールによって生活しているのである。

現在の目的にとって以下の考察がより重要である。血縁、共通の心情、信念のきずなで密接に結びつけられており、安定した環境におかれた小さな社会のみが、そのような公的でないルールの制度だけでうまくやっていけることは明らかである。その他の場合では、そのような単純な社会統制の形態は欠陥のあるものにならざるをえず、さまざまな点で補完を必要とするだろう。まず第一に、集団の生活の基礎となっているルールは体系を形づくっていないで、単に別々の基準のセットであり、そこにはもちろん人々の特定の集団が受けいれているルールであるということのほかには、それを確認するまたは共通の標識がないだろう。この点において、それらはわれわれ自身のエチケットのルールに似ている。したがって、何がルールであるかや、あるルールの正確な範囲はどうかについて疑いが生じた場合、権威ある典拠を参照するとか、この点についての言明が権威をもつ公機関に問い合わせるとかによって疑いを解決する手続は存在していないだろう。というのは、明らかに、そのような手続そして権威ある典拠や人を認めるということは、仮定上この集団は責務ないしは義務のルールしかもたないのにもかかわらず、それとは異なったタイプのルールの存在を前提するからである。第一次的ルールからなる単純な社会構造でのこの欠陥を、その不確定性 *uncertainty* と呼ぼう。

第二の欠陥はルールの静的 *static* 性質である。そのような社会で知られているルールの唯一の変化の形は、成長のゆるやかな過程とそれとは逆の衰退の過程とであろう。前者では、かつて任意的と考えられていた一連の行為がまず習慣的またはありふれたものとなり、ついで義務的となるのであり、後者の場合には、かつてはきびしく処理されていた逸脱がまずゆるやかに扱われ、ついでかえりみられなくなる。そのような社会では、古いルールを排除したり新しいルールを導入したりすることによって、変化する状況に意識的にルールを適応させる手段が存在しないだろう。というのは、ここでもまた、社会生活の唯一の基礎となっている責務の第一次的ルールとは異なるタイプのルールの存在が前提されて、このことは可能になるからである。極端な場合、ルールはるかに強い意味で静的である。このことは、おそらくいかなる現実の社会においても決して完全には実現されないけれども、考慮に価するものであって、これを矯正するのは法にとってたいへん特徴的なものだからである。この極端な場合には、一般的なルールを意識的に変更する手段がないばかりではなく、個々の場合ルールから生じる責務は、いかなる個人の意識的な選択によっても変えられないし、修正されえないだろう。各人はただあることをなしたり、あるいは控えたりする固定した責務や義務を負うだけであろう。なるほど、他人がこれらの責務の履行から利益を得るだろうという場合が非常にしばしばあるかもしれない。しかし、責務の第一次的ルールしかない場合には、彼らは拘束されている人を履行から免除したり、履行から手に入るだろう利益を他人に移転するどんな権能をもたないだろう。というのは、免除や移転というような作用は責務の第一次的ルールでの個人の最初の地位を変化させるからであり、これらの作用が可能であるためには、第一次的ルールと異なった種類のルールが存在しなければならない。

この単純な社会生活の形態の第三の欠陥は、ルールを維持する社会的圧力が散漫なため生じる非効率性 *inefficiency* である。認められているルールが侵害されたかどうかの争いはいつも起こるし、そして最小の社会以外はどこでも、もし違反の事実を最終的にそして権威的に確定する権能を特別に与えられた機関がなければ、それはたえなまく続くだろう。そのような最終的かつ権威的な決定の欠如は、それと結びついたもう一つの弱点から区別されねばならない。これはルール違反に対する処罰そしてそのほかの物理的な作用や力の行使を含む社会的圧力の形態が特別な機関によって管理されないで、影響を受けた関係人達や集団一般に放置されているという事実である。違反者を捕え罰する集団の非組織的な作用に費やされる時間の浪費、そして「制裁」の公的な独占がないための自力救済から起こる、くすぶりつづける復讐が重大であるのは明らかである。しかし、法の歴史によれば、ルール違反の事実を権威的に決定する公機関の欠如はより重大な欠陥であることがはっきりと示されている。というのは、多くの社会ではこの欠陥を他の欠陥よりもずっと以前に矯正しているからである。

このもっとも単純な形の社会構造に見られるこれら三つの主要な欠陥については、それぞれ責務の第一次的ルールを異なった種類のルールである第二次的ルール *secondary* rules で補うことによって矯正される。欠陥それぞれに対する矯正の導入は、それ自体、法以前の世界から法的世界への歩みと考えられよう。というのは、それぞれの矯正は法にあまねく見られる多くの要素をもっているからである。たしかに、これら矯正の三つがすべてそろえば、第一次的ルールの体制を明らかに法の体系であるものに転換さすのに十分であろう。われわれはこれらの矯正のそれぞれを順次考察し、そしてなぜ法は責務の第一次的ルールとそのような第二次的ルールの結合として特徴づけるのがもっともわかりやすいかを示してみよう。しかし、そうする前に、次のような一般的な事柄を注意すべきであろう。矯正のために導入されるルールはそれが補完する責務の第一次的ルールと異なり、またそれぞれ異なっていることはたしかであるが、それらは重要な特徴を共通にもっており、さまざまな点で関連しているのである。だから、それらはすべて、第一次的ルールとは異なった平面にあると言えよう。というのは、それらはすべて、第一次的ルールに関するものだからである。それには、第一次的ルールが個人がしなければならないあるいはしてはならない行動に関係しているのに対して、これらの第二次的ルールはすべて、第一次的ルールそのものに関係しているという意味においてそうなのである。第二次的ルールは、どのようにして第一次的ルールを最終的に確認し、導入し、排除し、変更するか、その違反の事実を最終的に確定するかを明確にするのである。

第一次的ルールの体制に見られる不確定性を矯正するもっとも単純な形態は、われわれが「承認のルール」'rule of recognition' と呼ぶものの導入である。これはいくつかの特徴を明確にし、あるルールがこうした特徴をもてば、それは集団が行使する社会的圧力によって支持される集団のルールであることが決定的にまた肯定的に示されるのである。このような承認のルールは非常に多種多様な形態をとって存在し、単純なものもあれば複雑なものもある。多くの社会での初期の法のように、それが存在しているということは、ルールの権威的な目録や原典が文書に見い出されるか何か公けの記念碑に刻まれているかにすぎないだろう。疑いもなく、歴史の問題としては、法以前から法へのこの移行は、それぞれ異なった段階でなし遂げられるだろう。そのうちの最初のものはそれまでに書かれていないルールを単に書きしるすということである。これはたいへん重要な移行であるが、それ自体決定的なものではない。決定的であるのは、文書や碑文を権威あるものとして、すなわちルールの存在に関する疑いを処理するのに適切な方法として参照することを認めることである。このようなことが認められているところでは、第二次的ルールの非常に単純な形態がある。つまり責務の第一次的ルールを最終的に確認するためのルールがそれである。

発達した法体系では、もちろん承認のルールははるかに複雑になる。ルールをもっぱら原典や目録を参照することで確認する代わりに、第一次的ルールがもっているある一般的特徴を参照することによって確認するのである。これはルールが特別な団体によって制定されてきたということ、あるいは長い間の慣習として行なわれてきたこと、または司法的決定に関係してきたということであろう。さらに、二つ以上のそのような一般的特徴がルール確認の基準として取り扱われているところでは、それらの起こりうる衝突に対して優越性という秩序でそれらを配列する用意がなされるだろう。たとえば、慣習や先例は一般に制定法に従属し、そして制定法は法の「優越的源泉」であるといったぐあいにである。このような複雑さがあるために、現代の法体系における承認のルールは一つの権威ある原典を単に受けいれている場合とはたいへん異なったもののようにみえてくるだろう。しかし、このもっとも単純な形態においてさえも承認のルールは法に特有な多くの要素をもっているのである。それは権威のしるしを与えることで未発達の形ではあるが法体系の観念を導入するのである。というのは、ルールはいまやばらばらで互いに関連しないセットではなく、単純な方法で統一されているからである。さらに、われわれは、あるルールがルールの権威的な目録にのせられるのに必要な特徴をそなえていると確認するこの単純な取り扱いのなかに、法的妥当性の観念の萠芽を見い出すのである。

第一次的ルールの体制に見られる静的な性質に対しては、われわれが「変更のルール」'rules of change' と呼ぶものを導入することで矯正が行なわれる。そのルールのもっとも単純な形態は、集団あるいはそのなかのある部類の人人の生活における行動を方向づけるために、新しい第一次的ルールを導入し、古いルールを排除する権能を個人または人々の団体に与えるルールである。すでに第四章で論じたように、法の制定、廃止という観念が理解されうるのは威嚇を背景とする一般的命令からではなく、このような変更のルールからである。そのような変更のルールはたいへん単純なものもあれば、たいへん複雑なものもあるだろう。付与される権能は無制限かもしれないし、さまざまな点で制限されているかもしれない。そして、ルールは誰が立法すべきかを明らかにする一方、多少厳密な用語で立法にあたってどういう手続に従うべきかを定めるだろう。明らかに変更のルールと承認のルールとの間には非常に密接な関係があるだろう。というのは、変更のルールが存在するところでは、承認のルールは立法に関係した手続の詳細のすべてにかかわるわけではないが、必然的に立法を、ルールを確認する特徴であると言い及んでいるからである。普通は公的な証明書または公的な謄本があれば、それは承認のルールの下では適正な制定がなされたという十分な証拠とみなされるだろう。もちろん、唯一の「法源」が立法であるような非常に単純な社会構造の下では、承認のルールは、法の制定がルールを確認する唯一のしるしし、あるいはその妥当性の唯一の基準であると明記するだけであろう。そこれに該当するものとして、たとえば第四章で示した想定上のレックス一世の王国の場合があげられるだろう。そでは承認のルールは、およそレックス一世が制定したものは法であるということだけだろう。

われわれは、個人が第一次的ルールの下でもっていた最初の地位を変更することができるような権能を個人に与えるルールについて、すでにいくらか詳細にのべてきた。私人に権能を付与するそのようなルールがなければ、社会は法によって与えられる主要な快適さをいくぶん欠くだろう。というのは、これらのルールがなしうる作用があってはじめて、法の下での生活を象徴する遺言、契約、財産権の移転をなすこと、そしてその他の多くの任意に設定される権利義務の構造をつくることが可能になるからである。もちろん、こうした権能付与のルールの原初的形態は、また約束という道徳的な制度の基礎ともなっているのであるけれども。これらのルールと立法の観念に含まれている変更のルールは明らかに類似しており、ケルゼンの理論のような最近の理論が示しているとおり、契約や財産権の制度に関してわれわれを悩ましている特徴の多くは、契約の締結、財産権の移転を個人による制限的立法権能の行使として考えれば明らかになるのである。

第一次的ルールの単純な体制に対する第三の補完は、個々の場合に第一次的ルールが破られたかどうかを権威的に決定する権能を個人に与える第二次的ルールからなっているのであって、それは社会的圧力が散漫なため生じるルールの非効率性を矯正しようとするものである。裁判の最小限の形態はそのような決定のなかにあり、われわれはそのような決定をする権能を与える第二次的ルールを「裁判のルール」'rules of adjudication' と呼ぶことにする。このようなルールは、誰が裁判できるかを確認する一方、どういう手続に従うべきかを定めるだろう。他の第二次的ルールと同じように、このルールも第一次的ルールと異なった平面にある。このルールは裁判官に裁判する義務を課すほかのルールによって強化されるかもしれないが、裁判のルールは義務を課すのではなく司法的権能を与えるのであり、責務の違反についての司法的宣言に特別な地位を与えるのである。またこのルールはほかの第二次的ルールと同様に一群の重要な法的概念を定めているのであり、この場合には裁判官、裁判所、管轄権、判決といった概念を定めている。裁判のルールはこのように他の第二次的ルールと類似しているだけでなく、さらに密接な関連をもっている。事実、裁判のルールがある体系は、必然的にまた原初的で不完全な種類のルールにもかかわっているのである。この理由は、もし裁判所がルールが破られたという事実について権威的な決定をなす権能を与えられているならば、この決定は何がルールであるかについての権威的な決定とみなされざるをえないからである。したがって、裁判管轄権を与えているルールは、裁判所の判決によって第一次的ルールを確認する承認のルールにもなるだろうし、こういった判決は法の「源泉」となるだろう。裁判管轄権の最小形態と一緒になったこの承認のルールの形態は、たしかに非常に不完全だろう。権威的な原典や法令集と違って、判決は一般的な用語ではあらわされないだろうし、判決をルールへの権威的な指針として用いることは個々の決定からのいくぶん不確実な推論に頼るということであり、そしてその信頼度は解釈者の技術と裁判官の一貫性とに左右されざるをえないのである。

ほとんどの法体系では司法権能が第一次的ルールの違反の事実についての権威的決定に限られないことは言うまでもない。たいていの体系は、しばらくして社会的圧力の集中化を進めることが有利であると知り、そこで私人による物理的処罰や暴力による自力救済の行為を部分的に禁じたのである。その代わりに、それらの体系は違反に対する刑罰を指定するか少なくとも限定しているより進んだ第二次的ルールで責務の第一次的ルールを補っており、そして裁判官が違反の事実を確認した場合、他の公機関による刑罰の適用を命じる排他的権能を裁判官に与えたのである。これらの第二次的ルールが体系の集中化された公的「制裁」'sanctions' を提供するのである。

もしわれわれが責務の第一次的ルールと承認、変更、裁判の第二次的ルールの結合から生じる構造に立ち戻り、それを考えてみるならば、明らかにここでわれわれは法体系の核心をつかむだけでなく、いままで法律家や政治理論家を悩ましてきた多くのものを分析するための非常に強力な道具をもつことになる。

責務、権利、法の妥当性、法源、立法、裁判管轄権、制裁という法律家が専門的に関心をもっている特に法的な概念が、これらの要素の結合からもっともうまく解明されるだけではない。国家、権威、公機関という（法および政治理論の両者にまたがっている）概念についてなお残っている不明なところを取り除こうとするならば、同じような分析が要求されるだろう。第一次的ルールと第二次的ルールからの分析がなぜこのような説明をする力をもつのか、その理由は簡単である。法的概念、政治的概念をめぐるほとんどの不明瞭さや歪曲は、われわれが内的視点と名づけたところのものにこれらの概念が本質的に関係しているという事実から生じているのである。そして、この内的視点とはルールに従う行動を記録し予測するだけでなく、ルールを自分自身および他人の行動の評価基準として使用する人人の視点なのである。法的概念や政治的概念を分析するさいには、この視点にいままでよりももっと詳細な注意が払われる必要がある。第一次的ルールからなる単純な体制の下では、内的視点はもっとも単純な形で、つまりそのルールを批判の根拠として、そして一致への要求、社会的圧力、処罰の正当化として用いることであらわされる。内的視点のこのもっとも基本的な表現を参照することは責務そして義務という基本概念の分析には必要である。そして、内的視点から語られたりなされたりすることの範囲は、第二次的ルールの体系に及ぶにつれて非常に拡げられ多様になる。この拡張とともに、新しい概念のセット全体があらわれるのであり、これらの概念の分析のためには内的視点への参照が要求されるのである。これらの概念には、立法、裁判管轄権、妥当性、そして一般に私的および公的な法的権能の観念が含まれる。そのさい、通常あるいは「科学的な」、事実記述的あるいは予測的な論述によって、これらを分析しようとする誘いが常に存在している。しかし、それはただこれらの概念の外的側面を再現しうるにすぎない。そこで、それらに特有な内的側面を正しく取り扱おうとすれば、立法府の立法活動、裁判所における裁判、私的または公的権能の行使、そしてほかの「法律行為」が、どのようにさまざまな仕方で第二次的ルールと関係しているかを見る必要がある。

次章では、法の妥当性や法源の観念が、そして主権の理論の誤りのなかで隠れていた真実が、どのようにして承認のルールの側から言い直され明確にされるのか考察してみよう。しかし、われわれは次のような警告で本章を終えることにする。第一次的ルールと第二次的ルールの結合は、法の多くの側面を説明するので、その結合に割り当てられている中心的地位にはふさわしいのであるが、それだけではすべての問題を明らかにすることができない。第一次的ルールと第二次的ルールの結合は法体系の中心にあるが、それだけがすべてではない。したがって、われわれが中心から離れるにつれて、後の章で示されるやり方で、異なった性質の諸要素を取りいれなければならないであろう。

第六章　法体系の基礎

第一節　承認のルールと法の妥当性

第四章で批判した理論によれば、法体系の基礎は、みずからは誰にも習慣的に服従することのない一人、あるいは複数の主権者の威嚇を背景とする命令に、ある社会集団の多数が、習慣的に服従しているという状況から構成されている。この理論にとってこのような社会の状況は、法が存在するための必要であり十分な条件である。われわれはすでに、この理論が現代の国内法体系の顕著な特徴のいくつかを説明できないことをかなり詳細にわたって示した。しかしそれにもかかわらず、その理論が多くの思想家の心をとらえていたことでもわかるように、その理論は曖昧で誤解を招くような形式においてではあるが、法の一定の重要な側面についての一定の真実を含んでいるのである。しかしそれらの真実は、承認の第二次的ルールが容認され、そして責務の第一次的ルールの確認に使用されるような一層複雑な社会状況の観点からのみ明瞭にされ、そしてその重要性が正しく評価されうるのである。もし法体系の基礎と呼ばれるにふさわしい何かがあるとすれば、それはこの状況である。本章においてわれわれは、これまで主権理論やその他の分野で部分的な、あるいは誤解を招くような説明しかうけてきていない、この状況に関するさまざまな要素を検討することにする。

そのような承認のルールが容認されているところではどこでも、私人と公機関はともに責務の第一次的ルールを確認するための権威ある基準を与えられているのである。そのようにして与えられる基準は、すでに見たように、一つあるいはそれ以上のさまざまな形態をとるのである。それらは権威ある典拠、立法府による制定法、慣行、特定された人々の一般的宣言、あるいは特定の諸事件における過去の裁判判決を参照することを含んでいる。第四章でのべたレックス一世の世界のような非常に単純な体系では、彼の立法するものだけが法であり、彼の立法権力に制限を加える何らの慣習的ルールも憲法上の文書もないのであり、そこでは法を確認するための唯一の基準はレックス一世による立法という事実の参照だけである。この単純な形態の承認のルールが存在することは、公機関や私人がこの基準によって諸ルールを確認するという一般的な習慣的活動のなかに明瞭に見い出されるであろう。現代の法体系ではさまざまな法の「源」があるが、それに応じて承認のルールは一層複雑になる。つまり、法を確認するために複数の基準があって通常、成文憲法、立法府による制定法、裁判上の先例を含んでいる。たいていの場合、これらの基準に相対的な、従属あるいは優越の序列づけを与えることによって、起こりうる衝突に対するそなえがなされている。われわれの体系において「コモン・ロー」が「制定法」に従属するのはまさにこのようなやり方によってである。

一つの基準の他の基準に対するこのような相対的従属を派生から区別することは重要である。というのはこれら二つの観念を混同すると、すべての法は（たとえ「黙示的」にではあっても）本質的にあるいは「本当に」立法の所産であるという見解に対するもっともらしい支持をしてしまうことになるからである。われわれ自身の体系において、慣習法とコモン・ローのルールは、その法としての地位を制定法によって奪われることもあるから、慣習と先例は立法に従属しているのである。しかし慣習と先例の法としての地位は不安定なものであるかもしれないが、それらはその地位を立法権の「黙示の」行使に負っているのではなく、従属的であるにせよ、このように独立した位置をそれらに与えている承認のルールの容認に負っているのである。単純な場合と同じく、ここでもまた、いろいろな基準のこの階層的序列づけを伴ったそのように複雑な承認のルールの存在は、そのような基準によってルールを確認する一般的な習慣的活動のなかに明らかに見い出される。

法体系の日常的な営みのなかで、その承認のルールがルールとして明示的に定式化されることはめったにない。しかしイギリスの裁判所は、その議会制定法が他の法源やあるいは法源だといわれるものに優越すると主張するときのように、たまにではあるが法のある基準が他との関係で占める相対的な位置を一般的な用語で明らかにすることがある。承認のルールは大部分言明されないが、その存在は裁判所やその他の機関あるいは私人やその助言者が特定の諸ルールを確認していく仕方のなかに示されているのである。もちろんルールの規定する基準を裁判所が用いることと、その他の人々が用いることとには違いがある。というのは、特定のルールが法として正しく確認されたことに立脚して裁判所が特定の結論に達したとき、そののべることは特別な権威ある地位をもつからであって、その地位は他のルールによって付与されるのである。他の多くの点と同じくこの点でも法体系の承認のルールはゲームの得点に関するルールに似ている。ゲーム中に（本塁を踏むこと、ゴールに入れることなどの）得点になる行為を定義する一般的なルールはめったに定式化されることはない。そうされる代わりに、そのルールは勝利につながる特定の局面を確認するさい、競技役員や競技者によって用いられているのである。ここでもまた競技役員（審判やスコアラー）の宣言は他のルールによって付与される特別な権威ある地位をもつ。さらに、どちらの場合においてもルールの有権的適用と、ルールの文言上明らかにルールが求めていることについての一般的理解とが衝突する可能性がある。このことは後に考察するように複雑なものであって、この種のルールの体系が存在するとはどういうことかをどのように説明するとしても、なんとか決着をつけなければならないことである。

裁判所やその他のものが体系の特定のルールを確認するときに、言明されていない承認のルールを用いることは内的視点に特徴的なことである。承認のルールをこのような仕方で用いる人々はそうすることによって、指針となるルールとしてそれらをみずから容認していることを明らかにしているのであり、またこの態度には外的視点の普通の表現とは異なった特色ある言葉が付随している。たぶん、そのうちでもっとも単純なものは「……ということは法である」という表現であって、それは裁判官だけでなく法体系の下で生活している一般の人々が、その体系の特定のルールを確認するときに彼らのどちらもが口にする表現であることがわかるだろう。これは、「アウト」あるいは「ゴール」という表現のように、人が状況を評価するために適当だと、他人と同じように認めているルールを参照することによって状況を評価するさいの言葉である。ともにルールを容認しているこの態度は、ある社会集団がそのようなルールを容認している事実を外部から記録はするがみずからはそれを容認していないような観察者の態度と対照できるだろう。この外的視点の普通の表現は「……ということは法である」ではなく、「イギリスにおいて人々は、およそ議会における女王の制定するものが法であると認めている」である。これらの表現形式のうち第一のものを内的陳述 *internal statement* と呼ぶことにしよう。なぜならそれは内的視点を表明するものであり、また承認のルールを容認しながらもそれが容認されている事実をのべずに、体系のある特定のルールが妥当すると認めるさいにそのルールを適用する人によって用いられるのが普通だからである。第二の表現形式を外的陳述 *external statement* と呼ぶことにしよう。なぜならそれは、体系の承認のルールを自分では容認せずに他の人々がそれを容認している事実をのべる、体系の外的観察者の普通の言葉だからである。

容認された承認のルールが、内的陳述のさいにこのように用いられることを理解するとともに、これをルールが容認されているという事実に関する外的陳述と注意深く区別するならば、法の「妥当性」の観念についての多くの曖昧さはなくなるのである。というのは、「妥当する」という言葉は、言明されていないが容認されている承認のルールを法体系の特定のルールに適用するまさにそのような内的陳述において、常にではないが頻繁に用いられるからである。あるルールが妥当すると言うことは、それが承認のルールのそなえているすべての審査を通ったものとして、したがってその体系のルールとして承認することである。特定のルールが妥当するという陳述の意味はそれが承認のルールのそなえているすべての基準を満足させていることなのだと単純に言うこともできる。こういう言い方はそういった陳述の内的な性質を曖昧にするような場合にのみ不正確になるのである。というのはクリケットの競技者達の「アウト」と同じように、妥当性に関するこれらの陳述はルールが満たされていることを明言するよりもむしろ、通常はそれをのべる人やその他の人々によって容認された承認のルールを特定の事例に適用するものだからである。

法の妥当性という観念に結びついた難題のいくつかは、法の妥当性と「実効性」との関係に関連するものだといわれている。もし「実効性」によって意味されているものが、ある行動を要求する法のルールは服従されないことよりも服従されることのほうが多いという事実であるとすれば、特定のルールの妥当性とその実効性との関係は何ら必然的でないことは明らかである。ただし、いかなるルールも長い間実効的でなかったなら、その体系のルールとしてみなされえないという（しばしば退化のルールとして参照される）規定をいくつかの体系のように、その体系の承認のルールがその基準のなかに含んでいる場合は別である。

　特定のルールが実効的でないことは、その妥当性を損なうかもしれないし、損なわないかもしれないが、そのことと体系のルールの一般的な無視とは区別されなければならない。このような無視がその性質からみてどうにも動かし難いものであり、長く続くものであるかもしれないが、そのときわれわれは新しい体系の場合には、それはある集団の法体系として今まで確立したことがなかったと言うべきであるし、またかつて確立したことのある体系の場合には、それはその集団の法体系でなくなってしまっていると言うべきである。いずれの場合においても、その体系のルールの観点から内的陳述をするための正常な前後関係あるいは背景が欠けているのである。そのような場合に体系の第一次的ルールを参照して特定の人々の権利義務を評価すること、あるいは承認のルールを参照して体系のどのようなルールにせよ、その妥当性を評価することは一般的にいって無意味であろう。今まで実際に実効的であったことがないか、あるいは放棄されてしまっているルールの体系を適用せよと主張することは、以下にのべるような特別の事情のある場合を除いて、今まで容認されたことがないか、あるいは放棄されてしまっている得点のルールを参照してゲームの進行を評価することと同じく無駄なことであろう。

　体系の特定のルールの妥当性について内的陳述をする人は、その体系が一般に実効的であるという事実に関する外的陳述が真であることを前提していると言われるだろう。というのは、通常、内的陳述は一般に実効的であるそのような脈絡のなかで用いられるからである。しかし妥当性についての陳述は、その体系が一般に実効的であることを「意味する」と言えば、それは誤りであろう。なぜなら今まで確立されたことがないか、あるいは放棄されてしまった体系のルールの妥当性について語ることは、通常無益であるか無駄なことではあるが、それにもかかわらずそれは意味のないことではないし、常に無益であるわけでもないからである。ローマ法を教える生き生きしたやり方はその体系が依然として実効的であるかのように話し、それらのルールの観点からまた特定の諸ルールの妥当性を討論し、問題を解決してみることとである。革命によって破壊された古い社会秩序を回復しようという希望を育て、新しい社会秩序を拒否するやり方は旧体制の法の妥当性の基準に固執することである。このようなことは白系ロシア人によって暗黙のうちに行なわれているのであり、彼らは帝制ロシアの有効なルールであった不動産法定相続に関するあるルールによって依然として財産権を請求しているのである。

体系のあるルールが妥当するという内的陳述とその体系は一般に実効的であるという事実に関する外的陳述との正常な脈絡上の関連を把握すれば、よく見られる理論、つまりルールの妥当性を主張することはそのルールが裁判所または何らかの他の公機関が行なう行動によって強制されるだろうと予測することであるという理論を正しく理解するうえで、われわれの助けとなるだろう。この理論は、前章で考察して拒否した責務の予測的分析と多くの点で似ている。両者の場合に共通して、この予測理論を推し進める動機になっているのは、そのようにすることによってのみ形而上学的な解釈を避けることができるという信念である。つまりルールが妥当するという陳述は経験的な手段では発見できない何らかの神秘的属性を負わざるをえないか、あるいはそれは公機関の将来の行動予測でなければならないという信念である。両者の場合においてはまた次のような同じ重要な事実のためにこの理論はもっともらしいのである。すなわち、ルールを容認して責務や妥当性についての内的陳述をするどんな人も、体系が一般に実効性をもっており、そしてそのまま続いていくだろうという、観察者によって記録されるような、事実に関する外的陳述が真であることを通常前提にしているということである。たしかに二つの陳述は極めて密接に関連している。結局、両者の場合ともこの理論の誤りは同じであって、その誤りは内的陳述の特別な性質を無視してそれを公機関の行動についての外的陳述として扱うところにあるのである。

この誤りは、ある特定のルールが妥当するという裁判官自身の陳述が判決のさいにどのように機能するかを考察すればすぐに明らかになる。というのは、そのような陳述をするさい裁判官は、ここでもまたその体系の一般的実効性を言明せずに前提してはいるのだが、彼の関心が自分自身あるいは他人の公機関としての行動の予測をすることにあるのではないことは明らかだからである。ルールが妥当するという彼の陳述は、そのルールが彼の裁判所で何が法に数えられるべきかを確認するための審査を満足させていると認める内的陳述であって、その陳述は彼の判決の予言ではなく、判決の理由の一部をなしているのである。たしかに、ルールが妥当するという陳述が私人によってなされるときに、それは予言だと言うことが一層もっともらしい場合はある。というのは有効無効に関して、公機関でないものがする陳述と事件に判決を下す裁判所の陳述とが矛盾する場合に、前者はそうなれば撤回されるにちがいない、としばしば言えるだろうからである。それにしても、第七章で公機関の宣言とルールが明らかに要求していることとのそういった矛盾の重要性を研究するとわかるように、ここでさえ、公機関でないものの陳述が裁判所の言うことを予測しそこなったゆえに今や誤りであることが明らかになったとして撤回されると考えるなら、それは独断的であろう。なぜなら陳述が撤回される理由には陳述が誤りであるという事実のほかにも多くのものがあり、またこれ以外にもいろいろと誤る場合があるからである。

体系の他のルールの妥当性の評価基準を与えている承認のルールはわれわれが明らかにしようと試みる重要な意味をもっており、究極のルール the *ultimate* rule である。そして普通見られるように、いくつかの基準が相対的な従属と優越という順序に位置づけられているところではそのうちの一つが最高 *supreme* なのである。承認のルールの究極性とその基準のうちの一つがもつ最高性というこれらの観念は注目に価する。われわれが拒否した理論から、つまりすべての法体系のどこかに、たとえそれが法的形式の背後にあっても、法的に無制限な主権的立法権が存在しなければならないという理論から、これらの観念を解き放すことは重要である。

最高の基準と究極のルールというこれら二つの観念のうち、第一のものは非常に容易に定義できるものである。法的妥当性の基準あるいは法源が最高であると言ってよいのは、その基準に照らして確認されたルールが、たとえその他の諸基準に照らして確認されたルールと衝突するとしても、依然その体系のルールとして承認されるのであるが、それにひきかえ他の諸基準に照らして確認されたルールは最高の基準に照らして確認されたルールと衝突すればそのようには承認されないという場合である。比較の観点から、われわれがすでに用いた「優越的」基準や「従属的」基準という観念について、同じような説明をすることができる。優越的基準や最高の基準という観念は単に尺度上の相対的位置に関係しているだけで、法的に無制限な立法権というどんな観念をも意味していないことは明らかである。しかし、「最高」と「無制限」ということは少なくとも法理論上では容易に混同されるものである。その一つの理由は、より単純な形態の法体系において究極の承認のルール、最高の基準、法的に無制限な立法府という諸観念が一致してくるように思えることである。というのは、立法府が何ら憲法的制限に服さず、みずからの制定法によって自己以外の源から生じるその他の法のルールすべてから法としての地位を取り去る権限をもっているところでは、その立法府の制定法は妥当性の最高の基準であるということが、その体系の承認のルールの一部になっているからである。憲法理論によれば、これがイギリスにおける立場なのである。しかし立法府がそのように無制限ではないアメリカ合衆国の体系のような諸体系においてさえ、妥当性に関して一つの最高の基準を含む一組の諸基準を与える究極の承認のルールが完全にとりこまれているだろう。改正権を規定していないかあるいはいくつかの条項を改正権の範囲外におく憲法によって通常の立法府の立法権能が制限されているところでも、そのとおりの状況であろう。「立法」という言葉をもっとも広く解釈したとしても、ここでは法的に無制限な立法府は存在していないのであるが、その体系はもちろん究極の承認のルールを含んでいるし、憲法の条項のなかに妥当性に関する最高の基準を含んでいるのである。

　承認のルールが体系の究極のルールであるということは、法的推論の非常になじみ深い鎖を追っていけばもっともよく理解される。ある一定のルールが法的に妥当するかどうかという問題が出される場合、その問題に答えるためにわれわれは別のあるルールによって与えられる妥当性の基準を用いなければならない。この一定の趣旨をもったオクスフォード県会の条例は妥当しているだろうか。妥当している。なぜならそれは保健大臣の下した命令が付与する権能を行使することによって、またその命令で指定された手続に一致してつくられたからである。このはじめの段階においては命令が、その条例の妥当性を評価する基準を提供している。実際にはこれ以上に進む必要はないだろうが、そうする可能性は常にある。われわれは大臣にそのような命令を下す権能を与えている制定法の観点からその命令の妥当性をたずねて、評価するかもしれないのである。最終的に、その制定法の妥当性がたずねられ、議会における女王の制定するものが法であるというルールに照らしてその制定法の妥当性がたずねられ、評価されたとき、われわれは妥当性に関する探究の終点に到達するのである。というのは、われわれは中間的な命令や制定法と同様に他のルールの妥当性評価のための基準を与えるルールに至ったのではあるが、そのルールについてはまた、それ自体の法的妥当性を評価するための基準を与えるルールがない点でそれらの命令や制定法と異なるからである。

たしかに、この究極のルールについて多くの疑問がある。このルールがイギリスの裁判所、立法府、公機関あるいは私人の実際の活動において究極の承認のルールとして実際に用いられているかどうかをたずねることができる。あるいは、われわれの法的推論過程は今では放棄されてしまっている体系の妥当性の基準を用いたつまらないゲームだったのだろうか。法体系の満足すべき形式は、まさにそのようなルールを根底にもっていることなのかどうかをきくことができる。そのようなルールは害よりも益をもたらすだろうか。それを支持する十分な理由があるのだろうか。そうする道徳的責務があるのだろうか。これらが極めて重要な疑問であることは明らかであるが、承認のルールについてそれらの疑問を出すとき、それと同じく明らかなのは、われわれが承認のルールの助けをかりて答えたその他のルールに対する疑問ともはや同じ種類の疑問に答えようとしているのではないということである。特定の制定法が妥当するのは、それが議会における女王の制定するものは法であるというルールを満足させているからだ、と言うことから進んで、イギリスにおいてこの最終的なルールは究極の承認のルールとして裁判所や公機関や私人によって用いられていると言うとき、われわれはその体系のあるルールの妥当性を主張する法についての内的陳述から事実についての外的陳述、つまり体系の観察者がたとえ自分はその体系を容認していなくても行なう陳述に移っているのである。同様に、特定の制定法が妥当するという陳述からその体系の承認のルールは優れたものであって、それにもとづく体系は支持するに価するという陳述に移るときもまた、われわれは法的妥当性についての陳述から価値についての陳述に移っているのである。

承認のルールの法的究極性を強調した人々はこのことを表明するために、体系のその他のルールの法的妥当性は承認のルールを参照することによって証明されうるのに対して、承認のルール自体の妥当性は証明されえないのであって、それは「想定される」か「仮定される」かあるいは「仮説」なのであるとのべた。しかしながら、これは重大な誤解を招くものであろう。裁判官や法律家であれ、あるいは一般人であれ、彼らが法体系の日常の運用のなかで特定のルールが法的に妥当すると言うとき、その陳述はたしかに一定の前提を伴っている。それらは、その体系の承認のルールを容認している人々の観点を表明している法についての内的陳述であって、それゆえそのようなものとして、体系に関する事実の外的陳述ではのべることができそうな多くのことをのべないままにしておくのである。このように、のべないままにされている事柄は法的妥当性についての陳述の通常の背景や文脈を形成し、したがってそれらの陳述によって「前提」されていると言われるのである。しかしそれらの前提とされている事柄が何であるかを正確に理解し、それらの性質を曖昧にしないことが大切である。それらは二つのことからなっている。第一に、ある一定の法のルール、たとえば特定の制定法が妥当すると真剣に主張する人は、法を確認するために適当なものとして容認している承認のルールをみずから利用しているのである。第二に、この承認のルールの観点から彼は特定の制定法を評価するのであるが、この承認のルールは彼によって容認されているだけでなく、その体系の一般的な活動のなかで実際に受けいれられ使用されているのが実状なのである。もしこの前提の正しさが疑われるならば、それを実際の活動、つまり裁判所が法としてみなされるべきものを確認する仕方とその確認が一般に容認され黙認されることとに照らして確証することができるだろう。

これら二つの前提は、証明されえない「妥当性」の「想定」であると記述しても十分ではないのである。あるルールの体系の一部としての地位が承認のルールの与える一定の基準を満足させているかどうかにかかっているような、ルールの体系内部で生じる疑問に答えるために、われわれは「妥当性」という言葉を必要とするにすぎないし、また普通その言葉を用いるだけなのである。基準を与える承認のルールそのものの妥当性についてそのような疑問は生じえない。承認のルールは有効でも無効でもありえないのであって、この仕方で用いることが適当であるとして単に容認されているのである。承認のルールの妥当性は「想定されるが証明されえない」と、曖昧に言うことによって、この単純な事実を表現することは、メートルによるすべての測定の正しさを究極的に決めているパリのメートル原器が、それ自体正しいことは想定できるが決して証明できないと言うのと同じである。

一層重要な異議は、究極の承認のルールが妥当するという「想定」について語ることは妥当性に関する法律家の陳述の背後にある第二の前提のもつ基本的に事実的な性質を隠すことになる、というものである。承認のルールが実際に存在しているのは、裁判官、公機関、その他の人々の実際の活動においてであるが、その活動は明らかに複雑な事柄である。のちに見るように、この種のルールの正確な内容と範囲について、またその存在についてさえ生じてくる疑問には明確なあるいは確定的な答ができないような状況がたしかにある。それにもかかわらず、「妥当性を想定すること」をそのようなルールの「存在を前提すること」から区別することは重要であって、そのような区別をしないとそういったルールが存在するという主張の意味が曖昧になるという理由からだけでも重要なのである。

前章で素描した責務の第一次的ルールの単純な体系においては、あるルールが存在するという主張はそのルールを容認していない観察者が行なうような事実に関する外的陳述でありうるだけであって、この場合その検証は観察者が事実の問題として、ある行動様式が一般に基準として容認されているかどうか、またその様式が単なる一定方向に向から単なる習慣から社会的ルールを区別する上述の特徴を伴っているかどうかを確認することでなされる。イギリスでは教会に入るときには帽子を取らなければならないという、法的なものではないが、あるルールが存在するという主張を解釈し検証する場合もこの方法によるべきなのである。もしこのようなルールが社会集団の実際の活動のなかに存在していることがわかれば、それらのルールの価値や望ましさはもちろん問題になるけれども、それらの妥当性について別個に議論すべき問題はないのである。一度それらのルールの存在が事実として確証されてしまうと、それらが妥当していることを肯定したり否定したりするならば、あるいはそれらの妥当性を「想定する」が示すことはできないと言ったりするならば、われわれは事態を混乱させるだけであろう。他方、成熟した法体系におけるように承認のルールを含むルールの体系が存在し、したがってルールがその体系の一部であるということが、今や承認のルールの与える一定の基準を満足させているかどうかにかかっているところにおいては、「存在する」という言葉は新しい用い方をされるのである。ルールが存在するという陳述は、それが慣習的ルールの単純な場合におけるように、一定の行動様式が実際の活動のなかで基準として一般的に容認されているという事実に関する外的陳述ではもはやないのである。それは、現在容認されてはいるがのべられていない承認のルールを適用し、また（おおざっぱに言えば）「体系に妥当性の基準があるところでは妥当する」ことを単に意味する内的陳述なのである。しかし、他の点と同様にこの点においても承認のルールは体系のその他のルールと異なっている。それが存在するという主張は、事実に関する外的陳述でありうるのみである。というのは体系の下位のルールはたとえ一般的に無視されているとしても妥当するだろうし、その意味で「存在する」だろうが、それに対して、承認のルールは裁判所、公機関、私人が一定の基準を参照して法を確認するさいの、複雑ではあるが、普通は調和した習慣的活動としてのみ存在するからである。その存在は事実の問題なのである。

第二節　新しい諸問題

法体系の基礎は法的に無制限な主権者に対する服従の習慣にあるという見解を放棄し、それに代えて、ルールの体系にその妥当性の基準を与える究極の承認のルールという概念を用いるならば、一連の興味あるそして重要な諸問題がわれわれの前にあらわれる。それらは比較的新しい諸問題である。なぜなら、それらは法理学や政治理論が古い思考様式に委ねられていた間はヴェールにおおわれていたからである。それらはまた困難な問題であって、それらに完全に答えようとすれば、一方において憲法に関するいくつかの基本的論点の把握が、他方において法の形態がめだたずに移行しまた変化していく特徴的な様式の認識が必要である。したがって、われわれの主張のように、法の概念の解明においては第一次的ルールと第二次的ルールとの結合が中心にされるべきだという主張が賢明かどうかにそれらの問題が関係するかぎりでのみ、それらを探究することにしよう。

第一の困難は分類についてのものである。というのは、法を確認するために最終的に用いられるルールは、法体系の記述に用いられる伝統的な諸カテゴリーが網羅的なものだとしばしば考えられているにもかかわらず、それらのカテゴリーではとらえられないからである。それゆえ、ダイシー以来イギリスの憲法学者は、イギリス連合王国の憲法が一部は厳密な意味での法（法律、枢密院令、先例に具体化されたルール）からなり、また一部は単なる慣行、了解、慣習である習律からなると繰り返しのべるのが普通であった。後者には、女王は上下両院で適正に通過した法案に対する同意を拒否してはならないというような重要なルールが含まれているが、女王には同意を与えるべきどのような法的義務もないのである。それらのルールは、裁判所が法的義務を課すものだと認めていないため習律と呼ばれているのである。議会における女王の制定するものが法であるというルールは明らかにこれらのカテゴリーのどちらにも入らない。裁判所がもっとも緊密にそのルールに関与し、また法を確認するさいそれを用いるのであるからそのルールは習律ではない。そのルールはそれが普通確認する「厳密な意味での法」と同じレベルのルールではない。たとえそのルールが制定法によって明文化されるとしても、そのことによってそれが制定法のレベルに還元されるものではない。というのは、そのような法律の法的地位はその法律に先行し、またそれから独立してそのルールが存在しているという事実に必然的に依存しているからである。それに加えてそのルールは、前節で示したように、制定法の場合とは異なって実際の習慣的活動のなかに存在しなければならないのである。

こういった事情があるので、法であることがたしかな憲法の基本的諸規定が本当に法であるとどのようにして示すことができるのだろうか、という絶望的な叫びをあげる人々もいる。あるいは、法体系の基盤には「法でない」、「法以前の」、「法以上の」何か、あるいはまさに「政治的事実」である何かがある、と言って答える人々もいる。この不安は、どの法体系においてももっとも重要なこの特徴を記述するために使われる諸カテゴリーが非常に粗雑であることのたしかなしるしである。承認のルールが「法」と呼ばれる場合には、体系のルールを確認する基準を与えるルールが法体系に顕著な特徴であり、そのためにそれ自体「法」と呼ばれるに価すると考えられているのである。それが「事実」と呼ばれる場合には、そのようなルールの存在を主張することは「実効的な」体系のルールがどのような仕方で確認されるか、という事実について外的陳述をすることにほかならないのである。これらの側面をともに注意すべきであるが、「法」や「事実」というラベルの一つを選択することによってはその両面を正しく評価することはできない。それに代わって、われわれは究極の承認のルールを二つの視点からながめることができるということを思い出す必要がある。一つは、そのルールが体系の実際の習慣的活動のなかにある、という事実についての外的陳述において表明され、他の一つは、そのルールを法の確認のさいに使用する人々の行なう妥当性についての内的陳述において表明される。

第二の問題は、法体系がある国やある社会集団のなかに存在するという主張のなかに隠された複雑さと曖昧さから生じてくる。この主張をするとき、実際われわれは、詰めこまれた旅行カバンの形で、通常一緒にあらわれる多くの異質な社会的事実に言及しているのである。誤解を招くような理論の影響下で発展した法思想と政治思想の標準的な用語法は、これらの事実を単純化しすぎたり、曖昧にしたりしがちである。しかし、この用語法でつくられた眼鏡をはずし、事実を見るときには、人間と同じく法体系も最初は生まれておらず、次に母親からまだ完全に独立していなくて、その次に健康で独立した生存を楽しみ、後には衰え、最後には死ぬということが明らかになる。出生と正常で独立した生存との間の中間的諸段階、そしてまた正常で独立した生存と死との間の中間的諸段階については、われわれが法的現象を記述する身近かなやり方が役に立たなくなる。それらの段階は研究に価する。なぜならそれはわかりにくいものであるが、普通われわれがある国に法体系があると確信をもって正しく主張するときに、当然のこととして考えている事柄の非常な複雑さを浮き出させるからである。

この複雑さを理解する一つの方法は、命令に対する一般的な服従の習慣という単純なオースティン流の公式が、どこで次のような複雑な事実を再現できなくなるか、あるいはその事実をどこで歪めてしまうかを見ることである。その事実は社会が法体系をもとうとすれば満足しなければならない最低条件を構成している。われわれはこの公式がたしかに一つの必要条件、すなわち法が責務や義務を課す場合、その法は一般に従われていなければならないとか、あるいは少なくとも一般に従われないことがあってはならないとかいう条件を示していると認めてよいだろう。しかし、このことは、基本的ではあるが、法体系が私人に影響を与える場合に法体系の「最終的結果」と呼ばれるものを満足させるだけなのである。ところが法体系は、また通常、公機関による法の創設、確認、使用そして適用のなかにもあるのである。ここに含まれる、法との関係が「服従」と呼ばれうるのは、その言葉を正常な用法を超えて拡張するときだけであるが、そのさいその言葉は公機関の活動を有益に特徴づけることができなくなるのである。立法にあたって立法者が立法権を与えるルールに従うとき、彼らは「服従する」という言葉の普通のどのような意味においてもルールに従っているのではない。もちろん、そのような権能を与えるルールが、それに従うべき義務を課すルールによって補強されているときは別である。立法権を与えるルールに一致しない場合にも、彼らは、立法できないが、法に「服従していない」のではない。また裁判官が体系の承認のルールを適用し、制定法を有効な法として認め、紛争の解決にそれを用いるとき、「服従する」という言葉では彼らの行なうことをうまく記述することもできないのである。もちろん、これらの事実があっても、望むなら「服従」という単純な用語法をいろいろな工夫をして残しておくことができる。その一つは、たとえば制定法を承認するさいに裁判官が妥当性の一般的基準を用いることを、「憲法の創設者」の与えた命令に従う場合であると表現したり、あるいは（「創設者」のいないところでは）「心理的要素のない命令」つまり命令者なき命令に対する服従であると表現することである。しかし後者は、たぶん叔父のいない甥という観念と同じくとるにたらないものだろう。あるいは、法に関与する公機関の側面全体を視界から消して、立法や裁判におけるルールの使用を記述せず、それに代わって、公機関の世界全体をひとりの人（「主権者」）が、市民によって習慣的に従われているいろいろな代理人や代弁者を通して命令を発するもの、というように考えることができる。しかしこれは、さらに説明が必要な複雑な事実についての便利な速記にすぎないか、あるいはどうすることもできないほどに混乱した一つの神話にすぎないかである。

法体系が存在するとはどういうことかを説明しようとして、一般人と法との関係について（必ずしも網羅的な記述をするものではないが）たしかに特徴的である服従の習慣という極めて単純な用語を用いて試みたことは、失敗してきたが、その反作用として正反対の誤りをすることはよくある。この誤りは、何が公機関の活動、特に法に対する裁判所の態度や関係に特徴的であるか（網羅的でないのは同様だが）を考え、この考えを法体系をもつ社会集団になければならないものについての十分な説明であるとして扱うことにあるのである。これは、社会の多くの人々が習慣的に法に従うという単純な概念に代えて、次のような概念、つまり彼らが法の妥当性の最終的評価基準を特定している究極の承認のルールについて、これを拘束力あるものだと一般に考え、かつこれを容認し、またそうみなしていなければならないという概念を用いることと同じことになる。もちろん第三章で考えたように、法源についての知識と理解とが広範に普及しているような単純な社会を考えることができる。そこにおいては、「憲法」はたいへん単純であるので、どのような擬制もなしにそれについての知識とその容認が公機関や法律家だけでなく一般人にもあるのだと言えるだろう。レックス一世の単純な世界では、彼の言葉に対する多くの人々の単なる習慣的服従以上のものがあると言ってもよいだろう。そこにおいては、彼らも、体系の公機関もともに、レックスの言葉を社会全体に妥当する法の基準として特定する承認のルールを同じ程度に明らかで意識的な仕方で「容認している」と十分言えるであろう。もっとも、その場合でも臣民と公機関が果たすべき役割は異なっているし、この基準によって確認される法のルールに対する関係も異なっているであろうが。単純な社会では考えられるとしても、このような状況が複雑な現代の国家において、常にあるいは通常存在すると言うならば、それは擬制による強弁としか言えないだろう。ここでは、一般の人々のかなりの部分、たぶんその大多数が法の構造や法の妥当性の基準について一般的な考え方を何らもっていないのがその実状であることはたしかである。人が法に服従する場合、彼はそれが「法」であるということだけしか知らないのである。彼はさまざまな理由で法に従うのであって、そうすることが彼にとって最良だろうという理解が（常にではないが、しばしば）その理由の一つになるだろう。彼は従わなかった場合に一般にどういう結果が生じるか、つまり法を破ったという理由で、ある公機関は彼を逮捕し、またある公機関は彼を裁判にかけ刑務所に送るということを知っているだろう。体系の妥当性の基準によって妥当している法が多くの人々によって服従されているかぎり、たしかにこのことだけで、ある法体系が存在することを証明するために必要な証拠のすべてになっている。

しかし、法体系が第一次的ルールと第二次的ルールとの複雑な結合であるというまさにその理由から、この証拠だけでは、法体系が存在する場合に見られる法との関係の記述のために必要とされるすべてが尽くされるわけではないのである。その場合には、体系の公機関が彼ら自身にかかわる第二次的ルールに対してもっている重要な関係を記述することによって補う必要がある。ここで決定的なことは、体系の妥当性の基準を含む承認のルールを公機関が一致して、それぞれに容認することである。一般人の場合に不可欠な最小限のものを特徴づけるのに適当な一般的服従という単純な観念はまさにここで不適当になるのである。大切なのは、「服従」という言葉は第二次的ルールが裁判所や他の公機関によってルールとして尊重されるさいのその仕方を指示するためには普通には使われないという「言葉の上の」問題ではないし、またそれにはとどまらないのである。必要ならばわれわれは「守る」、「則る」、「合致する」といったいくぶん広義の表現を見つけることができるだろう。というのは、それらの表現では一般人が兵役に服するとき法との関係において彼らが行なうことと、裁判官が、議会における女王の制定するものは法であるということにもとづいて特定の制定法を裁判所において法として確認するときに彼らが行なうことが、ともに特徴づけられるようにみえるからである。しかしこれらの包括的な用語は、法体系と呼ばれる複雑な社会現象の存在に含まれている最低条件を理解しようとすれば、把握されるべき重要な相違をおおい隠すだけであろう。

立法者が自分に権能を与えているルールと一致して行なうことや、裁判所が容認された究極の承認のルールを適用するときに行なうことを「服従」という言葉で記述しようとするとき、どうして誤解を生るじのかというと、それはルール（あるいは命令）に従うということには従う人の側の考え、つまり自分の行なうことは彼自身にとっても他人にとってもそうするのが正しいという考えが必ずしも含まれている必要がないからである。彼は自分の行なうことがその社会集団の他の人々にとっての行動の基準を実現することであると考える必要はない。彼はルールに従った自分の行動を「正しい」、「適切だ」、「義務である」と考える必要はないのである。言いかえれば、彼の態度は社会的ルールが容認され、行為の諸類型が一般的基準として扱われるときに常に見られる批判的な性格をもつ必要がないのである。彼はルールをその適用を受けるすべての人に対する基準として容認する内的視点を彼らとともにもっているかもしれないが、そうする必要はないのである。その代わりに、彼はそのルールが刑罰の威嚇によって彼に行為を要求するものであるとしか考えていないかもしれない。彼は結果を恐れて、あるいは惰性からそのルールに服従するかもしれないのであって、そのとき彼は自分自身も他人もそうする責務があると考えていないのであり、また逸脱したからといって自分自身や他人を批判しようとはしないだろう。しかしルールに対するこのような単なる個人的な関与の仕方は、すべての一般人がルールに従うときに見られるものであるかもしれないが、それは裁判所を裁判所として活動させるルールに対する裁判所の態度を特徴づけることができないのである。このことは、他のルールの妥当性を評価する究極の承認のルールについて、もっとも明らかに当てはまる。究極の承認のルールがいやしくも存在するとすれば、それは内的視点から正しい判決の公的で共通な基準であるとみなされなければならないのであって、それぞれの裁判官が自分なりに従うにすぎないものであるとみなされてはならないのである。体系のそれぞれの裁判所は場合によっては、これらのルールから逸脱するかもしれないが、一般的には裁判所はそのような逸脱を基本的に公的であり共通のものである基準の違反として、批判的に関与しなければならない。これは単に法体系の効率ないし健全さの問題ではなく、論理的には単一の法体系があると言えるための必要条件である。単に何人かの裁判官が、議会における女王の制定するものが法であるということにかこつけて「自分のためにだけ」行動し、そしてこの承認のルールを尊重しない人々を批判しないならば、法体系の特徴ある統一性と継続性は失われるであろう。なぜならそれらはこの決定的な点において、法的妥当性の共通の基準の容認にもとづいているからである。裁判所の行動のこういった気まぐれさと、一般人が裁判所の矛盾した命令に出会ったときに結果として生じる混乱との間で、われわれはその状況をどのように記述するのかと迷うであろう。われわれは造化の戯れ *lusus naturae* に直面しているのであり、それはあまりに明白なのでしばしば注目されないものについてのわれわれの意識を鋭くするという理由だけからも考察に価するのである。

したがって、法体系の存在にとって必要で十分な二つの最低条件がある。一方において、その体系の妥当性の究極的基準に一致して妥当しているこれらの行動のルールは、一般的に従われていなければならない。他方において、法的妥当性の基準を明記する承認のルールおよび変更のルールと裁判のルールは、公機関の活動に関する共通の公的基準として公機関によって有効に容認されていなければならない。第一の条件は私人が満たす必要のある唯一のものであって、彼らはそれぞれ「自分なりに」服従しているだろうし、またその服従の動機はどのようなものでもよいということである。しかし健全な社会では、彼らは実際それらのルールをしばしば行動の共通な基準として受けいれ、またそれらのルールに従う責務を認め、あるいはこの責務をたどっていって、憲法を尊重するというさらに一般的な責務に至ることさえあるのである。第二の条件は、体系の公機関によって満たされなければならない。彼らはこれらのルールを公機関の行動に関する共通の基準とみなし、そしてそれぞれ自分自身や他人の逸脱を違反として批判的に評価しなければならない。もちろん、これらのルールのほかに、単なる個人的な資格における公機関に適用される多くの第一次的ルールがあることもたしかであり、彼らはそれらに従うだけでよいのである。

したがって、法体系が存在するという主張はヤーヌスの顔をもった陳述であって、それは二つの方向、つまり一般人による服従という方向と公機関が第二次的ルールを公機関の行動に関する批判的な共通の基準として容認しているという方向の両方に向いているのである。この二重性は驚くほどのものではない。そのような二重性は法体系の複合的特徴をあらわしているにすぎないのであって、それは、第一次的ルールだけからなり、そしてより単純で集中化されていない、法以前の形態の社会構造と比べてみれば明らかである。より単純な構造においては公機関がないのであるから、ルールはその集団の行動のための批判の基準を設けるものだとして広範に受けいれられていなければならない。そこにおいて、もし内的視点が広範には認められないとすれば、論理的にどのようなルールもありえないであろう。しかし法体系を考察するもっとも実りある方法であるとわれわれがのべた、第一次的ルールと第二次的ルールの結合があるところでは、ルールをその集団にとっての共通の基準として容認することは、一般人が自分なりにルールに従うことによってそのルールを黙って受けいれているという相対的に受動的な状態とは違ってくるだろう。極端な場合（「これが有効なルールだ」という）法的言語の特徴ある規範的使用を伴った内的視点は公機関の世界に限られるかもしれない。この一層複雑な体系においては、公機関だけが法の妥当性に関する体系の基準を容認し、用いるかもしれない。このような状態にある社会は悲惨にも羊の群のようなものであって、その羊は屠殺場で生涯を閉じることになるであろう。しかし、そのような社会が存在しえないと考えたり、それを法体系と呼ぶのを拒否する理由はほとんどないのである。

第三節　法体系の病理学

したがって法体系が存在する証拠は、社会生活の二つの異なった分野から引き出されなくてはならない。法体系が存在すると自信をもって言うことができる問題のない正常な場合とは、まさに二つの分野がそれぞれ法と典型的な形でかかわるさいに明らかに調和している場合である。おおざっぱに言えば、公機関の段階で妥当するとして承認されたルールが一般に従われているのである。しかし、ときには公機関の分野と私人の分野とが分離することがあるだろうが、それは、裁判所で用いられる妥当性の基準に従って妥当しているルールがもはや一般に従われなくなっているという意味においてである。どのようにさまざまな仕方でこれが生じるかは法体系の病理学に属するのである。というのは、それらは、法体系が存在するという事実についての外的陳述をするさいに参照される複雑で調和した習慣的活動の崩壊を示しているからなのである。ここでは、特定の体系内から法に関する内的陳述をするとき常に前提されていることが部分的に欠けている。そのような崩壊はさまざまな攪乱要素の産物である。支配しようとする敵対的要求が集団内から出される「革命」はその一つの場合にすぎない。そしてこれは常に現行体系のいくつかの法の違反を含んでいるが、それは新しい憲法や法体系をもたらすのではなく、法的な権威なしに新しい一組の個人を公機関として取りかえるだけである。外敵の占領はもう一つの場合であっても、そこでは現行体系の下において権威をもたないのに、これに対抗して統治しようという要求が外部からやってくるのである。さらにもう一つの場合とは、統治への政治的要求のない無政府状態や山賊行為があるときに、秩序ある法の統制が崩壊するのである。

こういった場合のそれぞれに中間的な段階があり、そこでは裁判所が、領域内あるいは亡命先で活動し、かつてしっかりと確立された旧体系の法的妥当性の基準を依然として使用しているのである。しかし、そういった秩序は領域内では実際に通用していない。そのような場合に、どの段階で法体系が最終的に存在しなくなったと言うのが正しいかは正確に決定できない事柄である。たしかに、復興の見込みがかなりあったり、現体系の攪乱がまだ帰趨の決らない全般的な戦争のなかの事件であるときには、現体系が存在しなくなったという主張は不適当であって、是認されないだろう。なぜかといえば、法体系が存在するという陳述は中断を許容できるほど十分に広く、一般的な種類のものだからである。それは短期間に起きたことで証明されたり反証されたりはしないのである。

もちろん、そのような中断の後で裁判所と人々との正常な関係が回復したときに困難な問題が生じるかもしれない。占領軍が排除されたり、反乱政府が敗北すると政府が亡命先から戻ってくる。そうすると中断の時期に領域内では何が「法」であり、何が「法」でなかったかについて問題が生じる。ここでもっとも重要なことは、この問題が事実の問題ではないと理解することである。もし事実の問題であるならば、その問題は、中断が非常に長びきそして徹底していたためにその状況を、もとの体系が存在しなくなり亡命先からの復帰のさいに古い体系と同じような新しい体系が定立されたと記述しなければならないかどうか、をたずねることによって解決する必要があるだろう。そうではなくて、その問題は国際法の問題として生じるか、あるいはそれは復興以来通用している法体系そのものの内部における法の問題としていくぶん逆説的に生じてくるだろう。後者の場合、復興した体系はそれが継続的にその領域の法であった（もっと率直に言うなら、法であったと「みなされる」）と宣言する遡及的な法を含んでいたと言ってもよいだろう。中断が非常に長いので、もしその問題が事実の問題として扱われていた場合に到達していたであろうと思われる結論と、そのような宣言とがまったく矛盾するように見えるとしても、このことは行なわれるかもしれない。そのような場合に、中断の間に生じた事件や取引に対して裁判所の適用すべき法を定める復興した体系のルールとして、その宣言が有効であってはならないという理由はないのである。

法体系において何がそれ自体の過去、現在、未来の存在の諸側面としてみなされるべきかに関する法の陳述は、外的視点から法体系の存在についてなされる事実の陳述と競合するものであると考えるならば、そこには矛盾しかないのである。現行体系の規定であって、その現行体系がどれだけの期間存在したと考えるべきかに関する規定の法的地位は、自分自身に言及するという明らかな混乱を別にすれば、ある体系が依然として他国で存在していると宣言する一つの体系の法と何ら異なるところがないのである。もっとも、後者は実際的な効果をそれほどもたないであろう。

ソヴィエト連邦の領域に存在する法体系が実際に、帝制ロシアの法体系でないことはまったく明らかな事実である。しかしイギリス議会の制定法が、帝制ロシアの法は依然としてロシアの領域の法であると宣言すれば、このことはソヴィエト連邦に関するイギリス法の一部としてたしかに意味をもち、法的効果をもつだろうが、前の文に含まれた、事実に関する陳述が真実であることにはどのような影響も与えないでいるだろう。その制定法の効力と意味はイギリスの裁判所において、それゆえイギリスにおいてロシアとかかわりのある事件に適用されるべき法を決定するだけであろう。

今のべた状況と逆の状況は、新しい法体系が古い体系の胎内から、ときには帝王切開によってのみあらわれてくる興味深い過渡期において見られる。イギリス連邦の最近の歴史は法体系の発生学のこの側面に関するすばらしい研究分野である。この発達を図式的に、そして簡単にまとめれば次のとおりである。最初の時期には植民地があり、それはその地方の立法府、司法府、行政府をもっている。この憲法構造はイギリス王国議会の制定法によってつくりあげられており、王国議会は植民地に対して立法する完全な法的権能を留保している。その権能には、その地方の法を修正、廃止できる権限および植民地の憲法に関するものも含めた、議会自身のどのような制定法をも修正、廃止できる権限が含まれている。この段階では、その植民地の法体系は議会における女王の立法するものが（とくに）植民地にとって法であるという究極の承認のルールによって特徴づけられる、より広大な法体系の従属的部分であることは明らかである。発達の最後の時期には究極の承認のルールが変わったことがわかる。というのはウエストミンスターの議会の、かつての植民地に対して立法する法的権限がもはや植民地の裁判所で認められていないからである。かつての植民地の憲法構造の多くがウエストミンスターの議会のもとの制定法のなかに見い出されるのはなお真実であるが、このことは現在では歴史上の真実にすぎないのである。なぜならそれは、その領域内における現在の法的地位をもはやウエストミンスターの議会の権威に負っていないからである。かつての植民地の法体系は今や「地方的な基盤」をもっており、その基盤は、法的妥当性の究極的基準を特定する承認のルールがもはや他の領域の立法府の法律に準拠していないところにある。その新しいルールはただ次のような事実に依拠している。すなわち、一般に従われているルールをもつ地方の体系の司法的なあるいはその他の公機関の活動のなかで、そのようなルールとして新しいルールが受けいれられ使用されているという事実にである。したがって、地方の立法府の構成とその立法の様式、そしてその構造は依然としてもとの憲法に規定されたとおりであるかもしれないが、その制定法は今では、それがウエストミンスターの議会の有効な制定法によって認められた権限の行使であるという理由で妥当するのではなく、その地方で受けいれられた承認のルールのもとでは、その立法府による立法ということが妥当性の究極の基準であるという理由で妥当するのである。

この発達はいろいろな仕方で行なわれるだろう。母体となった立法府が植民地の同意がある場合以外はそれに対して形式上の立法的権威を事実上けっして行使しなくなるような時期が終わると、その立法府はかつての植民地に対する立法権を放棄して最終的に退場するかもしれない。ここではイギリス王国の裁判所が、ウエストミンスターの議会に対して議会自身の権能をこのように完全になくしてしまう法的権限を認めるかどうかという理論上の疑問があることに注意しておくべきである。他方、分離は暴力によってのみ達成されるかもしれない。しかしどちらの場合にせよ、この発達が終わると二つの独立した法体系があることになる。これは事実の陳述であり、法体系の存在に関する陳述だという理由があるとしても、なお事実的なのである。その主要な根拠は、かつての植民地において現在容認され用いられている究極の承認のルールは妥当性の諸基準のなかに、もはや他の領域の立法府への準拠を何ら含んでいないということである。

しかし事実上植民地の法体系が今や母体から独立しているにもかかわらず、母体となった体系がこの事実を認めないこともありうるのであって、それについてはイギリス連邦の歴史がまた興味ある例を与えているのである。ウエストミンスターの議会が植民地に対する立法権を留保しているとか、それを法的に回復できるということは依然としてイギリス法の一部なのである。そしてもしイギリスの国内裁判所にウエストミンスターの制定法と地方の立法府の制定法とが衝突しているような事件が提出されたならば、裁判所はその問題についてこの見解を有効とするだろう。この場合イギリス法の諸命題は事実と矛盾するようにみえる。植民地の法はイギリスの裁判所においてはありのままに、つまりそれ自身の地方的な究極の承認のルールをもった独立の法体系としては認められていないのである。イギリス法上は一つの法体系しかないと言われているが、実際には二つの法体系があるだろう。しかし一方の主張は事実に関する陳述であり、他方は（イギリス）法の命題であるというまさにその理由から、この二つのものは論理的に矛盾しないのである。この立場を明らかにするために、望むなら、われわれは事実に関するその陳述は真でありイギリス法のその命題は「イギリス法のなかで正しい」と言うことができる。二つの独立した法体系が存在するという事実の主張（あるいは否定）と法体系の存在についての法の命題とを同じように区別することは、国際公法と国内法との関係を考える場合に心に留めておく必要がある。いくつかの非常に奇妙な理論がわずかばかりもっともらしいとしても、それはこの区別を無視しているからである。

法体系の病理学と発生学に関するこのおおざっぱな研究を完全なものにするために、正常な諸条件が部分的に欠けている別の形態に注意すべきである。法体系が存在すると文字どおりに言われる場合には、そういった正常な諸条件の整っていることが主張されているのである。法体系の内部で法に関する内的陳述がなされるとき、普通は公機関の間には統一性があることが前提になっているが、その統一性が部分的に崩壊するかもしれない。それは一定の憲法問題について、そしてそれらについてのみ公機関の世界の内部で意見の分裂があり、それが究極的には司法府内の意見の分裂につながるというものであろう。法を確認するさいに用いられる究極の基準に関するそのような分裂の始まりは一九五二年の南アフリカの憲法紛争に見られるが、それはハリス対デンゲス *Harris v. Dönges* 事件(1)において裁判所に提出された。本件では、立法府はその法的な権能と権限について裁判所のとった見解と異なった見解に立って行動し、法を制定したが、その法は裁判所によって無効であると宣言された。これに対して立法府は特別上告「裁判所」を創設したが、それは立法府の法律を無効にした通常裁判所の判決に対する上告を審理するためのものであった。やがてこの裁判所はそのような上告を審理し、通常裁判所の判決を覆した。今度は、通常裁判所は立法府が特別裁判所を創設したことは無効であり、その判決は効力をもたないと宣言した。もしこのやりとりが終わっていなかったとしたら（実際には無理押しするこのやり方を続けることは賢明でないと政府が気づいたのだが）、われわれは立法府の権限に関する二つの見解、それゆえ有効な法の基準についての二つの見解の間で果てしなく動揺していたことであろう。公機関、とくに司法府の調和という正常な条件のもとでのみ、その体系の承認のルールが確認されるのだが、その条件はあやふやになっていたことであろう。しかしこの憲法問題に関係しない非常に多くの法的活動は今までどおりに行なわれていくだろう。人々が分裂し、「法と秩序」が崩壊してしまうまでに、もとの法体系が存在しなくなったと言うなら、それは誤解を招くことになるだろう。というのは「同一の法体系」という表現は非常に広いものであり弾力的であるので、法的妥当性のもとの基準すべてについて公機関が統一的に合意していることが、法体系が「同一」のままであるための必要条件であると認めることはできないからである。われわれのできることは、すでにしたようにその状況を記述し、そしてそれを法体系が崩壊するおそれを内部に含んだ標準的でなく異常な事例として注目することだけであろう。

（1）〔1952〕I T. L. R. 1245.〔訳注　本文およびこの注は一九五四年の事件と表記しているが、一九五二年が正しいので、そのように訂正しておいた。〕

この最後の事例によってわれわれはより広い話題との境に来ている。その話題をわれわれは、法体系の究極の妥当基準に関する高度に憲法的な問題と「通常の」法との双方に関連させて次章で論議する。すべてのルールは個々の事件を一般的用語の例として認識し、分類することにかかわっているが、われわれがルールと呼んでよいようなものすべてに関して、そのルールがたしかに当てはまる明瞭で中心的な諸事例と、そのルールが当てはまるとも当てはまらないとも言える理由のある他の諸事例とを区別することができる。われわれが個々の状況を一般的ルールのもとに入れようとするとき、確実な核心 core of certainty と疑わしい半影 penumbra of doubt という二重性を排除することのできるものは何もないのである。このことによってすべてのルールは「曖昧な周縁」a fringe of vagueness あるいは「開かれた構造」'open texture' を与えられるのであり、また法を確認するさいに用いられる究極の基準を示している承認のルールは個々の制定法と同じように影響を受けるであろう。法のこの側面はルールによって法の概念を解明しようとするいかなる試みも誤解に導かざるをえないことを示しているのだ、としばしば言われているのである。このような状況が実際にあるところでルールの観点からの法の解明を強く主張すれば、「概念主義」や「形式主義」という汚名をしばしば着せられるのである。次にこの嫌疑を吟味することにしよう。

第七章　形式主義とルール懐疑主義

第一節　法の開かれた構造

いかなる大規模な集団においても、社会統制の主な手段は、各個人に対してばらばらに与えられた個々の指令ではなくて、一般的なルール、基準および原則でなければならない。多くの人々が、一定の事態に対して、格別の指令がなくても一定の行動をとるよう要求されていると理解できるような一般的な行動基準を伝達することが不可能であれば、われわれが現在、法として認めているものはどれも存在することはできないだろう。したがって法は、もっぱらというのではないが、主としてさまざまな部類の人々やさまざまな部類の行為、事物、状況に言及しなければならない。法が社会生活の広大な領域にわたってうまく働くかどうかは、個々の行為、事物、状況を、法による一般的分類の事例として認識する能力が広くゆきわたっているかどうかにかかっている。

このような一般的な行動基準を、適用の対象となるべき事件が次々と生じる前に伝達するため、一見してたいへん異なる二つの主要な工夫が使われてきた。一方は、一般的な分類用語を最大限に使用するが、他方はこれを最小限にしか使わない。前者はわれわれが立法と呼ぶものにより代表され、後者は先例と呼ぶものにより代表される。これらがもっている顕著な特色は、以下の単純な、法的でない事例において見ることができる。ある父親は息子に対して、教会へ行く前に、「男は大人も子供もみんな、教会へ入るときには脱帽しなければならない」と言い、他の父親は、教会へ入るときに脱帽しながら、「見なさい。これがこのような場合に振舞う正しい方法なのだ」と言う。

実例を示して行動の基準を伝達したり、教えたりする場合には、上記の単純な事例よりも、はるかに手のこんださまざまな形態がある。もし、父親が教会へ入るさいになしたことを、子供はなすべき正しい実例として尊重するよう個々の場合に教えられているのではなく、子供は父親を適切な態度についての権威として尊重し、振舞い方を習うために父親を注目しているのだと父親が考えたとすれば、上記の事例は先例の法的使用にもっとよく似ることになる。先例の法的使用に一層近づくためには、その父親は伝統的な行動の基準に賛成しており、決して新しいものを導入しているのではないと、彼自身ばかりでなく、他の人々によって考えられていると想定しなければならない。

実例による伝達のあらゆる形態は、「私がするようにしなさい」というふうに、いくつかの一般的な言葉による指令を伴うとしても、伝達しようとしている人が自分では明確に考えていた事柄についてさえ、何が意図されているかといろいろ言われる可能性のしたがって疑いの開かれた領域を残すかもしれない。どれだけの行為を見習わなければならないのか。脱帽するのに右手ではなく、左手を使ったら問題となるのか。ゆっくりとまたはすばやく行なわれた場合はどうか。帽子を座席の下におくことはどうか。教会内では、脱いだ帽子をもう一度かぶらないということはどうなのか。これらはすべて、子供が自分にたずねたかもしれない、「私の行為が、どういう方法で彼の行動に似れば、正しいことになるのか」、「親の行動に関して、正確にどれが私の指針となるものなのか」という一般的疑問の変形である。子供は実例を理解するさいに、その側面のあるものに対して他よりも注意を払う。そうすることにおいて、子供の指針となるのは、大人が重要と考える一般的な種類の事物と目的に関する常識であり、そして（教会へ行くというような）事例の一般的性格とそれに適する種類の行動についての自己の評価である。

実例のもつ不確定さと対照的に、（「男はすべて、教会へ入るときには脱帽しなければならない」というような）明瞭な一般的言語形式による一般的基準の伝達は、明白で信頼でき、たしかなように思われる。行動の一般的指針とされるべき特徴が、ここでは言葉により確認されるのであって、それらは具体的事例のなかに他の特徴と一緒に埋められたままになっているのではなく、言葉の形で抽出されているのである。別の場合はどうしたらよいかを知るのに、子供は、何が意図されているか、何が是認されるだろうかを、もはや推測する必要がないのである。つまり彼には、彼の行動が正当であるためには、どうすれば手本に似るかという方法について考慮する余地が残されていない。その代わりに、言葉による記述があるのだから、彼はそれを用いて将来何をしなければならないか、またいつしなければならないかを見分けることができる。彼は明白な用語の実例を認識して、個々の諸事実を一般的分類項目に「包摂し」、単純な三段論法の結論を引き出すだけでよい。彼は自己の危険において選択するか、さらに権威ある指針を求めるかという択一に直面しているのではない。彼は自分で自分に適用できるルールをもっているのである。

今世紀の法理学の多くが関心事としたのは、権威ある実例（先例）による伝達の不確実さと、権威ある一般的な言語（立法）による伝達の確実性との間の差が、この単純な対比で言われているほどには確固としたものでないという重要な事実を、徐々に知る（ときには誇張する）ということであった。言葉で定式化された一般的ルールが用いられるときでさえ、そこで要求される行動様式について不確実さが個々の具体的事件であらわれることがあるかもしれない。個々の事実状態は、すでに他と相互に区別されたものとして、しかも適用問題が生じるかもしれない一般的ルールの事例として分類されたものとして、われわれを待ってくれるものではないし、ルール自体が自己の事例をすすんで主張できるものでもない。ルールだけでなく経験のあらゆる領域において、一般的な言語が提供できる指針には、言語の性質に固有な制限が存在する。たしかに、（「もし何かを乗物というなら、自動車は乗物であるというように」）一般的表現が明らかに適用されうるような、類似の前後関係においてたえず繰り返し生じる明瞭な事例 plain cases もあるだろうが、（「ここでいう『乗物』は、自転車、飛行機、ローラースケートを含むか」というように）一般的表現が適用されるかどうか明らかでない事例もあるだろう。後者は、自然や人類の創意からたえずつくり出される事実状態であって、明瞭な事例の特徴のいくつかだけしかそなえていないが、それにない他の特徴をもっている。「解釈」の基準は、これらの不確実さを減少することはできても、これを除去することはできない。というのは、これらの基準自体が、言語の使用に関する一般的ルールであり、それ自体の解釈を必要とするような一般的な用語を使っているからである。それらの基準も、他のルールと同様に、自己自身の解釈を定めることはできない。一般的な用語が何らの解釈も必要とせず、事案がその下に入ることが何の問題もなく、または「自動的」であるように考えられる明瞭な事例は、類似の前後関係でたえず生じるよく知られた事例に限られるのであって、そこでは分類用語が適用されることの判断について一般的合意が成りたっているのである。

一般的用語は、このようによく知られた、一般的に議論の余地のない事例が存在しなければ、伝達の手段として役立たない。しかしよく知られた事例とはいっても、その変った場合については、やはりいかなる時点においても、われわれの語彙の一部となっている一般的用語の下で分類をすることが必要である。ここには、伝達のさいの危険に似た何かが含まれる。われわれがそこで一般的用語を使用することには賛否両方の理由があり、確固たる取り決めや一般的合意も何ら、一般的用語の分類にかかわった人に対し、それを用いよとも用いるなとも指示していないのである。このような場合に、疑問を解決しようとする人は誰でも、開かれた選択肢の間の択一のようなことを行なわなければならない。

この点で、ルールを表現する権威ある一般的言語も、権威ある実例の場合とほとんど同じように不確かな方法でしか指針となることができない。ルールの文言によって、われわれは容易にそれとわかる事例を簡単に識別することができるだろうという意見は、この点でくずれてしまう。包摂して、三段論法上の結論を引き出すことは、もはや、どうすることが正しいのかを決する推論の中枢たる特徴でなくなっている。そうではなくて、今やルールの文言は、明瞭な事例により構成される権威ある事例を設けているだけであると思われる。ルールの文言は、注目すべき特徴を、先例よりはもっと永久的に、厳密に限定するだろうが、先例とほとんど同じ方法で使われるかもしれない。公園で乗物の使用を禁じるルールが、それほど確定していないような複合的状況に適用されるかどうかの問題に直面した場合、その解答を求められた人ができることは、(先例を利用する人がなすように)当該事例が「重要な」点において明瞭な事例に「十分」似ているかどうかを考慮するだけである。このように、言語が彼に残している裁量の余地は、たいへん広いことがあるかもしれない。その結果、もし彼がこのようなルールを適用するとしたら、その結論は独断的または不合理ではないとしても、要するに一つの選択なのである。彼が一連の事例に新しい事例を加えるよう選択するのは、法的に重要で、また十分に近似していると合理的に弁護できるような類似性があるからである。法的ルールの場合、類似の重要性と厳密性の基準は、その法体系を貫ぬく多くの複雑な諸要素、および当該ルールがもっていると考えられる意図や目的に依拠している。これらの特徴を明らかにすることは、法的推論に特有なまたは固有の一切を特徴づけることになろう。

行動の基準を伝達する手段として、先例または立法のいずれが選ばれるにせよ、それらは、大多数の通常の事例については円滑に作用したとしても、その適用が疑問となるような点では不確定であることがわかるだろう。それらには開かれた構造 an *open texture* と呼ばれてきたものがあるだろう。われわれは今まで、これを立法の場合につき、人間の言葉の一般的特徴としてのべてきた。つまり、境界線上の不確定さというものは、事実問題に関してどんな伝達の形態をとったとしても、一般的分類用語を使用するかぎり支払わなければならない代償なのである。英語のような自然言語がこのように使われるとき、開かれた構造になることは避けられない。しかし、このように伝達は開かれた構造という特色をもった言語に実際は依存しているが、それを別にしても、われわれは、特定の事例に適用されるかどうかの問題が常に事前に解決されており、実際の適用にあたって、開かれた選択肢からの新たな選択を決して含まないような詳細なルールの概念を、なぜ理想としてさえ抱くべきでないかという理由を認識することが重要である。その理由を簡単に言えば、われわれが神ではなくて人間だから、このような選択の必要性を負わされているのである。個々の場合について、公機関による格別の指令を待たずに使えるような一般的基準により、明白にそして事前に何らかの行動領域を規律しようとするときはいつでも、関連する二つの困難の下で苦労することが、人間の（したがって立法の）置かれた状況の特色である。第一の困難は、事実についてわれわれが相対的に無知であること、第二はわれわれの目的が相対的に不確定であることにある。もしわれわれの住んでいる世界の特徴が限られており、しかもそれらがそのすべての結合の方法を含めてわれわれに知られているとしたら、あらゆる可能性に対して事前にそなえることができるだろう。個々のケースへの適用につき、格別の選択をなす必要がないようなルールを作ることもできるだろうし、あらゆることを知ることができ、その結果あらゆることに対しルールが事前にあることをし、また特に定めておくこともできるだろう。これが「機械的」法学 'mechanical' jurisprudence に適した世界であろう。

われわれの世界がこうでないことは明らかであり、人間たる立法者は将来生じるかもしれないあらゆる可能な複合的状況を知りつくすことはできない。こうした予知の不可能性から、目的について相対的な不確定性がもたらされることになる。われわれがあえて何らかの一般的な行為のルール（たとえば公園内に乗り物を乗入れるべからずというルール）を作成するとき、この文脈で使われる文言は、いかなる事柄も、その範囲内に入ろうとするかぎり満たさなくてはならない必要条件を確定しており、その範囲内にあることが確かであるような事柄のある明瞭な事例が、われわれの心に浮んでくるだろう。それらは範例であり、明白な事例（自動車、バス、オートバイ）なのであって、われわれの立法目的はすでにある選択をなしているので、そのかぎりで確定されているのである。公園内での平和と静けさは、これらの乗物を排除するという犠牲を払ってでも維持されるべきだという問題を、われわれははじめに解決しておいた。他方われわれは、公園での平和という一般的目的を、はじめには考えなかったか、おそらくは考えることができなかった事例（電気で動くおもちゃの自動車）に関連させるまでは、われわれの目的はこの面で確定されていない。われわれは考えたことのない事件が生じたとき、そこで起きるかもしれない問題を、予知しなかったので、それを解決していない。つまり、その問題というのは、公園内のある程度の平和が、これらのものを使って楽しみ喜ぶ子供達との関係で、犠牲にされるべきか、それとも守られるべきかということである。考えたことのない事件が生じるとき、われわれは問題となっている論点に直面するのであって、そのさいもっともよく満足できる方法で、これらの競合する利益間の選択をなすことにより問題を解決することができる。そうすれば、はじめの目的をより確定したものとしているであろうし、ある一般的な言葉がこのルールの目的にとってもつ意味についての問題を付随的に解決しているであろう。

さまざまな法体系において、あるいは同一法体系でも時点が違う場合には、一般的ルールを個々の事例に適用するさい、格別の選択をすることの必要性は、無視されたり、多少ともはっきりと承認されたりすることがありうる。形式主義 formalism または概念主義 conceptualism として法理論に知られている欠点は、言葉で定式化されたルールに対してとる態度に見られるのであって、その態度は一般的ルールがひとたび設定されるときは、このような選択の必要性をおおい隠し、また最小限にとどめようとするものである。この一つのやり方は、ルールの意味を凍結して、その一般的用語が、適用問題を生じるすべての場合に、同一の意味をもたねばならないとすることである。このことのためには、明瞭な事例に存在するある特徴に注目して、これらの特徴が、その特徴をもっているすべての事柄をルールの範囲内に入れるための、必要で十分な条件であると主張すればよいのであって、そのさいその特徴をもっているすべての事柄が他の特徴をもつかどうか、またこのようにルールを適用することの社会的結果がどうであるかは問うところではないのである。こうすることは、われわれの知らない構造をもった一連の未来の事例について、どう扱ってよいかわからないまま予断するという犠牲を払って、ある程度の確実性または予測可能性を確保することになる。そうすることで、われわれは実際、論点が生じて確認されたときにだけ合理的に解決できるにすぎないものを、事前に、しかし、知らないままでも解決することに成功するだろう。このようなやり方で、われわれが合理的な社会的目的を実現するためには、除外したいと思うような事件や、もしそれ程厳密に定義していなかったとしたら、言語の開かれた構造をもった用語からすれば排除してもよいような事件を、あるルールの範囲内に包含せざるをえないようになるだろう。われわれが厳密に分類するということは、そのルールをもち、維持しようとする目的と、このように争うことになるだろう。

この過程のゆきつくところが法律家の「概念の天国」the jurists' 'heaven of concepts' である。これが達成されるのは、一般的用語が、一つのルールに関するすべての適用においてだけでなく、その法体系中のいかなるルールに用いられるときでも、同一の意味を与えられる場合である。そこでは、繰り返し生じるさまざまな事件で問題となっている論点の違いに照らして、その用語を解釈しようとするような努力は、まったく求められもしなければ、行なわれもしないのである。

事実、すべての体系は、次の二つの社会的必要の間でさまざまに妥協している。その一つは、私人が行為の広大な領域にわたって、公機関の格別の指導や社会的争点の熟慮によらないで、自己に確実に適用できる一定のルールの必要性であり、他の一つは、具体的な事件において発生したときにだけ、正当に評価し、解決することができるような争点を、熟達した公機関の選択によって事後的に解決されるよう開放しておくことの必要性である。ある時期のある法体系では、確実性のためにあまりにも多くのものが犠牲にされすぎたろうし、また制定法や先例の司法的解釈があまりに形式的であったから、社会的目的に照らして考察するときにだけ浮んでくるような類似と差異とに対応することができなかったのかもしれない。他の体系において、または同じ体系でも他の時期には、裁判所が先例のあまりに多くをたえず開かれたもの、または変更可能なものとしたり、また立法の文言が、開かれた構造をもつとはいえ、結局は課している制限に裁判所はほとんど敬意を払わなかったこともあると思われる。法理論はこの点で奇妙な歴史をもっている。というのは、それが法的ルールの不確定さを無視するか、誇張するかのいずれかの傾向をもっているからである。この両極間での振動を避けるためには、われわれはこういうことを考えねばならない。すなわち、この不確定さの根本となっている、人間が未来を予知する能力をもたないということは、行為の領域に応じてその程度が異なること、そして法体系はこの無能力に、これに相応するさまざまなやり方で対応しているということである。

　ときとして、法的規制を要する分野であるが、個々の事例の特徴が、社会的に重要ではあっても予測することができない点でひどく異なるために、そこでは公機関による格別の指令なしに、事件毎に適用されていく統一的ルールが立法府によって事前に有効に形成されえないという場合があるとはじめから認められていることがある。したがって、このような分野を規制するには、立法府は非常に一般的な基準を設定し、さまざまなタイプの事例に通じているルール制定の行政機関に対して、それぞれに特有の必要に適するルールをつくることを委任している。そこで立法府は、産業に対して一定の基準を守るように要求することがある。公正な料金だけを請求することとか、労働の安全体系を準備することなどがこれである。これらの漠然たる基準に違反したことが事後的にしか分からないという危険をおかして、さまざまな企業がその基準を自分なりに適用するようにしておくかわりに、行政機関が、特定の産業にとって「公正な料金」、「安全な方式」とは何であるかを規則によって決めるまでは、違反に対する制裁の発動を差し控えるのが最善であると考えられるかもしれない。このルール制定の機能は、特定の産業に関する諸事実についての司法上の調査に似た活動と、所定の規制方式に関する賛否両方の主張を聴聞するようなことがなされた後にだけ行使できるものであろう。

もちろん非常に一般的な基準についてさえ、これを満たしているか、満たしていないかということの明白で議論の余地のない事例もあるだろう。「公正な料金」とか、「安全な体系」であるとか、そうでないとかいうことの極端ないくつかの事例は、常にはじめから確証することができるだろう。このように、限りなく異なった一連の事件の一方の極では、料金が高すぎるために、企業家には莫大な利益を与えながら、公衆に対して生活上不可欠なサービスのために多大な犠牲を強いることになるだろうし、他方の極では、料金が低すぎて、その事業を経営しようとする意欲をなくさせることになるだろう。両者とも、方法は異なるが、料金の規制に関しておそらく考えられるあらゆる目的をくじくことになるだろう。しかしこれらは、一連の異なる諸要素の両極端であるにすぎず、実際にはほとんどありそうにもない。それらの間にこそ、注意を要する困難な現実の事件が存在するのである。重要な諸要素が予知できるような形で結合されていることはほとんどなく、このことが公正な料金や安全な体系というわれわれのはじめの目的を相対的に不確定にするのであって、公機関による格別の選択を必要とするのである。明らかにこれらの事例では、ルール制定権者が裁量を行なわなければならないのであって、さまざまな事件により提起される問題について、多くの対立する利益間の合理的な妥協としての答ではないような、あたかも二つとない程に正しい答があるかのように取り扱うことはできない。

これに似た第二のやり方が用いられるのは、規制を要する分野において画一的になされたり、差し控えられたりすべき部類の特定の行為を確認しそれらを単一のルールの対象にすることはできないが、一連の状況が非常に異なっていても、共通の経験という、よく知られた特徴を含む場合である。ここでは、何が「合理的」であるかについての一般の判断が、法に関して用いられる。このやり方は個人に対して、予知できないさまざまな形で生じる社会的諸要求を衡量して合理的に調整する仕事をまかせ、裁判所がそれを修正する。この場合人々は、公的に定義される以前から、変わりやすい基準に従うよう要求されているし、特定の行為または不作為に関して、彼らに要求されている基準が何なのかを、それに違反したときに裁判所から事後的にのみ学ぶことができる。このような事柄に関する裁判所の判決が先例とみなされる場合、この変わりやすい基準を特定するということは、行政機関が授権されているルール制定の権限を行使するのとくらべて、明白な差異もあるが、たいへん似たものである。

英米法におけるこのやり方のもっとも有名な例は、過失のケースで正当な注意という基準を使う場合である。他人の身体に害悪を加えるのを避けるため、合理的な注意を払わなかった者には、民事制裁や、またはそれよりまれには刑事制裁が科せられるだろう。しかし具体的な状況において、合理的または正当な注意とは何なのか。もちろん、正当な注意に関する典型的な例をあげることはできる。たとえば、ある程度の交通が予想されるところでは、止まる、見る、聞く stopping, looking, and listening というようなことをなすことである。しかし注意が必要な状況は非常にさまざまであること、今日では、「止まる、見る、聞く」ということに加えて、またはこれに代って、多くの他の行為が要求されることをわれわれは誰でもよく知っている。たしかに、これらのことだけでは十分でないかもしれないし、もし見ることが危険を回避する助けとならないならば、それらはまったく役に立たないかもしれない。合理的な注意という基準を適用するさいに努力すべき点は、(1)実質的な害悪を回避するような予防措置がなされるであろうこと、しかし、(2)そこでなされる適正な予防措置は、他の尊重すべき利益をあまり大きく犠牲にしないようなものであること、の二つを確保することとである。出血多量で死ぬかもしれない人を病院に運ぶような場合はもちろん別であるが、そうでないかぎり、止まる、見る、聞くということにより犠牲にされることはほとんどない。しかし、注意が必要な事例は限りなく多様であるから、害悪に対して予防措置がとられなくてはならない場合、どういう複合状況が生じるか、どういう利益が犠牲にされなくてはならないか、またその場合にどの範囲までであるかを、はじめから予見することはできない。それゆえ、個々の事件が発生する前に、害悪の危険を減少させるため、われわれはどのような利益や価値を犠牲にし、または譲歩しようとするかを、正確に考慮するのは不可能だということになる。さらにまた、われわれが人々を害悪から守るという目的をもっぱら経験上示されるであろう可能性と結びつけるか、またはその可能性に即してテストするまでは、この目的は不確定なのである。これがなされたときに、われわれはある決断をしなくてはならないし、この決断がなされればその範囲でわれわれの目的は確定的になるだろう。

これら二つのやり方を考慮すると、変りやすい基準ではなくて、ルールによって、つまり特定の行為を要求しており、単に周縁部について開かれた構造をもつルールによって、最初からうまく規制されているようなこれら広範な行為の領域の特徴を浮き彫りにすることができる。これらの広範な行為の領域を特徴づけている事実というのは、一定の明確な行為、事件または事態が、回避すべきまた実現すべき事柄としてわれわれにとって実際上重要であるから、われわれは随伴状況のためにそれらを別々に考えることはまずないということである。これのもっとも粗野な例は殺人である。人が他人を殺す状況はたいへんさまざまであるが、われわれは（「生命は尊重すべきだというような」）変りやすい基準を設けないで、殺人を禁止するルールをつくることができる。これは、生命を守ることの重要さに関するわれわれの評価にまさるように見え、あるいはそれを変えるように見える要素があらわれることはほとんどないからである。殺人ということは、いわばそれに付随する他の要素をほとんど常に支配するから、われわれが前もってこれを「殺人」としてルールで規定している場合には、相互に比較衡量するよう要求されている論点をでたらめに予断していることにはならない。普通は支配的要素になっているこの殺人にまさるような要素が、例外として存在することはもちろんである。正当防衛による殺人やその他の正当化できる殺人の形態がある。しかし、これらはあまり存在しないし、比較的単純な用語で確認することもできるから、一般的ルールへの例外として容認される。

容易に確認できるいくつかの行為、事件、事態がもっているこの支配的な地位は、ある意味では慣習または人為によるものであり、われわれ人間にとって「自然的」または「本来的な」重要さによるものでないということを指摘するのは重要である。道路に関するルールがいずれの側の通行を規定しようとかまわないし、（限度はあるが）譲渡証書の作成のためにどのような方式が定められようと、たいしたことではない。しかし容易に確認できる画一的な手続が存在すべきこと、したがって、これらの事柄についてははっきり適、不適のけじめがつけられるべきだという点は重要である。このことを法が規定したときには、それをしっかりと守ることの重要さはほとんど例外なしに最高のものである。というのは、付随的状況でこれに優越するものはほとんどないし、もしあってもそれらは例外として容易に確認でき、ルールに還元することができるからである。不動産に関するイギリス法は、この側面をたいへん明瞭に示している。

権威ある事例により一般的ルールを伝達することは、すでにのべたように、同時にもっと複雑な種類の不確定さをもたらす。判例を法的効力の基準として認めるといっても、体系が異なる場合や、同じ体系でも時期が異なるときは、その意味するところはさまざまである。イギリスの先例「理論」の記述は、いくつかの点でなおおいに争いのあるところである。事実、この理論で用いられる重要な用語である「判決理由」'*ratio decidendi*'、「重要事実」'material facts'、「解釈」'interpretation' さえも、それぞれ不確定さの半影 penumbra of uncertainty をもっている。われわれは何ら新しい一般的記述を提供しようとするのではなくて、制定法について試みたように、単に開かれた構造の分野と、そのなかでの創造的な司法活動を特徴づけることにする。

イギリスにおける先例の使用について正直に記述しようとすれば、次のようないくつかの対照的事実を考慮しなければならない。第一に、与えられた権威ある先例を典拠としてルールが成立することを決定する単一の方法がないことである。それにもかかわらず、判決された事件の大部分については、疑問の余地はほとんどなく、頭注は普通十分に正確である。第二に、事例から抽出されるべき何らかのルールを、権威的にまたはまったく正確に定式化するものがないことである。他方では、ある先例が以後の事件に対してもつ関係が問題となるとき、所与の定式が適切であるというたいへん一般的な合意が、しばしば存在している。第三に、先例から抽出されたルールが、いかに権威ある地位をもっていても、その拘束下にある裁判所が以下のような二種類の創造的または立法的活動をなすことと矛盾することはないことである。一方では、裁判所が以後の事件を判決するにさいし、先例から抽出されたルールを狭めることにより、また以前には考慮されなかったか、もし考慮されたとしても開かれたままで残されたような例外を容認することにより、先例におけるのとは反対の判決に到達することができる。以前の事件を現在の事件から「区別する」この方法は、両者の間に何か重要な差異があることの発見を含んでいるが、そのような種類の差異はあまり確定されえないのである。他方では、裁判所が先例に従うさいに、以前の事件から定式化されたルールのなかに見い出される制限は、制定法または先例によって確立されたいかなるルールによっても要求されていないことを理由にして、それを放棄することができる。それはそのルールを拡げることである。先例の拘束力によって、開かれたままに残されていたこれら二つの形の立法活動にもかかわらず、イギリスの先例法体系は、その使用によって一団のルールを生み出す結果となったのであり、その大部分は、重要度の違いはあっても、制定法のルールと同様に確定したものとなっている。事件の「本案」が、確立された先例の要件に反するように見える事例において、裁判所自身がしばしば宣言しているように、これらのルールは今や制定法によってしか変更することができない。

たしかに、法の開かれた構造は、裁判所や公機関による展開にゆだねられざるをえないような行為の領域の多くがあることを意味しており、そのさいそれらは各事件ごとに重要度の変る競合する利益を、状況に照らして衡量するのである。それにもかかわらず、法の生命は主として確定したルールにより、公機関および私人の両者を手引きすることにあるのであって、そこでは変りやすい基準を適用するのと違って、彼らが事件ごとに新しい判断をするよう要求されていない。社会生活に関するこの顕著な事実は、具体的な事件に、(成文であれ、先例により伝達されたものであれ)、何らかのルールを適用することに関して不確実さが生じるとしても、やはり真実であることに変りはない。このようなルールの境界線上では、また判例理論が開かれたままに残している分野では、裁判所は、行政機関が変りやすい基準を細密化することにおいて、中心的に果しているルール定立機能 a rule-producing function を果しているのである。先例拘束性の原則 *stare decisis* がしっかりと承認されている体系では、裁判所のこの機能は、行政機関が授権されたルール定立権を行使するのとたいへんよく似ている。イギリスでは、この事実はしばしば形式によって曖昧にされている。というのは、裁判所はしばしばいかなるこのような創造的機能をも否認しており、制定法を解釈し、先例を使用する本当の仕事は、それぞれ「立法府の意図」とすでに存在する法を探究することだと主張するからである。

第二節　ルール懐疑主義の多様性

われわれは法の開かれた構造をやや詳細に論じてきたが、それは正しい視野に立ってその特徴を見ることが重要だからである。これを公正に扱わないと、法の他の特徴を不明瞭にするような誇張を常に引き起こすだろう。あらゆる法体系においては、裁判所および他の公機関が裁量を用いて当初は漠然としていた基準を確定したものとしたり、制定法の不確実さを解決したり、権威ある先例がただおおまかに伝達したルールを発展させ、資格づけたりするように、広範で重要な分野が、開かれたまま残されている。それにもかかわらず、重要ではあるがあまり研究されていないこれらの活動があるからといって、活動の枠組と主たる成果とが、一般的ルールの一つなのであるという事実はおおい隠されてはならない。このルールは、個人が公機関の指示または裁量を格別求めることなしに、ケースごとにその適用をみずから知ることができるルールなのである。

ルールは法体系の構造のなかで中心的な位置を占めているという主張に対して、重大な疑いが投げかけられうることは奇妙に見えるかもしれない。しかし、「ルール懐疑主義」'rule-scepticism'、つまりルールについて語ることは法が単に裁判所の判決とそれの予言から成っているという真実をおおい隠す神話にすぎないという主張は、法律家の率直な心に強く訴えることができる。上の主張をまったく一般的な形でのべ第二次的ルールと第一次的ルールの両者をも含めていうならば、それは全然筋が通らないものである。というのは、裁判所の判決があると主張することと、いかなるルールも存在しないと主張することとは、必ずしも結びつかないからである。こうなる理由は、すでに考察したように、裁判所が存在する以上、次々と交代する個人に裁判権を与え、彼らのなす判決を権威あるものとする第二次的ルールの存在を、それは前提とするからである。人々が判決と判決の予測という概念を理解するが、ルールの概念を理解していないような社会では、権威ある判決の観念も、そしてそれとともに裁判所の観念も見られないだろう。そこでは、私人の決定と裁判所の判決とを区別するものは何もないだろう。われわれは裁判所に要求される権威ある裁判権の基礎としての、判決の予測可能性が欠けていることを、「習慣的服従」という観念で補足しようと試みるかもしれない。だがそうしたところで、この目的にとっては習慣という観念は、われわれが第四章で立法権を付与するルールの代用物として考えたときに明らかとなったすべての不適切さを、免がれないことがわかるだろう。

この理論のより穏和な考え方においては、もし裁判所が存在する以上、裁判所を構成する法的ルールがなければならず、したがってそのルール自体は、裁判所の判決の単なる予測ではありえないということが認められているかもしれない。だがこれを認めるだけでは、ほとんど前進がないのも事実である。なぜなら、制定法は裁判所によって適用されるまでは、法ではなく単に法源にすぎないというのが、このタイプの理論を特徴づけている主張であるが、このことは存在するルールこそは、裁判所を構成するために必要なものであるという主張と矛盾するからである。そこではまた、次々と交代する個人に対して、立法権を付与する第二次的ルールも存在しなければならない。というのは、その理論は制定法の存在を否定しないからである。それは事実、制定法を単なる法「源」として引用しているのであって、制定法が裁判所によって適用されるまでは法でないと主張しているにすぎないのである。

これらの異議は重要であるし、その理論の不注意な形に対してはよく当てはまるけれども、すべての形において妥当するわけではない。ルール懐疑主義は、司法権または立法権を付与する第二次的ルールの存在を否定するものとして決して意図されたのではなかったし、また第二次的ルールが判決または判決の予測にほかならないことは明らかだという主張に決してかかわっていなかったと言えるかもしれない。たしかにこの種の理論が、もっとも多く依拠してきた実例は、通常の個人に権利と義務または権能を付与する第一次的ルールから引き出されている。しかし、ルールが存在しないという主張と、ルールと呼ばれているものは単に裁判所の判決の予測であるにすぎないという主張が、このように限定されるべきだと考えたとしても、その主張が明らかに誤りであるような意味が少くとも一つはある。というのは、少くとも現代の国家における行動のいくつかの分野に関しては、われわれが内的視点と呼んでいる行動と態度のすべてを個人が示していることは疑いえないからである。法は個人の生活において単に習慣としてまたは裁判所の判決ないし他の公機関の行為を予測する根拠としてだけでなく、行動に関する受けいれられた法的基準として機能している。すなわち、個人は法が要求していることをかなり規則正しく行なっているだけでなく、法を行動の法的基準とみなすのであって、他人を批判し、要求を正当化するさいに、また他人からの批判と要求を認めるさいに法を参照する。法的ルールをこの規範的な方法で用いるさいに、彼らが裁判所やその他の公機関がその体系のルールに従って、ある規則正しい方法、それゆえに予測可能な方法で判決し、行動し続けるだろうと仮定していることは疑いない。だが、個人は裁判所の判決または制裁の考えられる範囲を記録し、予測するという外的視点だけをとるものでないことは、たしかに社会生活の観察されうる事実である。彼らは法を行動の指針としてともに受けいれていることを規範的用語でたえず表明している。われわれは第三章で、「責務」のような規範的用語は公機関の行動の予測以上の何ものでもないという主張について詳細に考察した。われわれが論じたように、もしこの主張が誤りであるならば、法的ルールは社会生活において法的ルールとして機能している。それらは、習慣の記述または予測としてではなくて、ルールとして用いられているのである。もちろん、それらは開かれた構造をもっているルールであり、構造が開かれている所では個人はただ裁判所がどう判決するだろうかを予測し、それに従って自己の行動を調整しうるだけである。

ルール懐疑主義はわれわれの注意をひくだけの重要な主張を含んでいるが、それはルールが判決においてどのように機能するかについての理論としてだけである。この形の懐疑主義は、われわれが指摘してきた異議のすべてを認めるとしても、裁判所に関するかぎり、開かれた構造の分野を限定するものは何もないという主義に帰着する。その結果、裁判官を彼らがそう考えているようにみずからルールに服するもの、または事件を判決するよう「拘束されている」ものとみなすことは、無意味ではないにしても誤っているということになる。裁判官は、他人が長期間にわたり、ルールとしての裁判所の判決に従って生活することができるような、十分予測できる規則性と画一性をもって行為するかもしれない。裁判官は、実際経験するように、判決するときに強制の感情を経験することがあるかもしれないし、これらの感情はまた予測できるかもしれない。しかしそれ以外には、裁判官が守るルールとして特徴づけられるようなものは何もない。そこには、裁判所が正しい司法的行動の基準として取り扱うものは何もないし、したがってその態度のなかには、ルールを受けいれることの特徴である内的視点を表明するものは何もないのである。

この形の理論は、重要度の異なるさまざまな考えから支持されている。ルール懐疑主義者は、ときには失望した絶対論者である。彼はルールというものが形式主義者の天国、すなわち人々が神のように事実のあらゆる可能な結合を予期できるので開かれた構造がルールの必然的特徴となっていないような世界で、見られるようなものではないことを発見していた。ルールが存在するというのはどういうことかについての懐疑主義者の考えは、このように到達しえない理想であるかもしれないし、ルールと呼ばれるものによってその理想が達成されないことを見い出すとき、彼はおよそルールが存在する、または存在しうるということを否定することにより、彼の失望を表明するのである。このように、事件を判決するさい、裁判官が拘束されているのだと主張するルールが、開かれた構造をもち、あらかじめことごとく明示されえない例外をもっているという事実、およびルールから逸脱しても裁判官に物理的制裁が加えられないだろうという事実が、しばしば懐疑主義の主張を確立するのに使われている。これらの事実は「ルールは裁判官がなすであろうことを予測する助けとなるかぎりで重要なのだ。おもちゃとしてみるならば別であるが、ルールの重要性はこれだけである」[1]ということを示すために強調される。

(1)　Llewellyn, *The Bramble Bush* (2nd edition), p. 9.

このように主張すれば、現実のあらゆる生活分野において、ルールが実際に意味していることを無視することになる。それはわれわれが、ディレンマに直面していることを示唆する。つまり「ルールとは、形式主義者の天国におけるようなものであって、それは足枷と同じように拘束するものであるか、またはいかなるルールも存在せず、あるのはただ予測できるような判決ないし行動の様式だけであるか」、というディレンマである。しかし、たしかにこれは誤ったディレンマである。われわれは、友人を翌日に訪問すると約束し、約束の当日になって、その約束を守れば重病人をなおざりにせざるをえないようななりゆきになったとする。このことは約束を守らないことの適当な理由として認められるにしても、そういう事実があるからといって、約束の順守を要求するルールが存在しないとか、ただ約束の順守にみられる一定の規則性が存在するだけだというようなことは、もちろん出てこないのである。このようなルールにはことごとく言いつくすことのできない例外があるとしても、この事実から、あらゆる場合に、われわれは自分で裁量できるのであって、約束を守るよう拘束されてはいないという結果は出てこないのである。「……でないかぎり」という言葉で終るルールも、依然としてルールなのである。

ときには、裁判所を拘束するルールの存在が否定されることがあるが、それは、一定の仕方で行動する人が、その行動により、彼にそうせよと要求するルールの容認を表明したのかどうかの問題が、当人が事前にか、または行為中にたどった思考過程に関する心理上の問題と混同されているためである。人がルールを拘束力あるものとして、また彼や他の人々によっても勝手に変更されえないものとしてこれを受けいれるとき、彼はルールが一定の状況において要求することをまったく直観的に理解し、そのルールとルールの要求をまず考えることなしに、そうすることはよく見られることである。われわれが、ルールに従ってチェスの駒を動かしたり、赤信号で停止するとき、われわれの行動はルールに一致しているとはいっても、しばしばその状況に対する直接の反応であって、ルールの観点からの考慮を経ていない。このような行動が、当該ルールの真の適用 genuine applications of the rule であるという証拠は、それらがある状況の下にあるということに見い出される。そのうちのいくつかは、個々の行為より先になされて、他がこれに追随しており、それらのいくつかのものは、一般的でしかも仮定的な用語でのみのべられるものである。行為するさいに、われわれがあるルールを適用したということを示すこれらの要素のうち、もっとも重要なものは、もしわれわれの行動が非難されたなら、そのルールを参照して正当化しようとすることである。われわれが真にこのルールを受けいれていることは、過去から引き続いてこれを一般的に承認し、またこれに一致しているということによってだけでなく、われわれが自分達や他人の逸脱を批判することによっても、表明されているのである。このような証拠やこれに類似する証拠にもとづいて、われわれはたしかに次のように結論できるだろう。すなわち、われわれがルールのことを「考えることなく」これに一致して行動する前に、どうすることが正しいのか、その理由は何であるかを答えるよう求められていたとしたら、正直であるかぎり、そのルールをもち出して答えたであろうということである。あるルールを真に順守する行動と、たまたまルールと一致したにすぎない行動とを区別するのに必要なものは、そのような状況のもとにわれわれの行為があるということなのであって、そのルールについてはっきりと考えて行動するということではない。大人のチェス・プレーヤーが受けいれられたルールへの一致という形でチェスの駒を動かすことと、赤子がチェスの駒を押して正しい場所へ移動させたにすぎない行為とを区別するのは、こんなふうにしてである。

こう言ったとしても、みせかけや「ごまかし」がありえないとか、それが成功しないこともあると言っているのではない。ある人が、後になってから自分はルールにもとづいて行動したのだというふりをしているかどうかのテストは、すべての経験的テストと同様に、本来誤りやすいものではあるが、しかし常にそうであるわけではない。ある社会では、裁判官がいつもまず直観的にまたは「勘により」決定に到達し、その後で法的ルールの目録から一つを選びだし、これこそ当該事件に似ているのだというふりをするにすぎないこともある。その場合、裁判官はその言動からすれば、選んだ法的ルールが彼らを拘束するものと考えているようなそぶりを何も示さないとしても、このルールこそは彼らの決定を命じているものだと彼らは考えていると主張することもあろう。いくらかの判決はこのようであるかもしれないが、大部分の判決の場合には次のようなことがたしかに明らかなのである。すなわちそれらの判決は、大部分はチェス・プレーヤーの指し手と同様に、それぞれ判決を導びく基準として意識的に採用したルールに一致しようとする真の努力によって得られるか、またはもし直観的に引き出されたとしても、その裁判官が以前から守ろうとしているルール、しかも当該事件にとっても重要であることが一般に認められているようなルールによって正当化されているのである。

最後ではあるが、もっとも興味ある形のルール懐疑主義は、法的ルールの開かれた性格や、多くの判決の直観的性格のいずれにも依拠するものではなくて、裁判所の判決が何か権威あるものとして、最高裁判所の場合には最終的なものとして、独自の地位をもっているという事実にもとづいている。この形の理論は次節で扱うが、グレイの「法の性質と法源」のなかでしばしば繰り返されているホードリー主教の有名な文章に示されている。「いや、あらゆる意図と目的からして立法者たる者は、成文化された、または語られた法を解釈する絶対的権威をもっている者であって、それを最初に書いたり、語ったりした者ではない。」

第三節　司法的決定の最終性と無謬性

最高裁判所は、何が法であるかを言明する最終決定権をもっており、それが言明されたときは、裁判所が「間違っている」と言ったところで、その体系のなかではいかなる効果ももたない。つまりそれにより誰の権利も義務も変更されることはないのである。その判決はもちろん立法により法的効果を奪われることがあるが、この方法をとらなければならないというその事実からして、法に関するかぎり、裁判所の判決が間違っていると言っても空しいものであるということが明らかになる。これらの諸事実を考えると、最高裁判所の判決については、その最終性と無謬性とを区別することはいかにもペダンティックであるように思われる。このことは、裁判所が判決するさいには常にルールにより拘束されていないということを別の形で主張することになる。すなわち、「法（または憲法）とは、裁判所がそれだと言うものである。」

この形の理論のもっとも興味深く、そして教訓的な特徴は、「法（または憲法）とは、裁判所がそれだと言うものである」という陳述のような曖昧さを利用していることと、法に関して公機関以外の陳述と、裁判所が行なう陳述との関係について、この理論が首尾一貫するためにはしなければならない説明の仕方とである。この曖昧さを理解するために、ゲームの場合との類似性に目を向けてみよう。多くの競技は、公式のスコアラーなしに行なわれている。競技者の関心が互いに競い合っているにもかかわらず、彼らはかなりうまく個々のケースに得点のルールを適用している。彼らの判断は普通一致するのであって、解決されないような対立はほとんどない。公式スコアラーの制度ができる以前は、競技者による得点の陳述は、彼が正直であれば、そのゲームで容認されている個々の得点のルールを参照することによりゲームの進行を評価しようとする努力をあらわしている。このような得点の陳述は、得点のルールを適用する内的陳述であって、これは一般に競技者がルールを守るだろうこと、もし違反すれば異議を唱えるだろうことを前提としているけれども、これらの諸事実に関する陳述ないし予測ではない。

慣習の体制から成熟した法の体系への変化と同様に、最終的な裁定権をもつスコアラーの制度を定める第二次的ルールをそのゲームに付加することは、その体系に新しい種類の内的陳述をもちこむのである。というのは、得点に関する競技者の陳述とは異なって、スコアラーの決定は、これを争うことができないような地位を第二次的ルールによって与えられるからである。この意味でたしかにゲームの目的にとって、「得点とはスコアラーがそれだと言うものである。」しかしここで注意しなければならないことは、得点のルールが以前のままであることであって、これを自己の最善をつくして適用することがスコアラーの義務なのである。「得点とはスコアラーがそれだと言うものである」ということが、スコアラーが自己の裁量で適用しようとするもの以外には、得点に関するルールは何もないということを意味するなら、それは誤りであろう。このようなルールをもったゲームが実際にあるかもしれないし、もしスコアラーの裁量がいくらかの規則性をもって行使されるなら、そのゲームをしてもある程度は楽しいかもしれない。だが、それは別のゲームになってしまう。われわれは、このようなゲームを「スコアラーの裁量」のゲームと呼ぶことができるだろう。

争点を早くしかも最終的に解決するという利点はスコアラーによってもたらされるが、それが高くつくことは明らかである。スコアラーの制度は、競技者をある苦境に直面させるかもしれない。つまり、そのゲームが得点のルールにより、以前と同様に規律されるべきだと望むことと、ルールを適用するについて疑問が生じたときに最終的な権威ある裁決を望むこととは、目的において矛盾することになるかもしれない。スコアラーは善意の誤りをおかしたり、酔払ったり、あるいは自己の能力の限りをつくして得点のルールを適用するという義務にわざと違反するかもしれない。これらの理由のどれかにより、打者が打ちもしないのに、彼は「得点」を記録するかもしれない。より上位の権威へ訴えることにより、彼の裁定を訂正するための規定が定められていることもある。しかし、これはどこか最終的な権威ある判断で結着をつけられねばならず、それも誤りがちな人間によってなされるだろうから、善意の誤り、乱ある。

用、違反という同じような危険を伴うだろう。あらゆるルール違反の訂正をルールによって規定することは不可能で

最終的な権威をもってルールを適用する権限を確立する場合、いかなる分野においてもそこに内在する危険はあらわれるだろう。これらがゲームというささいな分野であらわれてくる場合には、以下のことを特に明白な形で明らかにしているので、考慮する価値がある。すなわち、ルール懐疑論者が行なう推論のいくつかは、この形の権限が行使される場合にはいつでも、これの理解のために必要とされるある区別を無視しているということである。公式のスコアラーがおかれ、彼のなす得点の決定が最終的なものとされるときは、競技者やその他の公機関でない人々が得点についてのべたところで、そのゲームのなかでは何らの地位ももつものではない。それらはゲームの結果と無関係なのである。もしそれらがたまたまスコアラーの陳述と一致すれば、それはそれで結構であるが、もし一致しなければ、結果を計算するときに無視されるにちがいない。しかし、これらのたいへん明白な事実は、もしその競技者の陳述がスコアラーの裁決の予測として分類されるとしたら、ゆがめられたものとなるだろうし、また彼らの陳述がスコアラーの裁決と矛盾するときに無視されるということの説明として、彼らの陳述は裁決の予測であったが間違っていたことがわかったと言うなら、それは馬鹿げている。公式のスコアラーがおかれた後に、得点に関して競技者がみずから陳述する場合、彼は以前になしていたように得点のルールを参照しながら、最善をつくしてゲームの進行を評価しているのである。これはまたスコアラー自身も彼の義務を果たすかぎり、行なっていることなのである。両者の差異は、スコアラーが言うであろうことを、競技者が予測しているということではなくて、競技者のなす声明は得点のルールの非公式な適用であり、したがって結果を計算するのに何らの重要性もないが、スコアラーの陳述は権威がありしかも最終的である、ということにある。もしそのゲームが、「スコアラーの裁量」によってなされたなら、非公式の陳述と公式の陳述との関係は必然的に上の場合と異なったものになるということに注意しなければならない。その競技者の陳述は、スコアラーの裁決の予測であるだろうというだけでなく、それ以外の何ものでもありえないのである。というのは、その場合には「得点とはスコアラーがそれだと言うものである」ということ自体が得点のルールになっ

ているからである。そこでは、競技者のなした陳述は、スコアラーが公式に行なうことの非公式な言い換えにすぎないという可能性はないのである。そこでは、スコアラーのなす裁決は最終的で、誤ることのないものとなる。むしろ、それらが誤りをおかしうるのかどうかという問題は無意味となる。というのは、彼について「正しい」とか「誤まっている」とかいうようなことは何もないからである。だが普通のゲームでは「得点とはスコアラーがそれだと言うものである」ということは、得点のルールではないのであって、それは個々のケースに得点のルールを適用する場合の権限と最終性を定めたルールなのである。

この権威的な決定という例から学ぶべき第二の教訓は、一層基本的な事柄にかかわっている。得点のルールには他のルールと同様に、スコアラーが選択を行なわなければならない開かれた構造の領域があるにもかかわらず、確定された意味をもった核があるというだけの理由で、普通のゲームと「スコアラーの裁量」のゲームとを区別することができる。スコアラーが離れることができないのはこの核であり、そしてそのかぎりで、競技者が得点に関する公式の陳述をなす場合に、またスコアラーが公式の裁決をなす場合も、ともに得点の記録が正しいかどうかの基準となっている。スコアラーの裁決は、最終的ではあっても誤ることがないのではないという主張が、正しいと考えられるのはこのことによるのである。同じことが法についても当てはまる。

スコアラーのなしたいくらかの裁決が明らかに間違っていても、ある点まではゲームの継続の妨げにならない。それは明らかに正しい裁決と同じであるとみなされる。しかし間違った決定の容認が、ゲームの継続と両立できる範囲には限りがあって、このことは法においても非常に類似している。単発的なあるいは例外的な公式な間違いが容認されるという事実は、クリケットや野球がまだ行なわれているということを意味している。他方、これらの間違いがしばしばなされるか、あるいはスコアラーが得点のルールを拒否するならば、競技者がもはやスコアラーの間違った裁決を受けいれないような段階、または受けいれてもそのゲームは変ったものになってしまうような段階がくるにちがいない。それはもはや、クリケットや野球ではなくて、「スコアラーの裁量」である。というのは、これらのゲームの決定的な特徴は、一般に、ルールの開かれた構造がスコアラーにどれだけ自由な幅を残すにせよ、ルールの明白な意味が要求する方法でゲームの結果が評価されるべきだという点にあるからである。考えられるある状況では、行なわれているゲームがまったく「スコアラーの裁量」であると言うべきであるが、しかしすべてのゲームにおいてスコアラーの裁決が最終的であるという事実は、すべてのゲームが「スコアラーの裁量」であるということを意味しない。

裁判所の判決のユニークさは特定のケースで何が法であるかを最終的、権威的にのべるところにあるとするルール懐疑主義の形態をわれわれが評価するとき、上記の差異は心に留めておかれなくてはならない。法の開かれた構造は、スコアラーに対してよりもはるかに広く、重要な法創造の権能を裁判所にゆだねているのであって、スコアラーの決定は法を創造する先例として使われないのである。すべての人々に対して明白だと思われるようなルールの範囲にある事柄と、論争の余地がある境界線上の事柄のいずれに関しても、裁判所が判決したことはすべて立法により変更されるまで存続する。立法の解釈についてもまた、裁判所は同一の最終的、権威的発言権をもつだろう。しかし、裁判所の体系を定め、最高裁判所が適切だと考えるものはすべて法であると規定する憲法と、合衆国の現行の憲法またはこの点に関するいかなる現代の国家の憲法との間には、やはり差異が存在する。「憲法(または法)とは、どのようなものであれ、裁判官がそれだと言うものである」ということは、もしこの区別を否定するものと解釈されるなら、それは誤りである。いかなる時点でも、裁判官はたとえ最高裁判所の裁判官でさえ、一つの体系の部分をなしており、その体系のルールの中心部は正しい判決の基準を提供できる程度に十分確定しているのである。裁判所は、その体系内では争うことのできない判決を下す権限を行使するさいに、これらを無視することができないものとみている。任務につくいかなる裁判官も、スコアラーの場合と同様に、議会における女王が制定するものは法であるというルールのようなルールが、伝統として確立され、任務を果たすさいの基準として受けいれられていることを見い出す。これは職務につく者の創造的活動を許容すると同時に、制限している。たしかにこのような基準は、ときの裁判官の大部分がこれを守るのでなければ、存続することができない。というのは、いかなる場合にも基準が存在するということは、それが正しい裁判の基準として受けいれられ、使用されることだけから成りたっているからである。しかしこのことによって、これらの基準を使用する裁判官がその創設者とされたり、ホードリーの言葉によれば、好むところにしたがって決定することのできる「立法者」とされたりするのではない。基準を維持するには、裁判官がそれを守ることが必要であるが、しかし裁判官はそれをつくるものではないのである。

判決を最終的で権威あるものとしているルールのうしろに隠れて、裁判官達が一緒になって現行のルールを拒否し、議会のもっとも明白な立法さえも裁判官の判決に何らかの制約を課しているとみなさなくなることはもちろん可能なのである。裁判官のなす裁定の過半数がこのような性質をもっており、しかも受けいれられていたとすれば、これがその体系を変形させることになるのであって、それはあるゲームをクリケットから「スコアラーの裁量」に変更させたのと同様である。しかしこのような変形の可能性が常にあるからといっても、現存する体系が、それについてその変形がなされた場合に考えられるような体系と同じだということにはならない。いかなるルールも、違反や拒否がなされないように保証することはできないのであって、それは人間というものが、心理的、物理的にルールを破ったり、拒否したりすることがありえないとはいえないからである。そして、もしそのようなことが十分長期間にわたって行なわれたとすれば、そのルールは存在しなくなるだろう。しかし、およそルールが存在する場合、破壊に対して何が何でも保証がなくてはならないということは必要ではない。ある時点で、裁判官が国会や議会の立法を法として受けいれるよう要求するルールが存在すると言うときには、そこではまずその要求が一般的に従われており、個々の裁判官が逸脱したり拒否したりするのは稀であること、また第二に、逸脱や拒否が生じたときまたは生じたならば、圧倒的な多数により厳しい批判の対象として、しかも悪として扱われる、または扱われるだろうということが含まれる。そして第二の場合については、たとえ、特定の事件に関してそこから生じる判決の結果は、立法がその正しさではなくてその妥当性を認める場合を別とすれば、判決の最終性に関するルールがあるために打ち消されないとしても、そのように扱われ、扱われるだろうということが含まれる。人はあらゆる約束を破ることができるだろうということは、論理的に可能であって、おそらく最初はそうすることは悪いことだという意識をもつが、やがてこのような意識をもたないでそうするだろう。その場合には、約束を守ることは義務であるとするルールは存在しなくなるといえよう。しかしこのことは、このようなルールが現に存在せず、約束は現に拘束力をもたないという見解を支持するには薄弱である。裁判官が現行の体系を破壊しうるということにもとづいて、同じようなことを彼らについてしてみても、それ以上にはでないのである。

ルール懐疑主義という話題から離れる前に、ルールとは裁判所の判決の予測であるという積極的な主張について最後に一言いっておかなければならない。このなかにどのような真理が含まれていようとも、それはせいぜい私人またはその助言者が試みる法についての陳述に関していえるにすぎないことは明白であるし、またそのようなことがしばしば言われてきた。それは法的ルールに関する裁判所自身の陳述には当てはまらない。この陳述は、いくらかの極端な「リアリスト」が主張するように自由な裁量の行使を言葉でカヴァーしたものであるか、または裁判所が内的視点から正しい判決の基準であると真にみなしているルールを定式化したもののいずれかであるにちがいない。他方、判決の予測が法のなかで重要な地位を占めていることは明らかである。われわれが、開かれた構造をもつ領域に立ちいたったとき、「この問題についての法は何か」という疑問への答として有益に提供できるすべてのことは、それが裁判所のなすであろうことの慎重な予測なのだということだけである場合がしばしばである。さらに、ルールが要求しているものが誰にも明白である場合でさえ、それを陳述するのに、裁判所の判決の予測という形をとることもしばしばである。しかし、以下のことを注意しておかなければならない。すなわち、このような予測の根拠は、後者の場合は圧倒的に、前者ではさまざまな程度まで、裁判所が法的ルールを予言としてではなく、判決のさいに従われるべき基準であるとみなしているという認識であって、しかもこの基準は、裁判官の裁量を排除しないにしても、これを制限しうるほど開かれた構造にもかかわらず、十分に確定していると考えられることである。それゆえに多くの事例において、裁判所がなすであろうことの予測は、チェス・プレーヤーはビショップを斜めに動かすだろうというときの予測に似ている。それらの予測は結局のところ、ルールの予測的でない側面と、ルールの内的視点とに依拠しているのであって、そのいずれにおいても、ルールは予測がかかわる人々によって受けいれられた基準となっているのである。このことは、社会集団におけるルールの存在は、予測を可能にし、しかもしばしば信頼できるものとするけれども、そうかといって予測はルールと同一視できるものではないという、すでに第五章で強調した事実を敷衍したにすぎないのである。

第四節　承認のルールの不確定性

形式主義とルール懐疑主義とは、法理論にとって前門の虎、後門の狼である。それらはたいへんな誇張であって、相互に誤りを正し合う場合には有益であるし、真理は両者の中間に存在しているのである。この中間の道をそれとしてわかるほど詳細に特徴づけたり、裁判所が制定法や先例における法の開かれた構造によってゆだねられている法創造の機能 creative function を果たすときに、特徴的に用いられる多様な推論を示したりするためには、たしかに多くのことがなされなければならないが、ここではそれを行なわない。しかしわれわれは本章でかなり論じたので、第六章の終りで先に延ばしておいた重要な話題を、再び有益にとりあげることができる。これは個々の法的ルールではなくて、承認のルールの、したがって裁判所が有効な法的ルールを確認するのに用いる究極的な基準の不確定性に関連するものである。個々のルールの不確定性と、それをその体系のルールとして確認するときに用いられる基準の不確定性との間の区別は、いかなる場合でも明白であるとはいえない。しかしルールが、権威ある法文をもった制定法である場合には、もっともはっきりしている。制定法の文言や、それが特定の事例で何を要求しているのかということは、まったく明白であるかもしれない。しかし、立法府がこのやり方で立法する権限をもつかどうかについて疑問が生じることもある。ときには、これらの疑問を解決するのに、その立法権を付与している他の法的ルールを解釈すればよく、しかもそのルールの効力は疑問とされない場合もある。たとえば、従属的機関により作られた立法の効力が問題とされる場合がそうであろう。というのは、この従属的機関の立法権を定めているもとの議会の制定法の意味に関して、疑問が生じているからである。これは個々の制定法の不確定性または開かれた構造に関する場合であるにすぎず、何ら基本的な問題を生み出しているのではない。

最高の立法府自体の法的な権能に関する問題はこのような通常の問題と区別されなくてはならない。それらの問題は、法的効力の究極的な基準に関係するものであるし、イギリスのように、最高の立法府の権能を明記する成文憲法のない法体系においてさえ生じうるのである。「議会における女王が制定するものは、どんなものであれ法である」という定式は、ほとんどの場合、議会の法的権能に関するルールの適切な表現であり、法を確認する究極的な基準として受けいれられているのであって、このようにして確認された法のルールが、周縁においてどんなに開かれていようとも、これとはかかわりがないのである。しかし、その意味や範囲に関しては疑問が生じうるのであって、われわれは「議会により制定された」ということはどういう意味であるのかを問うことができるし、疑問が生じるときには、裁判所によって解決されるのである。法体系の究極のルールが、このようにして疑問とされ、裁判所がこの疑問を解決できるという事実から、裁判所が法体系のなかで占める地位はどのように推論されたらよいのであろうか。そうすると、法体系の基礎は、法的効力の基準を明記する受けいれられた承認のルールであるという主張について、いくらか条件づける必要が生じるだろうか。

これらの問題に答えるために、われわれはここでイギリスの議会主権論のいくらかの側面を考察するが、類似の疑問がいかなる体系でも法的効力の究極の基準に関して生じるのはいうまでもない。法というものは本来、法に拘束されない意思の産物であるというオースティン流の理論に影響されて、古い憲法学者達は以下のような意味での主権者たる立法府が存在すべきだということを、あたかも論理的必然であるかのようにのべた。すなわち、立法府が継続的機関として存続するときはいつでも、外部からの法的制約から自由であるだけでなく、自己が以前になした立法からも自由なのだという意味での主権者なのである。議会がこの意味における主権者であるということが、今や確立されたものとみなされている。そして、いかなる議会も、自己のなした立法が後に自己の「継承者」により廃止されるのを、防止することはできないという原則は、有効な法的ルールを確認するさいに裁判所が用いる究極的な承認のルールの一部をなしている。しかし、このような議会が存在すべきであると命じる論理の必然はないし、まして自然の必然もないということを知っておくことは重要である。それは、法的効力の基準として、われわれに受けいれられるようになった、同じ様に考えられるいくつかの取り決めのなかの一つであるにすぎない。「主権者」の名に、同等かおそらくはよりよく価すると思われる他の原則がこれら他の取り決めのなかに存在する。その原則とは、議会が自己の継承者の立法権能を変更の余地なく制限することはできないのではなく、むしろこの広い自己制限的権限をもつべきであるという原則である。その場合には議会は、承認され、確立されている理論が許容するよりは広い範囲の立法権能を、その歴史のなかで少くとも一度は行使することができるだろう。議会がその存続中、自分自身による制約も含めて、法的制約から自由であるべきだという要請は、結局のところ、法的全能という曖昧な観念の一つの解釈にすぎない。それは実際、継承者たる議会の立法権能に影響を与えないあらゆる事項についての継続的な全能者と、一度しか行使しえない自己に対するものも含めた無制限な全能との間での選択なのである。全能というこれら二つの概念は、全能の神についての二つの概念に対応している。すなわち、一方では神が自己の存続中いつでも同一の権能をもち、したがってこれらの権能を切り捨てることができない場合と、他方では神が自己の全能を将来にわたって破壊する権能を含んだ権能をもつ場合とがある。イギリスの議会が、継続的全能または自己に対するものも含めた全能のいずれの形態をとるかは、法を確認するさいの究極的基準として受けいれられるルールの形態に関する経験的な問題である。それは法体系の基礎となっているルールに関する問題であるとはいえ、なお少くともいくらかの点については、いかなるときでもまったく確定的な解答ができるような事実の問題なのである。このように、現在受けいれられているルールは、継続的主権のルールであり、したがって議会は、自己の制定法が廃止されるのを防ぐことができないのは明らかである。

しかしあらゆる他のルールと同様、議会主権のルールがこの点で確定しているという事実は、それがすべての点でそうであることを意味しない。それに関して現在のところでは、明らかに正しいとか、正しくないとかの答がないような問題が提起されうるのである。これらの問題は選択によってのみ解決されるのであって、このことは、この事件の選択に最終的に権威ありとされる人によってなされるのである。議会主権のルールのこのような不確定性は、次のような方法であらわれる。すなわち、現在のルールでは議会は、制定法をもって議会による将来の立法活動の範囲から、いかなる事項をも取り消しえないような方法で取り去ることはできないことが認められている。しかし単にこれを実現しようとする制定法と、いかなる事項についても立法することを議会にゆだねたままにして、立法の「様式と形式」を変更しようとする制定法とを区別することができるだろう。たとえば、後者はある論点について、いかなる立法も、両院の合同会議での過半数による通過とか国民投票による確認がないかぎり効力をもたないことを要求することもできるだろう。それはこのような規定自体が、同じ特別の手続きを経なければ廃止できない旨の条項を付加することにより、その規定を「堅持する」こともできるのである。立法手続のこのような部分的変更は、議会が自己の継承者を取り消しえない方法で拘束することはできないという現在のルールともよく両立することができる。というのは、そうすることは継承者を拘束するのではなく、むしろある論点に関して継承者を排除して、その論点に関しその立法権を新しい特別の機関に移すことになるからである。したがって、これらの特定の論点に関して、議会は議会を「拘束」または「束縛」し、あるいは議会の継続的全能を小さくするのではなしに、議会と立法のさいに必要なことを「再定義した」のであると言えるだろう。

もしこの工夫が有効だとしたら、議会はこれを用いて、ちょうど自己の継承者を拘束できないという受けいれられたルールの考えが議会の権限外にしていたと思われるのとほとんど同じ結果を達成することができるのは明らかである。というのは、議会が立法できる領域を制限することと、単に立法の様式と形式を変更することとの差異が、たしかにいくつかの事例では十分明らかであるが、実際にはこれらのカテゴリーは互いに重なりあっているからである。制定法が、技術者の最低賃金を決めておいて、技術者の報酬に関するいかなる法案も、技術者組合の決議で確認されないかぎり、法としての効力をもたないと規定し、さらにこの規定を堅持し続ける場合には、その制定法は、実際上賃金を「永久的に」決定してその廃止を厳格にまったく禁止しているる制定法がなしうるすべてのことを、たしかに保障できるだろう。しかし、継続的な議会主権という現在のルールの下では、後者の方は無効だが、前者は無効でないことを示そうとする議論がありうるのであって、法律家達ならこれがいくらかの説得力をもっていると認めるであろう。このような議論の諸段階は、議会が何をなしうるかに関する一連の主張からなっており、各々がその先行する主張とはいくらかの類似性をもちながら、それよりも少ない賛同しかえられないであろう。そのいずれもが間違いとして除外されたり、確信をもって正しいと受けいれられたりすることはありえない。というのは、われわれが体系のもっとも基本的なルールの開かれた構造の領域内にいるからである。ここでは、いつも一つの答が出ないような問題が生じる。あるのはただ複数の答だけである。

このように、議会が貴族院をまったく廃止して、それゆえ一九一一年と一九四九年の国会法の規定を超えることによって、議会の基本組織を取り消しえない方法で変更することが認められるかもしれない。なぜこのことが国会法の規定を超えているかといえば、それらの法はある種の立法には貴族院の同意を不要であるとしており、いく人かの権威者は、議会の権限のいくらかを女王と庶民院に、取り消し可能なものとして委任しているにすぎないというかたちで国会法を解釈しようとしているからである。ダイシーの主張のように[1]、議会は法律をもって自己の権限が終了したことを宣言し、そして将来の議会の選挙を定める立法を廃止することにより、議会自体をまったく破壊することができることも認められるだろう。もしそうであれば、議会は自己の全権限をたとえばマンチェスターの自治体のような他の機関に移譲する法律により、この立法的な自殺を有効に行なうことができるかもしれない。もしこれができるなら、議会はそれほど極端でないことを有効になしえないはずがあるだろうか。議会は、ある事柄について立法する権限を終了させ、自己と他の機関を含めた新しい複合体にこれを移譲することができないのだろうか。この基盤に立って、自治領に関する立法にはすべて自治領の同意が必要であると定めたウェストミンスター法第四条は、自治領のために立法する議会の権限に関し、現にこれをなしてきたのではないだろうか。この法律は、自治領の同意なしに有効に廃止することができるという主張は、サンキー卿が言うように、「現実とは無関係」の「理論」にすぎないというだけではないかもしれない。それは悪い理論であるかもしれないし、少なくとも反対説よりも良いということはないであろう。結局のところ、もし議会がこのような方法で自己の行為により再編成されるとしたら、ある種の立法には技術者組合の同意が必要であることを定めることにより、議会はなぜ自己を再編成することができないのだろうか。

(1) *The Law of the Constitution* (10th edn.), p. 68n.

この議論に出てくる提言は、疑わしいが明らかに誤りというのではない部分からなっており、問題の余地があるけれども、そのいくらかは、この点を判決するために開かれる裁判所によって、いつか支持されたり、拒否されたりすることが十分ありうるであろう。そのときに、その提言で出される疑問に対して、一つの答が与えられるだろうし、その答は、体系が存在するかぎりは、可能なさまざまな答のなかで唯一の権威ある地位をもつだろう。裁判所は、有効な法を確認するための究極のルールを、この点で確定するだろう。ここでは、「憲法とは裁判官がそれだと言うものである」ということは、最高裁判所の個々の判決は争われえないということだけを意味するのではない。一見して、この光景は矛盾したものと思われる。すなわちここには、究極的な基準を定める創造権を行使する裁判所があるが、裁判所に裁判するものとして権限を付与しているまさにその法の効力自体が、この基準によって審査されなければならないからである。憲法は、およそ憲法とは何であるかを宣言する権限を、どうして与えることができるのであろうか。しかし、すべてのルールはいくらかの点で疑わしいことがあるとしても、ルールが必ずしもあらゆる点で疑問の余地を残すものではないことが、法体系の存在にとっての必要条件なのだということを想起するならば、この矛盾は消滅する。裁判所は、妥当性の究極的な基準をめぐるこれらの限定的な問題をいかなるときでも判決する権限をもつ可能性があるだろうが、その権限を与えるルールを含む法の広大な領域に対してこれらの基準をあらゆる時点で適用した場合、その正確な範囲や境界についてを除いては、いかなる疑問も生じないという事実のみにその可能性はかかっているのである。

しかしこの答え方は、いくらかの人々にとって余りに不十分であると思われるかもしれない。それは法的妥当性の基準を明記する基本的ルールの周縁 the fringes of the fundamental rules に関する裁判所の活動を、まったく不適当にしか特徴づけていないようにみえるかもしれない。というのは、その答え方が確定しているとはみられない個々の制定法を解釈するさいに、裁判所が創造的な選択 a creative choice をする通常の事例と、以上の裁判所の活動をほとんど同じようにみているからであろう。このような通常の事例が、いかなる体系でも生じることは明らかである。したがって、裁判所が制定法によって開かれたままにされている選択肢の一つをとることによって、通常の事例を解決する管轄権をもっているということは、たとえこの選択を発見であると裁判所が言いつくろおうとしても、そのことは裁判所の行動が依拠するルールの、黙示的にすぎないにせよ、その一部分をなしているのであって、このことは明白であると思われる。しかし少くとも成文憲法がないところでは、妥当性の基本的基準に関する問題は、それが生じたときに裁判所が現存するルールによって、この種の問題を解決する明白な権限をすでにもっていると当然に主張できるような、事前に予想できる性質のものではないようにしばしば思われる。

「形式主義者」の誤りの一形態は、裁判所のとるあらゆる処置は、そうすべき権限を事前に付与する何らかの一般的ルールによりカバーされているのであって、その結果裁判所の創造的権限は常に委任された立法権という形をとると考えるところにあるとおそらく言えるだろう。本当のことを言えば、裁判所はもっとも基本的な憲法上のルールに関して、事前に予想されていなかった問題を解決するとき、その問題が生じ、それを判決してしまった後で、これを判決する権限を認められるということになるであろう。ここでは、うまくいったらすべて成功なのである。争われている憲法上の問題について、社会の意見が根本から分かれてしまい、司法的決定では収拾が着けられない場合も考えられる。一九〇九年の南アフリカ法の保護的留保条項をめぐって南アフリカで争われていた論点は、一時分裂が大きすぎて、法的に解決できないようになりそうであった。しかし、それほど社会的に問題となっていない場合には、法源自体についてさえ司法的な法創造 judicial law-making が及ぶという破天荒なことも、平静に「取り込まれる」かもしれない。このような場合、裁判所には、それがすでになしたことについて、はじめからそうする「固有」の権限が常にあったのだと、しばしば遡って言われるだろうし、またそれが本当らしくみえるかもしれない。しかし、そのなされたことがうまくいったということをその唯一の証拠とするなら、その擬制も方便と言えよう。

先例の拘束力のルールに関するイギリスの裁判所の活動を、裁判所がうまく権限を取得し用いようとしているのだと、今のべたやり方で説明しようとすればおそらくもっとも適切だろう。(1) ここでは、成功してから事後的に力が権威を獲得する。たとえば、レックス対テイラー事件 *Rex v. Taylor* での刑事控訴院の判決が出るまでは、同裁判所が国民の自由に関する事柄については、自己の先例に拘束されないと裁決する権限をもっていたかどうかの問題は、まったく未解決のままであったと思われていたかもしれない。しかしその裁決がなされて、今では法として従われている。裁判所がこのように裁決する固有の権限を常にもっていたとのべることは、たしかにその状況を実際よりもっと整然と見せるためのものにすぎないであろう。これらのたいへん基本的な事柄の周縁では、われわれはルール懐疑主義者を歓迎すべきであるが、ただし彼が歓迎されるのは周縁なのだということを、彼が忘れないかぎりの話である。そしてまた、裁判所がもっとも基本的なルールをこのように著しく発展させえたのも、主として、法の広大で中心的分野における疑いもなくルールに依拠した運用 their unquestionably rule-governed operations over the vast, central areas of the law から裁判所がえた威信によるのだという事実を、ルール懐疑主義者がわれわれに隠すことがないかぎりにおいてである。

（1）〔1950〕2 K. B. 368.

第八章　正義と道徳

これまでに明らかになったことは、社会統制の一手段としての法の著しい特徴を解明するためには、命令、威嚇、服従、習慣、一般性といった観念からは構成することのできない諸要素を取り入れる必要があるということであった。これらの簡単な用語で法を説明しようとするために、法の特徴とされるもののあまりにも多くがゆがめられている。したがって、社会的ルールという観念を一般的習慣という観念から区別したり、ルールが行動を導き批判する基準として用いられる場合にあらわれるルールの内的側面を強調したりすることが必要であるということも明らかになった。そして次に、ルールを責務の第一次的ルールと承認、変更、裁判の第二次的ルールとに区別した。本書の主要なテーマは、法の顕著な作用の非常に多くのものと、法的思考の枠組を形づくっている観念の非常に多くのものが、これら二つのタイプのルールの一つあるいは双方との関連において解明されるべきものであるので、たとえ「法」という言葉が正しく用いられる場合にはいつでもそれらのルールがともに見られるわけではないとしても、これら二つの結合は法の「本質」とみなされてよいであろうというところにある。第一次的ルールと第二次的ルールの結合にこのような中心的な地位を与えることが正当であるとする理由は、これらのルールがそこで辞書のような働きをするからではなく、それらが説明に役立つ大きな力をそなえているからである。

さて、ここで注意を向けなければならないのは、法の「本質」とか「性質」とか「定義」についてのたえまない論議において、われわれがすでに不適切だとした単純な命令理論にいつも対置されてきた主張である。その一般的な論点は、法と道徳の間にはある意味で「必然的」な関連があり、しかもこの関連こそが法の概念を分析したり解明しようとする場合に当然中心におかれるべきものである、というところにある。この見解の主唱者たちは、単純な命令理論に対するわれわれの批判にあえて異を唱えないかもしれない。彼らはまたそれは有益な前進であり、第一次的ルールと第二次的ルールの結合は、法の理解の出発点としては、威嚇を背景とする命令よりもたしかに重要なものであるということを認めさえするかもしれない。しかし、彼らはこのようなことでは十分ではないと主張することであろう。すなわちこれらの要素でさえ二次的な重要性しかもたないのであり、道徳との「必然的」関係が明らかにされず、その中心的重要性が解明されないかぎり、これほど長い間法の理解を妨げてきた霧を吹き払うことはできないというものである。この観点からすれば、法として疑問の余地のある事例やその当否が疑わしい事例としてあげられるのは、単に原初的社会の法や国際法だけではないことになろう。これらの法がなぜ疑いをもって見られてきたかといえば、これらが立法機関、強制管轄権をもつ裁判所、中央に組織された制裁を欠いているからであった。この観点から見てもっと疑わしいのは、裁判官と憲兵と立法者は完全にそなわっているが、正義あるいは道徳のある基本的な要請を満たしていないような国内体系が法として取り扱われうる資格をもっている場合である。聖アウグスティヌス[1]の言葉によれば、「正義のない国家は、巨大な盗賊団以外の何ものであろうか」ということになる。

(1) *Confessions, iv.*

法と道徳の間には必然的な関係があるとする主張にも、多くの重要な変形がみられるのであるが、必ずしも変形のすべてが顕著な明確さをそなえているとは限らないのである。「必然的」とか「道徳」とかいった鍵になる用語については多くの解釈が可能であるが、この主張の擁護者も批判者も、これらを必ずしも区別したり、別個に考察してはいない。この見解のもっとも極端な形で表明されているがゆえにもっとも明確なものは、自然法に関するトマス主義の伝統と結びついている説である。これは二重の論点を含んでいる。すなわち、第一に、真の道徳あるいは正義についてのある原則が存在し、それらは神に由来するものであるとしても、啓示の助けをかりないで人間の理性によって発見できるものであるということ、第二に、人間のつくった法がこれらの原則と衝突する場合には、有効な法ではない、すなわち「不正なる法は法に非ず」Lex iniusta non est lex ということである。この一般的見解の変形であるその他の諸説は、道徳の諸原則の地位および法と道徳の衝突から生じる結果について、また違った見方をする。これらの説のあるものは道徳を行動についての不変の原則、あるいは理性によって発見しうるものとはみなさず、社会や個人が異なるにつれて変化しうる行動に対する人間の態度の表明とみなすのである。この形の理論がまた通常主張するところは、法がたとえ道徳のもっとも基本的な要請と衝突する場合でも、それだけではあるルールの法としての地位を奪うことはできないということである。これらの理論は法と道徳の間の「必然的」関係というものを違ったように解釈するのである。その主張は、ある法体系が存在するためには、法に従うという道徳的責務が必ずしも普遍的でないにしても広い範囲で承認されていなければならず、このことは、たとえこの責務が個々の場合に道徳的に邪悪な法には従うべきではないという、より強力な道徳的責務によってくつがえされることがあるとしても、変わりはないというものである。

法と道徳の間には必然的な関係があると主張する理論のさまざまな種類を完全に評価しようとすれば、道徳哲学に深く足を踏み入れることになるだろう。しかし、そこまで行かなくても、賢明な読者なら誰でも、この種のさまざまな主張の真理と重要性について筋のとおった見解をもつようになることは十分可能であろう。そうするために一番必要なことは本章と次章で考察するいくつかのもつれにもつれた問題を解きほぐし、見きわめることである。このような問題としてまず第一にあげられるのは、道徳の一般的な領域の内部で、正義という特定の観念と、正義が法と特に密接な関係にあることを説明する著しい特徴とを区別することにある。第二の問題は、道徳上のルールや原則が法的ルールだけではなく、その他のすべての社会的ルールや行動の基準とも異なるということを示しているいくつかの特徴について生じている。これら二つの問題が本章の主題である。次章で取りあげる第三の問題は、どれほどさまざまな意味で、またどういう仕方で、法的ルールと道徳が関連していると言われるのかに関するものである。

第一節　正義の諸原則

法律家が法あるいは法の執行についてそれを称賛したり非難したりする場合に、もっともよく用いるられる言葉は「正当な」just とか「正当でない」unjust という言葉であり、しかも彼らは非常にしばしば、正義と道徳という二つの観念があたかも同一の広がりをもつかのように書いているのである。たしかに、正義は法的諸制度を批判する場合に、極めて顕著な役割を果たしているということには十分な理由がある。しかし、理解しなければならないことは、正義は道徳の格別の部分であり、そして法および法の執行にはさまざまな種類の長所がそなわっていたり欠けたりする場合があるということである。道徳的判断を下すさいのいくつかのありふれた形態をほんの少し思い起こせば、正義がもっているこの特質を十分示すことができる。たとえば、自分の子供をひどく虐待した者は、しばしば、道徳的に誤った wrong こと、悪い bad こと、またそれ以上によこしまな wicked ことをしたとか、自分の子供に対する道徳上の責務あるいは義務を無視したという判断を受けるであろう。しかし彼の行動を正当でないと批判することは奇妙であろう。これは、「正当でない」という言葉が非難する力において弱すぎるからではなく、正義または不正という点からなされる道徳上の批判の主眼点は、「誤った」とか「悪い」とか「よこしまな」といったような言葉であらわされるような今あげた事例に当てはまる別のタイプの一般的な道徳上の批判とは通常異なるものであるし、それよりもっと特殊なものであるからである。「正当でない」という言葉が当てはまるのは、同じ過ちをした自分の子供たちのなかから気まぐれに一人を選び、他の子供よりも厳しい罰を与える場合とか、その子が本当に悪いことをしたかどうかを調べようともせず、その悪事のためにその子を罰するという場合である。同様に、個人的行動に対する批判から法に対する批判に目を転じるとき、われわれは子供を学校へやることを両親に求めている法については、それは善い good 法だと言うことによって是認するだろうし、政府批判を禁じる法については、それは悪い bad 法だと言うことによって不賛成を示すだろう。このような批判はふつう「正義」とか「不正」injustice とかいう用語では表現されないであろう。これに対して、富に応じて税の負担を配分する法の是認を表現する場合には、「正当な」が適切であり、同様に黒人に公共の交通機関や公園の利用を禁じる法について不賛成を表現する場合には、その法は「正当でない」が適切だといわれるかもしれない。正当であるとか正当でないとかいうことは、善いとか悪い、または正しい right とか誤りとかいうことよりももっと道徳上の批判の特殊的な形態であり、これがはっきりするのは、ある法はそれが正当であるから善い法であり、それが正当でないから悪い法であるといえば理解できるが、それは善い法であるから正当であり、悪い法であるから正当でないといえば理解できなくなるというところにある。

正義の明確な特徴とその法との特別な関係があらわれはじめるのは、正当なとか正当でないという言葉でなされる批判の大部分がほとんど同時に「公正な」fair とか「不公正な」unfair という言葉で言いあらわすことができるということがわかる場合である。公正さというのは道徳一般と同じ広がりをもつものでないことは明らかである。公正さという言葉は主として社会生活の二つの場面で用いられる。その一つは、単一の個人の行動に関してではなく、いくつかの部類の個人が取り扱われる方法に関する場合、つまりその人たちにある負担とか利益が配分される状態が見られる場合である。したがって、公正なとか不公正なとかの典型的な場合は「配分」である。第二の場合は、ある侵害が発生し、補償とか救済が求められる場合である。これら二つの場面は、正義あるいは公正という言葉で評価がなされる唯一の関係ではない。正当だとか公正だとかは配分や補償についてだけ言われるのではなく、裁判官についても正当だとか正当でないとか、裁判についても公正だとか不公正だとか、またある人についても、正当にあるいは不当に有罪とされたというように言われる。これらは正義の観念の派生的な用法であり、ひとたび配分とか補償の問題に対する正義の第一次的用法が理解されるならば説明のつく事柄である。

正義の観念のこのようなさまざまの用法に潜んでいる一般原則は、個人は相互の関係において平等あるいは不平等というある相対的地位を与えられているということである。このことは、負担や利益が配分されようとする場合に、変動する社会生活において何か考慮されるべきことであり、またそれが妨げられるときには、もと通りにされるべきことである。このことからして、正義は均衡とか調和を維持したり回復したりするものと伝統的に考えられているのであり、その主たる教えはしばしば「類似の事例は同様に取り扱うべし」'Treat like cases alike' という形で定式化された。またそれに「異なった事例は別々に取り扱うべし」'and treat different cases differently' ということを付け加える必要がある。したがって、われわれが黒人に公園の利用を禁じる法に正義の名において抗議する場合、このような法は住民に公共の施設を利用する利益を配分するにあたって、あらゆる点で類似の人々の間に差別を設けるものであるから、それは悪法であるというところに批判の要点がある。これとは反対に、ある法がある特定の階層に対し、たとえば課税のさい、ある種の特権または免除を取りやめることになるために、正当であると称賛されるような場合には、この特権階級と社会の他の階級との間にはこのような特別な取り扱いに価するようなたいした相違はないという考え方が支配しているのである。しかし、これらの単純な例から十分明らかになるように、「類似の事例は同様に、異なった事例は別々に取り扱うべし」ということは、正義の観念の中心的要素ではあるけれども、それだけでは不完全であり、補足されないかぎりは行動の何ら決定的な指針とはなりえないのである。なぜこのようになるかと言えば、どんな人々の集りであっても、ある点ではお互いに似かよっており、他の点では異なっているのであって、どのような類似点と相違点が問題になっているかが確定されないかぎり、「類似の事例は同様に取り扱うべし」ということは依然として空念仏にとどまらざるをえないからである。これに意味をもたせるためには、いかなる場合にさまざまな事例が当面の目的からして類似のものであるとみなされうるのか、またどのような相違が問題となっているのかを知らなければならない。さらにこのような補足をしないかぎり、法あるいはその他の社会的な諸制度が正当でないという批判に進むことはできない。殺人を禁じている法が赤毛の殺人者を他の殺人者と同様に取り扱うことは正当であろうが、赤毛の殺人者に異なった取り扱いをすることは、正気の者と狂気の者に異なった取り扱いを拒むのと同じように、正当でないだろう。

したがって、正義の観念の構造にはある種の複雑さがある。これは二つの部分から成りたっていると言えよう。すなわち、「類似の事例は同様に取り扱うべし」という教えに要約されている画一的あるいは不変的な特徴と、ある一定の目的にとってさまざまな事例がいつ類似し、相違するのかを決定するさいに用いられる変動ないし変化する基準がそれである。この点では、正義は、本物であるとか背が高いとか暖かいとかいった観念と似ており、このような観念は、それらが当てはめられる事柄の分類に応じて変化する何らかの基準に暗黙のうちに頼っている。たとえば背の高い子供は背の低いおとなと同じ身長である場合もあろうし、暖かい冬は寒い夏と同じ気温であったり、模造ダイヤも本当のこっとう品である場合があろう。しかし、正義はこれらの観念よりもはるかにもっと複雑なものである。というのは、正義の観念にまとめられるさまざまな事例の重要な類似点に関する変動する基準は、単に正義が当てはめられる対象のタイプに応じて変化するだけではなく、単一のタイプの対象に対する関係においてさえ、しばしば争われるからである。

たしかに、法的諸制度が正当であるとか、正当でないという批判にとって人々の類似点や相違点は重要であるが、それらがまったく明瞭である場合がいくつかある。このことは、われわれが、法の正、不正を論じるのではなく、法を特定の事例に適用することの正、不正を論じる場合に特に当てはまる。この場合、法の執行者が留意しなければならない個人間の重要な類似点や相違点は法自身によって決定されるからである。たとえば、殺人を禁止する法が正当に適用されると言うことは、法の禁止事項を破ったという点で同じであるすべての者、しかもこのような者に対してのみ、その法が公平に適用されるということを意味する。つまり、法の執行者は、どのような偏見とか利害にも動かされることなく、殺人者を「平等に」取り扱ったのである。これと一致して、「相手側からも聴くべし」とか「何人も自己の事件の裁判官たらしむるなかれ」というような手続上の基準は正義の要件であると考えられており、イギリスやアメリカでは自然的正義の原則であるとしばしば言われている。なぜそうであるかといえば、このような基準は公平または客観性を保障するものだからであり、それは法自体が定めた特定の側面において同じであるすべての者、しかもこのような者に対してのみ、その法が適用されることを確保しようと意図されたものであるからである。

正義のこの側面とルールに従った手続きの観念そのものとの間の関連は明らかに極めて密接である。たしかに、ある法を異なった事例に正当に適用するということは、同一の一般的ルールが、偏見も利害も気まぐれもなく異なった事例に適用されるという主張をまじめに受けいれることにほかならないと言われるかもしれない。法の執行における正義とルールの観念自体との間にはこのような密接な関連があるので、いくらかの著名な学者たちは正義というものは法に一致することだと考える傾向にある。しかし、「法」という言葉に何らかの特別広い意味をもたせないかぎり、これが誤りであることは明らかである。というのは、このように正義を説明しても、正義の名における批判は何も特定の事例における法の執行についてだけなされるのではなく、法自体もしばしば正当であるとか正当でないとか批判されるという事実は、なお説明されないままであるからである。実際のところ、黒人に公園の利用を禁じる正当でない法は、本当にその法に違反したとされる者がその法によって罰せられ、しかも公正な裁判の後にはじめてそうされるという意味で、正当に執行されたのである、という主張を認めたとしても何ら不合理ではない。

法の執行の正、不正ということから、このような用語でなされる法自体の批判に目を転じてみよう。そうすれば、法のルールというものが類似の事例は同様に取り扱い、したがって正当なものであろうとする以上、法が認めなければならない個人の間の類似点や相違点がどのようなものであるかを法自体はこのさい決定することができないということが明らかになる。したがって、ここでは疑問と争いの余地がおおいにある。一般の道徳的、政治的見地における基本的なくい違いが原因となって、法が正当でないと批判するさいに、人間のどのような特徴が重要なものと考えられるかについてのどうしようもない見解の相違と不一致が生じることがある。たとえば、前にあげた例で、黒人に公園の利用を禁じる法は正当でないと非難したのであるが、それは、少くとも施設の利用にあずかるという点においては、皮膚の色の違いは問題にならないという立場に立ってのことであった。たしかに、皮膚の色がどのようなものであれ、人間は考え、感じ、自制することのできるものであるという事実は、法が留意すべき人々の間の決定的な類似点をなすものとして、現代では、普遍的ではないまでも一般的に受けいれられているであろう。したがって、(単に自由を制限するものではなく、さまざまな種類の危害から保護するものであると考えられている)刑法および(損害に対する救済を提供するものと考えられている)民法は、もしこれらの負担や利益を配分するさいに皮膚の色とか信教といった特徴に依拠して人々の間に差別を設けるならば、両者とも正当でないと見ることについてはほとんどの文明国において大方の一致がある。そしてもしも法が、上にのべたようなよく知られた人間の偏見という病巣によるのではなく、身長とか体重とか美しさとかいった明らかに不適切な事柄によって差別するにしても、その法は正当でないと同時に馬鹿げているといえよう。だから、国教会に属しているなら人を殺しても死刑にならないとか、貴族階級の者だけが文書誹毀を訴えることができるとか、黒人に対する暴行は白人に対するものよりも罰が軽くてすむとかいうことになれば、そのようなことを定めている法は、一見して人間と見られる者はすべて同様に取り扱われるべきであり、このような特別扱いや免除は何ら適切な根拠をもたないという理由から、現代社会ではほとんどどこでも正当でないものとして非難されるであろう。

たしかに、一見して人間と見られる者はすべて同様の取り扱いを受ける資格があるという原則は、現代人の心に非常に深く根をおろしているので、皮膚の色や人種といった事柄に従って法が差別を規定しているところにおいてさえ、ほとんど普遍的に、この原則に対して少なくとも口先だけの忠誠が広く払われている。そのような差別が攻撃されるさいに、その防禦としてしばしばなされる主張は、差別されている人々には人間としてのある種の基本的属性が欠けているか、あるいはまだ未発達だというものである。あるいはまた、残念なことだが、それらの人々を平等に取り扱うように求める正義の要請は、より大きな価値をもつと考えられる何かあるものを保持するためには無視されなければならず、もしそのような差別がなされなければ、その価値は危険にさらされるであろう、というようなことも言われる。しかし、口先だけの忠誠は今や一般的ではあるが、差別と不平等を正当化するためのこれらのしばしば不誠実な方策に頼らず、一見して人間と見られる者はすべて同様の取り扱いを受けるべしという原則をあからさまに拒否するある道徳原理を考え出すことも決して不可能ではない。その代わりに、人間というものは、自然によっていくつかの部類に分けられ、その後もこれを変えることができないものであると考えられ、したがって自然によってある者は自由であり、他の者はその奴隷、つまりアリストテレスの表現をかりれば、他人の生ける道具であることが定まっていると考えられるかもしれない。ここでは、人々が一応平等だという観念は存在しないであろう。このような観念はアリストテレスやプラトンにおいてもいくらか見られるのであるが、この両者においてさえ、奴隷制度を十分に弁護しようとすれば、奴隷にされるような者は独立して生存する能力を欠き、あるいは善き人生の何らかの理想を実現する能力において自由人と異なるのだということを示さなければならないというヒント以上のものがある。

このようにして、問題となる類似点や相違点の基準はその人や社会の基本的道徳観によってしばしば変わるものだということは明白である。このことが当てはまるところでは、法の正、不正の評価はまた別の道徳原理を信奉する者の反論に会うことがあろう。しかし、ときには、当該の法が明らかに実現しようとしている目的を考察すれば、正当な法なら当然認めるような類似点や相違点が明確になるであろうし、またそうなればこれらの点も争いにさらされることはないであろう。もしある法が貧困の救済を規定しているとすれば、「類似の事例は同様に取り扱われるべし」という原則からして、救済を求めているさまざまな人々の必要に目を向けなくてはならなくなるだろう。税の負担が被課税者の富に応じた累進所得税によって調整される場合に、必要という同じ基準が暗黙のうちに認められるのである。ときには、人々が特定の役割をする能力が重要となり、その場合当該の法律運用がそれにかかわってくる。子供や狂人に選挙権を与えない法や遺言や契約をする権能を認めない法が正当であると見られるのは、このような人には、正気の成人ならもっているとみられるこれらの便益を理性的に利用する能力が欠けているからである。このような差別は明らかに適切な理由にもとづいてなされているけれども、これらの事項における性や皮膚の色による差別はそうとはいえない。もっとも、女性や黒人の隷属状態を弁護するために、女性や黒人は白人の男性のような理性的な思考や決断の能力を欠いていると主張されてはきた。このように主張することは、もちろん、ある特定の役割のための平等な能力がこのような場合の正義の基準となっていることを認めることになる。もっとも、女性や黒人にそのような能力が欠けているということが何ら証明されないかぎり、この原則に対してまたもや口先だけの敬意が払われるにすぎない。

法の正、不正を、個人の間に負担とか利益を配分するという見地からこれまで考察してきたのである。利益のうちいくらかのものは、貧困者救済とか食料の配給のように有形のものであり、他のものは身体に対する危害についての刑法上の保護とか遺言や契約能力に関して法が与える便益とか投票権のように無形のものである。このような広義における配分と区別しなければならないのは、ある者が他の者に対してなした権利侵害の補償である。この場合には、正当だとされるものと、「類似の事例は同様に、異なった事例は別々に取り扱うべし」という正義の中心的な教えとの間には、たしかにそれほど直接的な関連はない。しかし、その関連はわからないほど間接的ではなく、次のようにして知ることができよう。たとえば、不法行為または民事上の権利侵害に対するある者から他の者への補償を定めている法は、二つの相い異なる理由によって正当でないとみられる場合がある。一つは、そのような法が不公正な特権とか免除を定める場合である。つまり貴族のみが文書誹毀に対して訴えることができるとか、白人なら黒人に対し不法侵害や暴行をしても責任を負わないというなら、それは不公正というものであろう。このようなことを定めている法は補償の権利義務の公正な配分に関する諸原則をまっこうからおかすことになるであろう。もう一つの場合としては、このような法がまったく異なった理由で正当でないとされることがある。すなわち、いかなる不公正な差別もしないのであるが、法はある者が他の者に対して行なうある種の権利侵害に対し、道徳上補償が必要だと考えられるにもかかわらず、何らの救済方法もそなえていないという場合である。この点に関して、そのような法は、すべてを同様に取り扱っているにもかかわらず、正当でないということになろう。

このさい、このような法に欠陥があるとされるのは、他の人に対する道徳上悪とみられる権利侵害に対する補償を公正に配分しなかったからではなく、それを誰にも一様に拒んだからであろう。気まぐれに加えられる肉体的危害に対して誰も損害賠償をえることができないような体系においては、このような救済の正当でない拒否がもっとも露骨にあらわれるであろう。注目に価するのは、たとえ刑法がこのような暴行を刑罰によって禁じているような場合でも、この種の不正はなお存続するであろうということである。極めて露骨な例をあげることはなかなか困難であるが、イギリス法がプライバシーの侵害に対する補償について何のそなえもないということなどは、しばしば広告主を利するものとみられ、たびたび同様の批判を受けているのである。しかし、道徳上当然支払われるべきものと考えられる補償を定めておかないということは、不法行為法や契約法の技術的要素に不正があるとする告発の主たる理由でもある。なぜなら、これらの技術的要素は、道徳上悪とみられるある種の行為によって、他人の犠牲の上に生じる「不当な利得」を黙認しているからである。

権利侵害に対する補償の正、不正と「類似の事例は同様に、異なる事例は別々に取り扱うべし」という原則との関連は、法の対象となる人々はある種の有害な行動をお互いに慎しむよう求める権利をもつのだという道徳的確信が法以外に存在する、というところにみられる。少なくとも重大な危害を禁じる相互的な権利、責務のこのような構造は、あらゆる社会集団の道徳の、全体ではないにしても、基礎を形成しているのである。その効果は自然の不平等性を相殺する一種の道徳的そしてある意味では人工的な平等を個人間に創造することである。というのは、道徳律が他人に対する盗みや暴行を禁じている場合には、力や知能がまさっているのでそれを罰せられることなくできる者がいるとしても、力や知能のまさった者も力や知能の劣る者と同格に置かれるからである。道徳的には両者の立場は同じである。したがって、道徳を無視し力を用いて他人の権利を侵害する強者は、道徳によって確立されたこの均衡、つまり平等秩序をくつがえすものと考えられるのである。その場合正義は、この道徳的な原状が権利侵害者によってできるかぎり回復されるよう求めるのである。窃盗のような単純な事例では、これは盗んだ物を返すだけでけりがつくであろう。また、他の権利侵害に対する補償もこの素朴な観念を拡大したものである。故意または過失により他人の身体に危害を及ぼした者はこの被害者から何かを奪ったものと考えられる。加害者は文字通り物を奪ったというのではないけれども、このたとえはそんなにかけ離れてはいない。というのは、それが他人を侵害しようという欲望を満たすためにのみなされたものであれ、楽をしようとして前もって十分な注意を払う義務を怠ったためであれ、加害者は被害者の犠牲において利益をえたからである。このようにみると、正義の要請により法が補償を定めるという場合には、その法は、「類似の事例は同様に取り扱うべし」という原則を間接的に承認していることになり、それは、被害者と加害者は平等の地位にあり、したがって同等であるという道徳的原状を、侵害の後に回復せしめるよう定めているからである。ところが他方、これらの事柄に関して各個人を相互的な平等の地位に置かない道徳的見解もあると考えられる。この見解に立つ道徳律は蛮族がギリシャ人を襲うのは禁じるが、その逆は許すかもしれない。このような場合、蛮族は自分に対する侵害について補償を求める資格はないが、ギリシャ人に対しては補償しなければならない道徳的拘束を受けるものと考えられるであろう。この場合の道徳秩序は、被害者と加害者は別々な取り扱いを受けるという不平等の秩序になるであろう。このような見解に立てば、たとえそれがわれわれにとってはいまわしいものであるとしても、法がこの差異を反映しており異なった事例を別々に取り扱っているなら、そのかぎりでその法は正当であるとされるであろう。

以上において正義についての概略をのべたのであるが、そこでは正義が適用される比較的単純な場合のいくつかだけを考察したのであって、それは正当であると評価されている法がもつ特有の形の長所を示すためであった。正義は、法がもったりもたなかったりする他の価値とは区別されるものであるばかりではなく、ときには正義の要請が他の価値と衝突する場合もある。これが生じるのは、はやりだした犯罪について特定の犯人に判決を下すにあたって、裁判所が他の類似の事件のときよりも厳しい判決を与え、しかもそれを公然と「警告として」与えるような場合である。ここでは、「類似の事例は同様に取り扱うべし」という原則が、社会の一般的安全や福祉のために犠牲にされているのである。民事事件においても、正義と一般的福祉との同じような衝突は後者に有利なように解決されることがあるが、それは、このさいあえて補償を強制することは立証上の大きな困難を伴い、裁判所に過大な負担をかけ、不当に事業の妨げとなるという理由から、法はある種の道徳上の侵害に対して何の救済方法をも定めないような場合である。道徳上の侵害がなされた場合においても、社会がどこまで法の強制を行ないうるかには限度がある。これに反して法は、他人の権利を侵害した者に対し、たとえ道徳的つまり正義の問題としては補償の強制が適切でないと考えられても、社会の一般的福祉の名において補償を強制する場合がある。これが当てはまる事例としてしばしばあげられるのは、不法行為に対する責任が厳格な場合、つまり侵害の意図または注意の欠如に関係なく生じる場合である。この種の責任形態はときに弁護されるが、その理由としては、権利をたまたま侵害された者に補償が与えられるということは「社会」の利益にかなったことであるとされている。しかも、補償を実現するもっとも容易な方法は、いかに注意深く振舞っていても結果的にはその活動によってこのような事故をもたらすにいたった者に負担をかけることであると主張される。このような者はたいてい豊かな資力があり、保険に入る機会ももっているのである。このような弁護がなされる場合、そこには社会の一般的福祉に暗黙のうちに訴えるものがあるが、ここでの一般的福祉というのは道徳的に受けいれることのできるものであり、ときには「社会正義」とさえ呼ばれることがあっても、二人の間の原状をできるだけ回復することにのみかかわっている正義の第一次的形態とは異なるものである。

正義の観念と社会的善または福祉の観念との間には重要な接点があることに注目しなければならない。社会の変化とか法が、すべての個人に等しく好意的に受けとられ、またその福祉を等しく増進するということはほとんどない。これに近いものとしては、警察の保護とか道路のようなもっとも基本的な必要を満たす法のみが当てはまる。たいていの場合、法はある部類の人々にのみ利益を提供するのであるが、それは他の人々の望むところを切り捨て、その犠牲において行なわれるのである。たとえば貧困者への物資の供給は他の人々の財産上の負担においてはじめてできることであるし、またすべての人々に対する義務教育は自分の子弟に私的教育を施そうとする者の自由を失わしめるという意味をもつだけでなく、その財源は産業に対する資本投資とか老齢年金とか無料の医療制度などを縮小したり犠牲にすることによってのみ調達されるともいえるのである。このように相い競うもののなかから一つが選択される場合には、その選択は、「公共の福祉」とか「共通の福祉」のためであるという理由で、適切なものとして弁護されることがあるが、さまざまな選択肢が共通の福祉にどれほど貢献するのかをはかり、そのなかでどれが一番大きいかを確認する尺度が存在しないように思われるので、これらの語句が何を意味しているのかは明らかではない。しかし明らかなことは、ある選択が社会のすべての階層の利益を必ずしも前もって考慮せずになされた場合には、それは党派的で不正な選択にすぎないとの批判をまぬがれないであろう、ということである。しかし、すべての人々の要求が立法に先立って公平に考慮されたなら、たとえある階層の要求が他の階層の要求に従わしめられる結果となったとしても、このような非難はまぬがれるであろう。

異なった部類または利益についてのいくつかの相い競う要求のうち、「公共の福祉のために」ある一つが選ばれたという主張は、すべての人々の要求が決定に先立ってこのように公平に検討されたということを、事実上意味するだけである、と実際に主張されるかもしれない。この主張が正しいかどうかにかかわりなく、この意味における正義は、公共の福祉のためであろうとする立法のさいのいかなる選択によっても、満たされなければならない少くとも一つの必要条件である、ということは明白であるように思われる。これが配分的正義 distributive justice のさらにもう一つの側面であって、それはすでに論じた単純な形態とは異なるものである。なぜなら、ここで正当に「配分される」ということは、特定の利益を要求する一つの部類の人々の間での利益のことではなく、さまざまな利益に対する相い競う要求に公平に留意し、配慮することであるからである。

第二節　道徳的および法的責務

正義というのは、個人の行動にではなく、さまざまな部類の人々の取り扱い方に主としてかかわる道徳の一部である。このことによって、正義は法や他の公的ないしは社会的制度を批判するさい、特別な重要性をもつのである。それは徳のうちでもっとも公的なそしてもっとも法的なものである。しかし正義の原則は道徳の観念をすべて含んではいない。だから、道徳的な基礎からなされる法についてのすべての批判が、正義の名においてなされるわけではない。ある法は道徳的には個人がしてはいけないとされている行動を求めているという単にそれだけの理由によって、あるいは、道徳的には義務的である行動を差し控えるよう求めているという理由で、そのような法は道徳的に悪であると非難されるかもしれない。

それゆえ、道徳に属しそして行為を道徳的に義務づけるような、個人の行為に関する、これらの原則 principles、ルール、基準 standards を、一般的な用語で特徴づけることが必要である。ここで、われわれは二つの関連した困難に直面する。まず第一に、「道徳」という言葉、および「倫理」というようにそれと関連しあるいはほとんど同義の他のすべての用語は、それ自身かなりの曖昧な部分や「開かれた構造」をもつのである。ある人は道徳として分類するだろうが、他の人はそうしないような一定の形態の原則やルールがある。第二に、以上の点に関して合意が存在し、一定のルールや原則が疑いもなく道徳に属するものとして受けいれられているところにおいてさえ、それらの地位、つまりそれが人間の他の知識や経験に対してどのような関係にあるのかについて、大きな哲学的な不一致がまだ存在するかもしれない。それらは人間によってつくられたのではなく、人間の知性によって発見されるのを待っている宇宙の構造の一部を形成する不変の原則なのであろうか。それとも、それらは変化する人間の態度、選択、要求、感情の表現なのであろうか。これらは道徳哲学における二つの極端をぞんざいに方式化したものである。それら両極端の間に、多くの複雑で微妙な変形が存在するのであり、哲学者たちはそれらを道徳の性質を解明するため努力するなかで発展させたのである。

これから後において、われわれはこれらの哲学的な困難さを取り除こうとするのである。われわれは、後に(1)「重要性」、「意図的な変更を受けないこと」、「道徳的犯罪の自発的な性格」、「道徳的圧力の形態」という見出しの下で、四つの基本的な特徴を確認するのであるが、それらの特徴は、もっとも一般的に「道徳」とみなされている行動に関する原則、ルール、基準のなかに常に一緒に見い出されるのである。これらの四つの特徴は、そのような基準が社会生活や個々人の生活において演じている特徴的で重要な機能のさまざまな側面を反映している。このことによってのみ、これら四つの特徴をもつものをすべて、別々の考慮のために、なかんずく法との対比および比較のために、区分することは正当化されるだろう。さらに道徳がこれらの四つの特徴をもつという主張は、その地位や「基本的」性格について対立する哲学理論にはかかわらないのである。たしかに、すべてと言わないまでもほとんどの哲学者は、これらの四つの特徴がすべての道徳的ルールや原則に必要であることに同意するであろう。もっともその場合、彼らは道徳がそれらの特徴をもつという事実については非常に異なった解釈や説明をするだろう。これらの特徴は、道徳と、もっと厳密なテストによれば道徳から除外されるような、行動に関する一定のルールや原則とを区別するのに必要であるだろうけれども、ただ必要であるだけであって、十分ではないとして反論されるかもしれない。われわれは、そのような反論が基礎としている事実には言及するだろうが、われわれは広い意味での「道徳」を支持する。そうするのが正しいと考えるのは、多くの慣用法と一致するからであり、またこの広い意味でのこの言葉があらわすものは社会生活および個人生活において重要で明白な機能を演じているからである。

(1) 後出一八九ページ以下。

われわれはまず、ある社会で「行なわれている道徳」'*the* morality' として、あるいは実際の社会集団の「容認された」もしくは「慣習的な」道徳 the 'accepted' or 'conventional' morality としてしばしば言及されている社会現象を考察する。これらの語句が言及しているのは、個々の社会で広範に共有されている行為の基準であって、それらは個人の生活を支配しているがともに住んでいる多くの人々に共有されているわけではない道徳的原則や道徳的理想 the moral principles or moral ideals と対比されるものである。社会集団に共有され容認された道徳の基本的要素は、責務の一般的観念の解明にかかわっていた第五章ですでにのべられた種類の、そしてそこで責務の第一次的ルールと呼ばれた種類のルールから成りたっている。これらのルールが他のルールと区別されるのは、それらを支えている重大な社会的圧力と、それらに従うさいにおこる個人の利益や好みのかなりの犠牲の両者によってである。同じ章で、われわれはまたそのようなルールが社会的コントロールの唯一の手段であるような段階にある社会を描写した。その段階においては、もっと発展した社会でなされるような法的ルールと道徳的ルールの間の明白な区別に対応するものは何もない、ということにわれわれは注目した。このような区別の萌芽的な形態があらわれるのは、たぶん、一方において不服従に対しては刑罰の威嚇によって主として維持されているルールが、他方においてルールに対するもっともらしい尊敬、罪の意識、自責の念へ訴えることによって維持されているルールがある場合であろう。この初期の段階がすぎ去り、法以前の世界から法的世界への歩みがなされたとき、したがって社会的コントロールの手段が、承認、裁判、変更のルールを含むルールの体系をもつようになったとき、法的ルールと他のルールとのこのような対比は固定し、確定したものになる。公的な体系によって確認された責務の第一次的ルールは、このように公的に承認されたルールとともに存在しつづける他のルールとは、今や区別される。実際、われわれ自身の社会、およびこの段階に達したすべての社会において、法体系の外にある多くのタイプの社会的ルールや基準が存在する。そして、ある法理論家達は「道徳」という語を法的ルール以外のすべてのルールを指し示すように用いたこともあるが、これらのうちのいくつかだけが、通常、道徳として考えられ、語られている。

このような法的ルール以外のルールは、さまざまな方法で区別され分類されるだろう。あるものは、ただ特定の範囲の行動（たとえば服装）とか、意図的につくられるが、ときたましか行なわれない行動（たとえば儀式やゲーム）に関する非常に限られた範囲のルールである。あるルールは社会集団一般に適用されると考えられ、他のルールはそのなかの特別な下位集団に適用されると考えられる。その場合その下位集団は、明白な社会階層のような一定の特質によって、あるいは特定の目的のために会合したり結合したりすることをみずから選ぶことによって区分される。あるルールは合意によって拘束力をもつと考えられ、自主的な脱退を許すだろうが、他のルールは合意や他の形態の意図的な選択に由来するものではないと考えられるだろう。あるルール（たとえばエチケットや正しい話し方のルール）は、違反されたとき、当然なすべき「正しい」ことを主張し、それを思い出させるだけであろうし、他のルールは厳しい非難や侮辱あるいは関連団体からの多少とも長びいた除名を伴うだろう。いかなる正確な尺度もつくりえないが、これらのさまざまなタイプのルールがもつ相対的な重要性の概念は、それが要求する私的な利益の犠牲の量、および一致への社会的圧力の重さの両方に反映されている。

発展した法体系をもつすべての社会において、最高の重要性を与えられ、法と決定的に異なるにもかかわらず多くの類似点をもつようなルールが、法的ルール以外のルールのなかに存在する。「権利」「責務」「義務」という言葉は法的ルールの要件を表現するために用いられるのであるが、それらに「道徳的」を冠して、これらのルールが要求する行動や差し控えを表現するために非常にしばしば用いられる。すべての社会において、法的責務と道徳的責務の内容には部分的な重複がある。もちろんその場合、法的ルールの要求するものは道徳的ルールの要求するものより特定しており、より詳細な例外で囲まれているが。道徳的な責務と義務は、その特徴としては、多くの法的ルールの場合と同様に、意図的に選ばれた場合にたまたま起こる活動におけるよりも、むしろ集団の生活でたえまなく起こる状況において行なわれるべきことや行なわれるべきでないことにかかわっているのである。そのようなルールが要求するものは、それを行なうのに特別な熟練や知性を必要としないという意味で、単純な差し控えか活動かである。道徳的責務は、たいていの法的責務と同様に、正常な大人なら誰でも行ないうることである。これらの道徳的ルールに従うことは、法的ルールに従うのと同じように当然のことと考えられるので、違反は厳しい非難を招くが、道徳的責務に一致しても、ここでも法への服従と同様に、例外的な誠実さ、忍耐、特別な誘惑への抵抗により特徴づけられるとき以外、称賛されることはない。道徳的責務および義務はさまざまに分類されるだろう。社会のすべての構成員がかかわるわけではないが、比較的明白な永続的な機能や役割をもつものもある。そのようなものとしては自分の家族の面倒をみる父や夫の義務がある。他方、正常な大人なら誰でも生涯を通じて負うと考えられる一般的な責務（たとえば暴力を差し控えること）、およびいかなる構成員も他人と特別な関係に入ることによって受ける特別な責務（たとえば約束を守るとか、利益を受けたらそのお返しをする責務）の両方がある。

このもっとも基本的な種類の道徳的ルールにおいて認められた責務および義務は、社会ごとに異なるであろうし、ひとつの社会においても、ときとともに変わるであろう。それらのいくつかは、何が集団の健康や安全のために必要かについてのまったく誤った、あるいは迷信的でさえある信念を反映していることもある。ある社会では、夫の火葬にさいしてその薪の上に自分も身を投げ出すことが妻の義務であったりするし、また他の社会では、自殺は共通の道徳に対する犯罪であるかもしれない。ある社会の特有な、しかし現実の必要から、あるいは迷信や無知から生じる道徳律のなかにはさまざまなものがある。しかし社会道徳は、それが法から区別されるような段階に達した社会においては、常に一定の責務および義務を含むのであって、それらは人々と彼らが住んでいる世界がそのもっとも身近なそして明白な特質のいくつかをもつかぎり、いかなる社会の存続にも欠くことのできない私的な好みや利益を犠牲にすることを要求するものである。明らかに社会生活のために要求されるそのようなルールとしては暴力の自由な使用を禁止、あるいは少くとも制限するルール、他人とかかわるさいに一定の形態の誠実さと正直さを要求するルール、および有体物の破壊あるいはそれを他人から奪うことを禁止するルールなどがある。これらのもっとも初歩的なルールに従うことが、お互いに接近して生活している個人の集団において、当然のことと考えられないならば、その集団を社会として記述することは疑わしいだろうし、それが長く続かないことは確かであろう。

このようにして、責務や義務に関する道徳的ルールと法的ルールの間には、それらが共通の言葉をもつのは決して偶然でないことを示すに十分なある顕著な類似点が認められるのである。この類似点は次のように要約されるであろう。道徳的および法的ルールは、拘束される側の個人の同意とは無関係に拘束力をもつものと考えられ、順守への社会の重大な圧力によって支えられている、という点で似かよっている。また法的および道徳的責務への服従は称賛の対象ではなく、社会生活に対する最小限の貢献とみなされるものであり、それは当然のこととして受けいられるべき事柄なのである。さらに、法と道徳にはある特別な活動や特別な機会においてというより、むしろ人生を通じて常に繰り返される状況における個人の行動を支配するルールが含まれているのである。また、両者にはある特定の社会の現実のあるいは架空の必要に特有なものも多く含まれることがあるとしても、この両者はともに、人間の集団というものが共同生活をうまく維持するためにはどうしても満たさなければならないことを要求するのである。したがって、身体または財産に対するある形態の暴力の禁止とか誠実さと正直さのある種の要請は、法にも道徳にも見い出されるであろう。しかしこのような類似点にもかかわらず、法と道徳が共有できないいくつかの特徴が存在することは、たとえそれらを方式化することは極めて困難であることが法律学史上わかっているとしても、多数の目には明らかであるように思えるのである。

法と道徳の本質的相違を手短かに示そうとするもっともよく知られている試みとしては、法的ルールは「外面的」行動のみを要求し、行為の動機、意図あるいはその他の「内面的」要素には無関心であるのに対して、道徳はいかなる特別な外面的活動をも要求せず、単に善良な意思あるいは正しい意図または動機を求めるにすぎないものである、と主張する理論がある。この理論は、つまるところ、法的ルールと道徳的ルールはこれを正しく理解すればどうしても同じ内容をもちえない、という驚くべき主張に帰することになる。これには真理への示唆があるとしても、この理論はそのままでは人を非常に誤らせるものである。たしかに、この理論は道徳のある重要な特徴から、とりわけ道徳的非難と法的処罰との間にみられるある種の相違から、誤まってではあるが、導き出されたものである。ある者が道徳的ルールによって禁じられていることをなし、それが求めていることを行なわない場合であっても、もし彼のその振舞いが無意識から、また十分な注意にもかかわらず生じたものであるならば、それは道徳的非難を免れる口実になる。これに反して、法的体系または慣習の場合には、そのルールの違反が無意識にそして「過失」なく行なわれたとしても、その者は処罰を受けるべきであるという「厳格責任」のルールが存在する。このようなわけで、「厳格責任」という観念を道徳において用いることは、この領域においてはいずれに劣らず言葉の上の矛盾ということになるのに対して、この観念が法体系のなかに見い出される場合には、それは単に批判を免れないかもしれないというたぐいのものである、というのはまさに真である。しかし、この意味は道徳が善良な意図、意思あるいは動機だけしか要求しないということではない。後に示すように、このような主張はまったくのところある行為の弁解という観念を正当化という観念と混同することになる。

それにもかかわらず、この混乱した議論には何か重要なものが描きこまれている。つまり、法と道徳の相違は前者の「外面性」と後者の『内面性」の対比と結びつけられているという趣旨は曖昧であるが、法と道徳に関する思索において常に繰り返されているテーマであるだけに、まったく根拠がないものとすることはできないのである。これを捨て去るよりも、むしろわれわれは、道徳を法的ルールだけでなくその他の形態の社会的ルールから区別するのに全体として役立っている四つの互いに関連する基本的な特徴を簡潔に言いあらわしたものとして、これを取り扱うことにしよう。

㈠　重要性　どのような道徳的ルールまたは基準であれ、その基本的特徴はそれぞれ何か維持されるべき非常に重要なものと見られているところにある、と言うのは、わかりきったことのようであると同時に曖昧である。しかし、この特徴はどのような社会集団または個人の道徳であれ、それを忠実に説明しようとする場合には決して省くことができないし、またそれ以上に詳しく表現することもできないものである。この特徴はいろいろな形であらわされる。まず第一に、道徳的基準はそれが禁じている強力な感情の発現を押えるために、しかもかなりの個人的利益の犠牲において維持されるという単純な事実のなかに、第二に、個々の場合に道徳的基準を順守させるためにだけではなく、社会のすべての者に対してそれを当然のことと教え込み、伝えるためにも用いられる社会的圧力の重要な諸形態のなかに、第三に、もし道徳的基準が一般に受けいれられないならば、個人の生活に広範で不愉快な変化が生じるであろうという一般的な認識のなかに、あらわされているのである。道徳にくらべて、行儀、作法、服装についてのルール、それにすべてではないとしても法のいくつかのルールは、大きな重要性という尺度では比較的低い位置を占めるものである。この種のルールは、それを守るのは面倒であろうが、大きな犠牲を要求するものではない。つまり、服従をえるために大きな圧力は何ら加えられないし、それらが順守されず改められなくても、社会生活の他の分野には何ら大きな変化が生じるものでもないであろう。このようにして道徳的ルールの維持が重要だとされることは、大部分納得のいく合理的な線で簡単に説明することができるであろう。というのは、たとえ道徳的ルールがその拘束を受ける個人の私的利益の犠牲を要求するとしても、それに服従することはすべての者が同様に共有している重大な利益を保障するからである。それは、明白な害悪から人々を直接保護することによって、または何とかがまんのできる秩序ある社会の組織を維持することによって、なされるのである。しかし、多くの社会道徳の合理性は、明白な害悪からの保護としてこのように弁護されるだろうが、このような単純な功利的アプローチがいつも可能であるとは限らないし、また可能である場合でも、それが道徳に従って生活している者の見解を代表しているものと受けとられるべきでもない。結局、いかなる社会においても、道徳の極めて顕著な部分は性行為に関するルールから成りたっているが、そのルールの禁じる行動は他人にとって有害であるという信念と結びついているからそのルールは重要である、ということは少しも明らかではないし、そのようなルールがこのようにして実際正当化されるとは限らないであろう。道徳を神託されたものとはみなさなくなった近代社会においてさえ、性行動のもっている重要性は、同性愛行為に対する一般的拒否の場合に見られるように、他人にとってどれほど有害であるかという計算では明らかにされるものではない。性的な作用とか感情はすべての人にとって極めて重要であり情緒的関心事であるので、それの認容されたまたは正常な表現形態から逸脱する場合には、そこに本来そなわっている「恥ずかしさ」すなわち重要性が容易につきまとうのである。それが嫌悪されるのは社会に弊害をもたらすという考えからではなく、単に「不自然」であるとか、それ自体不快であるということによるのである。しかし、この種の強度の社会的拒否が道徳という肩書きをもてないとするのは不合理であろう。いかにも、性道徳はおそらくふつうの人が道徳と考えているもののなかでももっとも顕著な面であろう。社会はこの「功利的でない」方法でみずからの道徳的見解をもつだろうが、そのことから、社会のルールの維持が無益であると判断されたり大きな苦痛という犠牲を払って購われたりする場合に、そのルールが批判や非難を免れるということにならないのはもちろんである。

すでに見たように、法的ルールは、道徳的ルールと同一の行動を求めたり禁じたりするという意味において、道徳的ルールと一致することがある。そのような法的ルールは、疑いもなく道徳的ルールと同じほど重要であると感じられる。しかし重要性というものは、道徳の資格にとってほど、すべての法的ルールの資格にとって不可欠でないのである。ある法的ルールはそれを維持することがまったく重要でないと一般に考えられることがあろうし、事実またそれを廃止すべきことが一般に認められることがあろう。しかし、それは廃止されるまでは法的ルールとして存続する。他方、道徳の場合は、あるルールがもはや重要ではなく維持する価値のないものであると考えられたにもかかわらず、なおそれを社会の道徳の一部であるとみるのは不合理なことであろう。昔からあったという理由だけで今なお維持されている古い慣習とか伝統は、たしかにかつて道徳的ルールとしての地位を占めていたであろうが、今やその道徳の一部としての資格は、その順守と違反に伴っていた重要性とともに霧散してしまっているのである。

㈡　意図的な変更をうけないこと　ある法は最高の立法府の権限を制限する成文憲法によって変更されないよう保護されている場合があるけれども、法体系の特質は意図的な立法行為により新しい法的ルールが導入され、古いものは改廃されるというところにある。これと対照的に、道徳的ルールとか原則の場合には、このような方法ではこれを導入、変更、廃止することができない。しかしこのようにすることが「できない」と主張しても、人間が気候を変えることが「できない」という主張と同じように、ある事態では現実にそのことが起こりうることを否定するものではない。そうではなくて、この主張は次のような事実を指し示しているのである。すなわち、「しかじかの行為は一九六〇年一月一日をもって刑事犯罪とされる」とか、「しかじかの行為は一九六〇年一月一日をもってもはや違法とはされない」ということや、このような陳述を、定立または廃止された法を参照して支持することは十分意味のあることである。ところが、これにくらべて、「しかじかの行為は明日からもはや不道徳ではなくなる」とか、「しかじかの行為は去る一月一日をもって不道徳なものになった」というような陳述、およびこれらを意図的な定立を参照して支持しようとする試みは、無意味とは言わないまでも驚くべき矛盾となるであろう。というのは、道徳的ルール、原則または基準が、法と同様に、意図的行為によってつくり出されたり変更されたりすることができるものとみなされるべきだということは、個人の生活において道徳が果たしている役割と矛盾するからである。行動の基準は人間の厳命 *fiat* によって道徳的地位を与えられたり奪われたりするものではないのである。このことが法について当てはまらないことは定立、廃止というような日常の用法から明らかである。

道徳哲学の大部分は、道徳のこのような特徴を説明しようとし、道徳は何か「そこにあって」承認されるというたぐいのものであり、人間の意図的な選択によってつくられるものではないということの意味を明らかにすることに腐心しているのである。しかし、この事実それ自体は、それの説明とは異なり、道徳的ルールの特色とされるものではない。なぜなら、道徳のこのような特徴は、それが極めて重要なものであるとしても、それ自体では道徳を社会規範のその他のすべての形態から区別するのに役立たないからであって、その理由は、他の点ではそうでないにしても、この点についてみればどのような社会的伝統でも道徳と似ているということによるのである。つまり、伝統もまた人間の厳命によって定立したり廃止したりすることのできないものである。おそらくは偽作であろうが、イギリスのある新しいパブリック・スクールの校長が、来学期のはじめから上級生は一定の服装をすべきであることを本校の伝統とすると発表したという話があるが、それがこっけい味をもつのは、伝統という概念が意図的な定立および選択の概念と理論的にまったく矛盾するからである。ルールはそれが生成し、実行されることによってその伝統としての地位を獲得し、用いられなくなり、衰退することによってそれを失う。そして、このようにゆっくりした、意図的でない過程とは別の方法で導入されたり廃止されるルールは、それによって伝統としての地位を得たり失ったりするということはありえないであろう。

道徳や伝統は法のように立法機関の制定行為によって直接変更されるものではないという事実から、それらが他の形の変更をも受けないものであると誤解してはならない。たしかに道徳的ルールや伝統は意図的な選択や定立によって廃止したり変更することはできないけれども、法の定立や廃止がある種の道徳的基準やある種の伝統の変化または衰退の原因の一部になることは十分ありうることである。もしガイ・フォークスの夜祭のような伝統的な慣行が法によって禁じられたり罰せられるということになれば、この慣行は絶え、伝統は消滅するだろう。これに反して、もしある法がある階層の人々に兵役を課すことになれば、これはその階層に一つの伝統を生み出し、それはその法よりも長く存続することになるかもしれない。したがって、法の規定もまた誠実さや人道性の基準を立てる場合があり、これは究極的に現行の道徳を変更したり高めたりすることにもなる。これに反して、道徳上義務的であると考えられる慣行を法によって抑制することが、結局は、その慣行が重要であるという意識とそれゆえにまたその道徳としての地位を失わしめる原因となるのである。しかしたいていの場合、法はこのような深く根をおろしている道徳との戦いには敗れるのであり、その道徳的ルールは道徳が命じるものを禁じる法とならんで生気あふれる活動を続けるのである。

伝統や道徳が変化する場合、法がその原因となるかもしれないが、その変更の諸形態は立法機関による変更や廃止とは区別されなければならない。というのは、法律の制定によって法的地位が獲得されたり失われたりすることはたしかに制定された法律の「法的効果」であると呼ばれるであろうが、これは、制定法が道徳または伝統に対して結果的にもたらす効果のような、偶然的な変化の原因となるものではない。この相違を理解するためには、明白で有効な法の制定が道徳の変更をもたらすかどうかは常に疑うことができるのに対して、明白で有効な法の制定が法を変更したものであることに対して同様の疑いをさしはさむことはできない、という事実を見れば十分であろう。

道徳または伝統の観念が意図的な制定による変更の観念とは相いれないものであるということは、また、ある体系のある種の法が憲法の制限的条項によって変更を受けないということとも区別されなければならない。このような変更を受けないことは、憲法の改正によって取り除くことができるものであるから、法が法としてもっている地位に不可欠の要素ではない。このように法が立法機関による変更を受けないのとは異なり、道徳や伝統が同様の方法によって変更されえないということは、社会によってまたは時代によって異なるという性質のものではない。そのことは道徳や伝統という言葉の意味に組み込まれているものであって、法の定立が法をつくり変更するのと同様の意味で、道徳をつくり変更する権限をもった道徳定立機関があるというような考えは、道徳の観念そのものと矛盾するものである。特に国際法について考察するようになれば、この体系の欠陥であるとみられることのある立法機関の単なる事実上の欠如と、ここで強調したように、道徳的ルールまたは基準は立法行為によってつくられ廃止されるという考えに潜んでいる基本的な矛盾とを区別することが重要であることがわかるようになるであろう。

㈢　道徳的犯罪の自発的な性格　法は「外面的」行動にのみ関与するのに対して、道徳はもっぱら「内面的」なものに関与するという古くからある考えは、すでに検討した二つの特徴を部分的に誤って言いあらわしたものである。しかし、この考えは道徳的責任と道徳的非難のある顕著な特徴を示すものとして極めてしばしば取り扱われている。もしある人の行動が外部から判断して道徳的ルールまたは原則を犯しているにもかかわらず、その者が自己の行為は故意によるものではなく、自己のできるかぎりの注意にもかかわらず生じたものであることを立証するのに成功したという場合、その者は道徳的責任を免れるし、このような事情の下で彼を非難することはかえって道徳的に問題があることになるであろう。ここにおいて、彼はできるだけのことをしたのであるから、道徳的非難を免れるのである。発達したいずれの法体系においても、ある点まで同じことが言えるのである。というのは、故意という一般的要件は刑事責任における一要素であって、それは、不注意によらず、無意識に、あるいは法に従う肉体的または精神的能力を欠く状態において罪を犯す者が免責されることを確保するために予定されたものだからである。もしもこういうことになっていなければ、法体系は、少くとも厳しい刑罰を伴う重罪の場合に、大きな道徳的非難にさらされることになるであろう。

それにもかかわらず、すべての法体系にこのような免責をもち込むことはさまざまな方法によって制限されている。心理的事実の証明は本当に困難であり、あるいは困難であるといわれているので、法体系は特定の個人が現にもっている心理的状態ないしは能力の究明を拒み、その代わり「客観的テスト」を用いることになる。このテストによって、罪を問われている個人は、通常人とか「道理をわきまえた」人間のように自制の能力をもち、あるいは注意能力をもつものとみなされるのである。法体系のなかには「意思」能力の欠如と「認識」能力の欠如とを区別しないものがある。このような場合に、これらの法体系は罪の免責の範囲を意思の欠如または知識の欠陥に限ることになる。また法体系はある犯罪類型については、おそらく被告人が正常に身体をコントロールすることができなければならないという最低の要件は別にして、「厳格な責任」を課すことによって責任を故意とはまったく切り離しているのである。

したがって、被告人が自分の違反した法について、それを順守しようとしてもできなかったであろうということを示すことによって、法的責任は必ずしも除かれるとはかぎらないということは明らかである。これとは対照的に、道徳上の行為においては「せざるをえなかった」ということは常に一つの弁解となるものであり、また道徳的責務は道徳上「べきである」ということがこの意味において「できる」ということを意味しない場合には、現にあるものとはまったく異なるものになろう。しかし、「せざるをえなかった」が（十分な弁解であるとしても）一つの弁解にすぎないということを理解し、弁解を正当化と区別することは重要なことである。というのは、すでにのべたように、道徳は外面的行動を要求するのではないという主張はこれら二つの観念の混同に起因するものだからである。もし善意というものが道徳的ルールの禁じる行為を正当化するものであれば、あらゆる注意を払ったにもかかわらず、誤って他人を殺した者の行為について嘆き悲しむことは何ひとつないであろう。このような行為は、正当防衛上必要な措置としてなされる他人の殺害と同じようにみられるべきである。後者が正当なものとされるのは、そのような状況における殺人が、たとえ殺人の一般的禁止の例外であることはいうまでもないとしても、法体系が防止しようとするものではなくむしろ奨励しさえするような性質の行為であるからである。罪を犯した者が、故意によるのではないという理由で弁解がいれられるという場合、その根底にある道徳的観念は、この行為が法の政策上許容され、あるいは歓迎さえされるといった性質をもつものだからというところにあるのではない。むしろそれは、この場合の犯罪人の精神状態を調べてみると、その者は法の要請に従う正常な能力を欠いていたとみられる、というところにある。このようにみてくると、この道徳の「内面性」という側面は、道徳が外面的行動に対するコントロールの形態ではないということを意味するのではなく、個人は自己の行動についてある種のコントロールをしなくてはならないというのが道徳的責任の一つの必要条件であるということである。道徳においてさえも、「彼は誤ったことをしなかった」ということと「彼はそれをせざるをえなかった」ということの間にはある相違が存在する。

(四) 道徳的圧力の形態　道徳のもう一つの顕著な特徴は、道徳を維持するために用いられる道徳的圧力の特有な形態である。この特徴はすぐ前にのべたところと密接に関連しており、またそれと同様に道徳は「内面的」なものにかかわるという曖昧な観念の形成におおいに寄与してきたものである。道徳をこのような解釈に導いたのは次のような事情による。もしある者が行動に関するルールを破ろうとする場合に、それを思いとどまらせる論法として常に体刑と不愉快な結果という威嚇のみがもち出されるというのであれば、そのようなルールをその社会の道徳の一部とみなすことは不可能であろう。たとえそうだとしても、それが社会の法の一部として取り扱われることに異議はないであろう。法的圧力の典型的な形態はこのような威嚇からなっているということができよう。これに反して、道徳については、圧力の典型的形態はルールをそれ自体重要なものとして尊重しようという訴えからなっており、その尊重はルールの名宛人によって共有されていると考えられる。したがって、道徳的圧力は威嚇によってあるいは恐怖や利益に訴えることによってではなく、行なわれようとする行為の道徳的性格および道徳の要請を思い出させることによって、もっぱらではないとしても特徴的に行使されるのである。「それでは嘘になるだろう」とか「それでは約束を破ることになるだろう」というような表現をとってみても、その背後にはたしかに刑罰の恐怖に類似した「内面の」道徳がある。というのは、抗議はそれが向けられる者に恥辱または罪悪の念を呼び起こすということが考えられるからである。つまりその者は自らの良心によって「罰せられる」ことになろう。もちろん、このような極めて道徳的な訴えには、体刑の威嚇とか通常の個人的利益に対する訴えが付随することがある。道徳律から逸脱すれば敵対的な社会的反作用に出会うことになり、それには比較的ありふれた軽蔑から社会関係の断絶あるいは社会からの追放にいたるまでさまざまな形態がある。しかし、ルールが求めているものを強く思い出させること、良心に訴えること、あるいは罪の意識とか自責の念という作用に頼ることは、社会道徳を支えるために用いられる圧力の、特徴的な非常に顕著な形態である。社会道徳がまさにこのような方法で維持されるべきであるということは、道徳的ルールや基準を維持すべきまったく重要なものとして容認していることの当然の帰結である。このような方法で維持されないような基準は、社会および個人の生活において、道徳的責務としての特色ある地位を占めることができないであろう。

第三節　道徳的理想と社会的批判

道徳的責務と義務は、社会道徳の基礎となるものではあるが、そのすべてではない。ただここでは、他の諸形態を検討する前に、われわれが道徳的責務の特徴を示したさいのやり方に対する一つの異議について考察してみよう。道徳的責務を他の形態の社会的基準やルールから区別するために前節で用いた四つの標準（重要性、意図的な変更を受けないこと、道徳的犯罪の自発的な性格、および道徳的圧力の特殊な形態）は、ある意味では形式的な標準である。これらは、ルールや基準が道徳的なものであるためには必ずそなえていなければならない内容のいかなるものにも直接言及していないし、また社会生活においてそれらが奉仕すべき目的にさえも触れていない。たしかに、われわれはすべての道徳律においては人または物に対する暴力行使のある形での禁止とか、誠実の要請、公正な取引きとか約束の尊重が見られるということを主張した。これらの事柄は、人間の本性と物質世界の性質についてまったく自明の真理であるので、もし人間がお互いに密接な共同関係において生活し続けるものであるとすれば、まったく必要不可欠であると考えられる。したがって、また、このようなことを定めたルールがすでにのべた道徳的重要性および地位をすべての場合に与えられているとは限らないとすれば、それは異常なことであろう。このようなルールが要求する個人的利益の犠牲は、われわれの世界のようなところで他人とともに生活することに対して支払われるべき代価であり、またそのようなルールが提供する保護はわれわれのような存在にとって他人との生活を価値あるものにする最小限のものであるということは明らかであると思われる。次章で論じるように、これらの単純な事実は自然法の諸理論において争う余地のない真理の中核をなすものなのである。

多くの道徳理論家達は道徳を定義しようとして、われわれの提示した四つの標準のほかにさらにもう一つの標準として、道徳と人間の必要および利益との間に存在する一見明白な関連性をもち込もうとするだろう。人間の利益という観点からの合理的な批判に耐えないかぎり、また人間の利益がルールになっている社会において（おそらく何らかの公正なまたは平等な方法をとったとしても）その利益を促進しうるものと認められないかぎり、いかなるものも道徳の一部として認めるべきではない、ということを彼らは明確にしようとするであろう。ある者はさらにすすんで、行動に関するいかなる原則またはルールであっても、それが求める自制と行動の恩恵が、ある特定の社会の範囲を超えて、このようなルールを尊重する意思と能力のあるすべての者にまで行きわたるのでなければ、これらの原則またはルールを道徳として承認することを拒むということさえあるかもしれない。しかし、われわれはわざと道徳についてより広い見方をとったのであるが、それは社会の現実の慣行においてすでにのべた四つの特徴を示す社会的ルールおよび基準をすべて道徳に含めるためである。これらの特徴のいくつかは、ここに追加されたテストに照しても批判に耐えるであろうが、他のものは、それに対して、非合理的とか非啓発的あるいは野蛮であるとさえ批判されることがなきにしもあらずである。われわれが道徳についてこのような見方をとる理由は「道徳」という言葉の用法がこのような広い意味を支持しているというだけではなく、このような特徴を排除するようなより狭い制限的見解をとれば、道徳にたよっている者の生活において、同じ方法で機能している社会構造の諸要素をまったくありそうもないやり方で分割してしまうことになるだろうからである。現実に他人を害することにはならないような行動を道徳的に禁止する場合、その禁止は他人を害する行動の禁止とまったく同一の直観的敬意をもってみられるだけではない。それは、より理性的に弁護できるルールの要求とともに、人物の社会的評価にもたずさわるし、またこのようなルールとともに、個人に対して期待され、個人が実際に行なっているとみられる生活に関する一般に受けいれられた像の一部を形成するものである。

しかし、道徳が社会集団の現実の慣行のなかに認められている責務や義務よりもはるかに多くのものを含んでいるということは真実であり、しかも重要なことである。責務や義務は、道徳において、あるいは社会道徳においてすら、その基礎をなすものにすぎないのであり、特定の社会で受けいれられ共有されている道徳を超えた形の道徳も存在する。ここでは道徳についてのさらに二つの側面に注意を向けなければならない。第一は、ある特定の社会においてすら、命令的な道徳上の責務および義務の構造とそれらを規定する比較的明確なルールとならんで、ある種の道徳的理想が存在するということである。この理想の実現は、義務がそうであるようには、当然のことと考えられるのではなく、称賛に価する一つの成果であるとみられる。英雄とか聖者は自己の義務以上のことを行なう者の極端な典型である。彼らの行為は、責務や義務とは異なり、彼らに要求することのできるたぐいのものではなく、その行為をすることができなかったとしてもそれは悪とも非難すべきこととみなされないのである。聖者や英雄よりは控え目な尺度からすれば、人々は、日常生活で示す勇敢、慈善、慈悲、忍耐、貞節といった道徳的な徳によって、称賛に価すると社会において認められている。社会的に認められたこのような理想および徳と、社会的責務および義務の基本的な命令的形態との関連はかなりはっきりしている。多くの道徳的な徳は、義務が求めるたぐいの他人の利益への考慮あるいは個人的利益の犠牲といったものを、義務が求める限られた範囲を超えて推し進める能力および気質の美点なのである。慈悲とか慈善はこの例である。節度、忍耐、勇気あるいは誠実といった他の道徳的な徳はある意味では補完的なものである。つまり、これらは、特別な誘惑とか危険に直面したさいに、義務に対して異常なまでに専心する場合とか、重要な道徳的理想を追求する場合に示される人格上の美点なのである。

　道徳のさらに広い範囲においてはわれわれは、さまざまな方法で、特定の社会集団において認められた責務と理想の範囲を超えて、社会自体を道徳的に批判するさいに用いられる原則と理想に到達する。しかし、ここにおいてすら道徳の原初的な社会形態との重要な関係は相変わらず存在する。われわれの社会かあるいは他の社会で受けいれられている道徳を検討する場合、批判すべき多くの事柄を常に見い出すことができる。そこで行なわれている道徳は、現段階の知識から見ると、不必要に抑圧的、残酷、迷信的あるいは非啓蒙的であるようにみえることがある。それは、他人にほんのわずかの恩恵しか与えない場合でさえ、人間の自由を、とりわけ宗教に関する議論や行ないにおいて、あるいはさまざまな形の人生を送ってみようとする試みにおいて束縛することがある。とりわけ、ある社会の道徳はその社会の構成員にのみ、あるいはさらにある階層にのみ害悪からの保護をさしのべ、奴隷や農奴階級をその主人の気まぐれのなすがままにしておくということもある。このタイプの批判は（たとえ拒否されることがあるとしても）「道徳的」批判としてはきっと承認を与えられるであろうが、そのタイプの批判には、社会の仕組みは容認されている道徳を含めて、一方においては合理性、他方においては一般性という二つの形式的な条件を満さなければならないという前提が暗に含まれている。だから、このような批判に暗に含まれているのは、第一に誤りであることが明らかであるような信念に社会の仕組みはもとづいてはならないということであり、第二に、道徳がその求める行為と自制によって与えることを特徴としている害悪からの保護は、少なくともこのような制限に従うことができ、また従おうとするすべての人々に対して、さしのべられるべきであるということである。したがって、自由、博愛、平等、幸福の追求などの標語に秘められている社会についての道徳的批判は次のような事実からその道徳的性格を引き出しているのである。すなわち道徳的批判が改革をもたらすという場合に、その改革は、現存の社会道徳のすべてにおいて（おそらくその程度は不十分であるとしても）認められているある種の価値またはいくつかの価値を組み合せたものの名において行なわれるか、あるいはこれらの価値が合理性と一般性という二つの要請を満すために純化され拡大された形をとるさいにその名において行なわれるかのいずれかである。

もちろん、受けいれられている道徳または他の社会的仕組みを自由または平等の名において批判することはそれ自体道徳的批判と認められるからといって、この事実から他の価値の名においてその批判を拒否することがまた道徳的でないということにはならない。自由に対する制限を非難することに対しては、社会的経済的平等または安全のために自由を犠牲にすることはそれ自体正当化されるという主張がなされるであろう。さまざまな重点とか力点の相違は解消しえないものとみられるかもしれない。このような相違から根本的に異なった社会の理想像が生じ、また対立する政党の道徳的基盤が形成されることになるであろう。民主主義が正当であるとされる最大の理由の一つは民主主義の下では実験が許され、またこのようないくつかの選択肢から一つの訂正可能な選択が許されるというところにある。

最後に、一定の社会において一般に認められている責務とか理想を超えて道徳を拡大しようとする試みはすべて社会批判の形をとるとは限らない。心に留めるべき重要な点は道徳がその私的な側面をもつということであって、それが見られるのは個人が他の人々と共有する必要のない理想を承認する場合とか、あるいはまた個人が他人に対する批判、まして社会全体に対する批判のよりどころとみる必要のない理想を承認する場合のいずれかである。人の生活は、英雄的、空想的、美的あるいは学問的な理想の追求に献身することによって、あるいはまたこれよりも快いものではないにしても、禁欲に身をゆだねることによって規律されることがあろう。ここにおいてもまたわれわれが道徳を口にするとすれば、それは個人によってこのような方法で追求される価値がその個人みずから属する社会の道徳において認められている価値のあるものに少なくとも似ているからであると論じることができよう。しかし、いうまでもなくこの類似は内容に関するものではなく、形式と機能に関するものである。というのは、道徳が社会において果たすのと同じ役割を、このような理想は個人の生活において果たすからである。このような理想は極めて重要なものとされているので、それを追求することは他の利益あるいは欲望を犠牲にしても行なわれるべき義務であると感じられている。変化は可能であるとしても、このような理想が意図的な選択によって採用され、変更され、除去されるというような考えは馬鹿げている。そして結局、そのような理想からの逸脱は社会道徳が最初に訴えるのと同じ、良心、罪の意識および自責の念によって「罰せられる」のである。

第九章　法と道徳

第一節　自然法と法実証主義

法と道徳の間には、多くのさまざまな関係が存在するのであって、これこそ唯一の関係だとして研究のために有益に選び出せるものは何もない。大切なのはそうすることではなく、法と道徳とが関連していることを肯定したり否定したりするさいに、それぞれが意味する多くのさまざまな事柄のいくつかを区別することなのである。関連があるという主張のなかに、ときには、ほとんどだれも否定したことのないような種類のものもある。しかし、その争う余地のない関連の存在が誤解され、存在するのがもっと疑わしいような何らかの関連を示すものとされたり、あるいは疑わしい関連そのものとされることとさえあるかもしれない。たとえば法の発展が、あらゆる時代と場所を通じて、特定の社会集団の習慣的道徳とか理想から深い影響を受けるとともに、現在受けいれられている道徳の水準を超える諸個人によって主張される啓蒙的な道徳的批判の諸形態からも、深い影響を受けてきたことは事実であり、まったく疑問の余地がない。しかしこの真実を、次のような別の命題の根拠と取り違えることもありうる。すなわち法体系は、道徳もしくは正義と、何らかの形ではっきりと一致していることを示さなければならない、あるいは法体系はそれに従う道徳的責務が存在するという広く行きわたった確信に支えられていなければならないという命題である。さらにいえばこの命題は、ある意味においては真実かもしれないが、そうだからといって、ある法体系で用いられている個々の法の法的妥当性の基準が、明示的でないにせよ、黙示的には道徳ないし正義にかかわらなければならないということはそこから出てこないのである。

このほかに、多くの問題が、法と道徳の関係にかかわってくると言えるであろう。この章においては、そのうちの二つだけを論じることにしよう。その間には、多くのほかの問題をもいくらか考察せざるをえないであろうが。第一の問題についていうと、自然法と法実証主義という名称は、どちらもが法と道徳に関する一連のさまざまな主張を言いあらわすのに用いられてきているけれども、この問題はそれでもなお、自然法と法実証主義をめぐる論点として扱えばわかりやすいであろう。ここでは法実証主義を、法が道徳の一定の要求を再現もしくは充足するということは、事実上しばしばそうであったとしても、決して必然的な真理ではないという単純な主張を意味するものと考えておこう。しかし、このような見解をとる人々の間でも道徳の性質については沈黙するか意見をたいへん異にしてきたからこそ、法実証主義が拒否される形態にも、二つの非常に異なったものがあることを考察する必要がある。その一つは、古典的自然法理論においてもっとも明確に表明されている。すなわちそれは、人間行為に関して、人々の理性によって発見されうる一定の諸原則が存在すること、もし人定法が有効であろうとするならば、それに一致しなければならないことを説くのである。他の一つは、道徳についてこれと異なった、それほど合理主義的でない立場をとり、法的妥当性が道徳的価値とどのようにかかわるかについても異なった説明をするのである。われわれは、この節および次の節で、両者のうちの第一のものを考察しよう。

人がいかに行動すべきであるかの指針は人間理性によって発見されうるという命題を肯定したり否定しようとして、プラトンから今日にいたるまでおびただしい文献が著されてきたが、そこにおいては、一方の論争者は相手に、「このぐらいのことがわからなければ、だめだ」と言い、他方は、「あなたがたこそ夢を見ているのだ」と言い返すだけのようである。どうしてかというと、理性によって発見しうる正しい行為の真の原則が存在するという主張が、普通は別個の理論として提出されることなく、無生物や生物を含む一般的な自然概念の一部としてもともとは提出され、その後も長い間そのように擁護されてきたからである。このような見解は、近代の世俗的な思想の枠組みとなっている一般的な自然概念とは多くの点で対照的である。自然法理論が、その批判者にとっては、近代思想が誇らしげに離脱してきた昔からの根ぶかい混乱から生じてきているようにおもわれ、他方その擁護者にとっては、批判者がより深い真理を無視して、単に表面的なとるに足らないことを主張しているようにみえるのはこのためである。

　このようにして、近代の多くの批判者の考えによれば、正しい行為の法は人間理性によって発見されうるという主張は、「法」という言葉の多義性そのものから生じたのであって、この多義性が明らかにされると、自然法は致命的な打撃を受けたと言うのである。ジョン・スチュアート・ミルはモンテスキューをこのように扱った。すなわちモンテスキューは、法の精神の第一章において、星のような生命のないものとか、さらに動物さえもが「かれらの自然の法」に従うのに、なぜ人間がそうしないで罪におちるのかを無邪気に探究している。ミルによれば、これは、自然の動きや規則性をあらわす法則と、人に一定の仕方で行動せよと要求する法とが、たえず混同されていたことを示すのである。観察と推論によって発見しうる前者は、「記述的」と言われ、科学者が発見の任にあたるのであるが、後者は、事実の陳述あるいは記述ではなく、人に対し一定の仕方で行動せよという「指令」あるいは要求であるため、前者のようには確立できないのである。したがってモンテスキューの問題に対する答は簡単である。指令的な法は破られてもやはり法である。というのはそれは、こうせよと言われたことを人がしないということを意味するにすぎないから。しかし、科学によって発見された自然法則について、それが破られうるとか破られえないということは無意味である。もし星が、星の規則的な運行を記述しているという科学法則に矛盾するように動くならば、それは破られたのではなく、「法則」と称する資格を失ったのであり、新たに立てなおされなければならないのである。「法」の意味がこのように異なるのに応じて、それに関連して、「しなければならない」'must'、「せざるをえない」'bound to'、「するのが当然である」'ought'、「すべきである」'should' のような用語の体系的な相違が存在する。だからこの見解によれば、自然法に対する信奉は、法に関連するこれらの言葉がまったくさまざまな意味をもちうることを感じとれないという、極めて単純な誤謬に帰着する。それはあたかもそのような信奉者が、「軍務に服する義務がある」bound to と「北風になれば氷がはるにちがいない」bound to のなかで、そのような言葉がまったく異なった意味をもつことを感じとれなかったかのようである。

自然法をたいへん激しく攻撃したベンタムやミルのような批判者は、観察される自然の規則性も宇宙を支配する神によって命じられ定められているのだという信念が自然法論者の間に残っているため、法に関するこれらの異なった意味を混同するにいたったとしばしば主張した。このような神政的な観点からすれば、ブラックストーンの言うように、重力の法則と十戒――人間に対する神の法――の唯一の相違は、被造物のなかで人間のみが理性と自由意思を与えられており、したがって他のものと違って、神の指令を発見できるし、それに従わないこともできるという程度の比較的重要でないものとなる。しかし自然法は、必ずしも宇宙の支配者あるいは立法者である神が存在するという信念に結びついていなかったし、たとえ結びついている場合でも、自然法の特徴的な教義が、論理的にその信念に依拠していたわけでもない。自然法に含まれておりここで問題となっている「自然的」'natural' という言葉の意味、および今日の考えからすればこれほど明白で重要な、指令的法と記述的法の区別を軽視する自然法の一般的な見方は、ともに、この目的からみればたいへん現世的なギリシャ思想に由来するものである。しかも現に、自然法理論が何らかの形でたえず繰り返し主張されてきた一部の理由は、その訴える力が神の権威にも人間の権威にも依存しないという事実によるのであり、また、自然法理論に見られる用語法や多くの形而上学が、今日ではほとんど受けいれられないにもかかわらず、その理論が道徳と法の双方を理解するのに重要なある基本的な真理を含んでいるという事実によるのである。ここでわれわれは、これらの真理を、その形而上学的な背景から切り離し、より単純な用語で言いなおすことにしよう。

近代の世俗的な思想にとっては、無生物と生物、動物、人間の世界は、繰り返し起こる出来事や変化の舞台であり、それらによって一定の規則的な諸関係のあることが示されるのである。これらの関係の少なくともいくつかを人間は発見し、自然法則として定立した。自然を理解することは、このような近代的な見方では、これらの規則性に関する知識を、自然のある部分に有効に用いることなのである。いうまでもなく、偉大な科学理論の構造は、観察できる事実、出来事、変化を単純に反映するわけではない。実際、そのような理論の大部分は、しばしば抽象的な数学的公式から成り立っているのであって、観察できる事実のなかには、直接それと対応するものは何もないのである。科学理論と観察できる出来事や変化との関係は、これらの抽象的な公式から一般化が引き出されること、そしてこの一般化がまさに観察できる出来事に適用されるものであり、それによって確証されるかまたは反証されることがあるという事実に存するのである。したがって、自然に関するわれわれの理解を促進するという科学理論の主張は、結局、現に規則的に起こっていることを一般化することによって、将来何が起こるのかを予測する能力に依存するのである。重力の法則そして熱力学第二法則は近代思想にとっては自然法則であり、それらが単なる数学的構成以上のものであるのは観察できる現象の規則性に関する情報を生み出すからである。

自然法理論は、より古い自然観の一部であって、そこにおいては観察できる世界は単にそのような規則的なものの世界ではないし、自然に関する知識も単に規則的なものの知識ではない。そうではなくて、このより古い見方によれば、およそ名前のつけられるすべての存在は、それが人間であれ生物あるいは無生物であれ、自分自身を存続させる傾向があると考えられるばかりではなく、特定の善――つまりそれに適した目的 *τέλος*, *finis* であるところの明確な最適状態に向かって前進するものとしても考えられるのである。

これが、事物はそれ自身のなかに実現すべき高いレベルを含んでいるという、目的論的な自然観である。いかなる種類の事物でも、それに特定ないしは固有の目的に向かって前進するときの諸段階は、規則的なものであり、したがって、その事物の変化、行動、あるいは発展の特徴的な態様を記述するものとして一般的に定式化されよう。そのかぎりで、目的論的な自然観は、近代的な思想と重なりあう。相違点は、目的論的な観点では、事物に対して規則的に起こる出来事が、単に規則的に起こると考えられず、また、出来事が現に規則的に起こるのかどうかという問題と、起こるべきかどうか、つまり起こるのがよいのかどうかという問題とが、別々の問題であるとみなされないところにある。これに反して(「偶然」に帰しうるいくらかのまったく稀な場合を除いて)、一般的に起こるものは、その事物の固有の目的あるいは目標に向かう一歩であることを示すことによって、善あるいは起こるべきものと説明されるとともに評価されうるのである。したがってある事物の発展法則は、その事物がどのように規則的に行動あるいは変化すべきか、また現にするかの双方を示さなければならないということになる。

自然に関するこの思考様式は、抽象的にのべると奇妙におもわれる。もし少なくとも生物に対していまでもわれわれが言及する仕方のいくつかを思い起こすならば、この思考様式は、それほど風変りなものではないようにおもわれる。というのは、生物の成長を記述する普通の仕方には、今もなお、目的論的な見方がみられるからである。たとえばどんぐりの場合、成長して樫の木になることは、どんぐりによって単に規則的に達成されることであるだけではなく、どんぐりの腐る場合（これもまた規則的である）と違って、成熟という最適状態であるとも認められる。そしてこの最適状態に照らして、中間的段階が良いとか悪いとか説明されるとともに、構造的な変化を伴うどんぐりのさまざまな部分の「働き」も確認されるのである。木の葉について言えば、もし「十分な」あるいは「適切な」発育に必要な水分が得られれば、それは正常に成長すべきものである。そしてこの水分を供給するのが木の葉の「働き」なのである。だからわれわれは、この成長を「当然起こるべき」ことであると考え、またそう言うのである。無生物の作用や運動の場合には、それが人間によってある目的のために作られた加工物である場合を除いて、そのような言い回しはどうみてももっともらしくない。石が地面に落ちるさいに、何か適切な「目的」を実現しているとか、馬屋へ駆けて帰る馬のように、その「しかるべき場所」へ帰っていると考えることは、いまでは少しこっけいである。

実際、目的論的な自然観を理解する困難の一つは、それが、規則的に起こることの陳述と起こるべきことの陳述との相違を軽視したのとまったく同様に、近代的な思想にとって非常に重要な相違、すなわち、自分自身の目的をもちそれを実現しようと意識的に努力する人間と他の生物もしくは無生物との相違を軽視することである。というのは、目的論的な世界観においては、人間は他の生物と同様、彼に設定された特有の最適状態あるいは目的へと向かう傾向があると考えられており、人間が他の物とは違って、これを意識的に実現するかもしれないという事実は、人間とその他の自然のものとの根本的な相違ではないと考えられているからである。この人間に特有の目的あるいは善は、部分的には他の生物のそれと同様、生物的成熟および発達した物理的な力の状態である。しかしそれはまた、人間に特有な要素として思考や行動に表わされる知力や性格の発達と卓越さをも含むのである。他の事物と異なり、人間は、このすぐれた知力と性格を身につけることによってもたらされるものを、推論と反省によって発見できるし、また望むこともできる。しかしそれでも、この目的論的な見方によれば、この最適状態は、人間がそれを望んだから人間の善あるいは目的となるのではない。むしろそれがすでに人間の自然の目的であるから、人間はそれを望むのである。

さらに、この目的論的な見方の多くは、人間に関するわれわれの考え方ないしは話し方のいくつかに残っている。それは、われわれがある事柄を人間に必要なものと認めて、それを満たすのが良いと判断し、また、人間によって加えられたり人間がこうむるある事柄を害悪であるとか危害であると認めるさいに潜在している。たとえば、死にたいという理由から食べたり休息したりするのを拒む人は、たしかにいるかもしれないが、われわれは、食事や休息を、人々が規則的にしたり、あるいは単にたまたま望んだりするよりも、もっとそれ以上のものであると考える。食物や休息は、必要なときにそれを拒む者がいるとしても、やはり人間に必要なものである。こうして、食べて眠ることは、すべての人間にとって自然であると言われるばかりでなく、すべての人間はときどき食べかつ休息すべきであるとか、そうすることは自然にかなった良いことであるとも言われるのである。「自然にかなった」という言葉は、このような人間の行動に関する判断に用いられるのであるが、それは、これらの判断と以下の二つの判断との違いを明示しうる力をもっている。すなわち、思考や反省によって発見されえない内容をもった単なる慣習もしくは人間のつくった規則(「あなたは帽子を脱ぐべきである」)をあらわすにすぎない判断、また、あるときある人が抱き、別の人なら抱かない何か特定の目的を達成するために必要とされるものを単に示すにすぎない判断との違いを明示しうるのである。同じような見方は、身体の器官の機能という観念のなかに、また、それと単なる因果的性質とを区別するさいにみられる。われわれは、血液を循環させるのが心臓の機能であるとは言うが、死をひき起こすのがガン腫の機能であるとは言わない。

これらの粗雑な例は、人間行動に関する普通の考えのなかに、今もなお生きている目的論的な要素を明らかにするために挙げられたのであるが、それは、人間が他の動物と共有する生物学的事実という低い分野から引かれたものである。何がこの種の考え方や表わし方を意味あらしめるかは、まったく自明だと言ってよいであろう。すなわちそれは、人間の活動の固有の目的は生き残ることであるという暗黙の前提である。そして、この前提がまた、たいていの人間は通常生き続けることを望むというきわめて偶然的な事実にもとづいている。そうするのが自然にかなってよいといわれる行動は、生き残るために必要とされる行動である。人間に必要なもの、害悪、身体の器官あるいは変化の機能という観念も同様の単純な事実にもとづいている。もしここで止まるならば、われわれはたしかに、自然法についての非常に薄められた説明しかもたないことになろう。というのは、この見方の古典的な主張者達は、生き残ること（自己の存在の堅持 *perseverare in esse suo*）を、人間の目的とか人間にとっての善という、それよりずいぶん複雑でまた議論の余地ある概念の中で、もっとも低い次元のものにすぎないと考えたからである。アリストテレスはその概念に、人間知性の公平な養成を含めたし、アクィナスは神に関する知識を含めたが、そのどちらもが将来争われるかもしれないし、またこれまでにも争われてきたような価値を表明している。しかし他の思想家達、なかでもホッブズやヒュームは、すすんでその照準を一段低いところにすえた。つまり彼らは、生存というつつましい目的のなかに、自然法という用語に経験上妥当な意味を与えるところの明白な中心的要素を認めたのである。「人間本性は、個人の結合がなければ決して存在しえない。そしてその結合は、衡平と正義の法に考慮が払われなければ、決して見られなかったであろう。(1)」

(1) Hume, *Treatise of Human Nature*, III. ii, 'Of Justice and Injustice'.

この単純な思想は実際、法と道徳双方の特徴におおいに関係があるのである。しかもこの単純な思想をとり出し、一般的な目的論的見解のより議論の余地ある部分、つまり人間にとっての目的とか善が、ある特定の生き方としてあらわれ、それについて人々の間で事実上深い意見の不一致を招くような部分から、それを分離することが可能なのである。さらに、生存ということに関連して、それは、前もって決められたものであって、人間固有の目標であり目的であるから、人は必ずそれを欲するものであるという考えは、今日の考えからみると形而上学的にすぎるとして放棄することができる。その代わり、一般に人間が生きたいと思うことは単なる偶然の事実であって、ひょっとするとそうでないかもしれないと考えることができるし、しかも、生存が人間の目標あるいは目的であるという意味は、人間が生存を単に望んでいるという以上に出ないのである。しかし、たとえこのように常識的に考えても、生存ということは、人間行為との関係においても人間行為に関するわれわれの思考においてもやはり特別の地位を占めるのであり、その地位は正統的な自然法理論において生存が重要でしかも必要であるとされていることと相応するのである。というのは、単に大多数の人間がどんな悲惨な目にあっても生きていたいと思うだけではなく、このことが世界や人間相互のことをのべるのに用いる思考や言語の構造全体に反映されているからである。生きたいという一般の人の願望を除外しては、危険と安全、危害と利益、必要と機能、病気と治療というような概念は意味をなさなくなるであろう。というのは、これらの概念は、目的として受けいれられている生存に役立つかどうかによって、ある事柄を同時に記述し、評価する手段であるからである。

しかし、人間の法と道徳をめぐる議論にもっと直結したという意味では、生存を目的として受けいれることが必要であるという考えにくらべると、はるかに単純で、はるかに哲学的でない考え方が存在する。われわれは、この議論を進めていくさいに、生存を仮定されたものとして取り扱うことにしよう。というのは、ここでの問題は生き続けるための社会的取り決めであって、自殺クラブの取り決めではないからである。われわれは、これらの社会的取り決めのなかに、理性によって発見できる自然法であると位置づけられるようなものがあるのかどうか、またそれは、人間の法や道徳とどのような関係をもつのかを知りたいと思う。人間が共同していかに生きるべきかについて、このような、もしくは何かほかの問題を立てるためには、一般的にいって人間の目的は生きることであると仮定しなければならない。この点から出発すれば議論は簡単である。人間本性および人間の住む世界に関するいくつかの非常に明白な一般原則——まさに自明の真理——を熟慮してみると、それらが妥当するかぎり、いかなる社会組織でも、それが存続しようとする以上もたなければならない一定の行為のルールのあることがわかる。このようなルールは、法と慣習的道徳が社会統制の別個の形態として区別される時点にまで進んだあらゆる社会の法と慣習的道徳に、しかも実際には両者に共通の要素となるのである。そのほかに、法と道徳の双方に、個々の社会に特有のものや、恣意的もしくは単なる選択の問題にすぎないようなものがたくさん見られるのである。人間、その自然的環境、目的に関する基本的な真理に基礎をおくこのような普遍的に認められた行為の原則は、自然法の名の下にしばしば提出された、より大げさでより疑わしい理論と比べてみると、自然法の最小限の内容と考えられるであろう。次の節において、われわれは、この謙虚だが重要な最小限の内容が拠って立つ人間本性の目立った特徴を、五つの自明の真理といった形で考察しよう。

第二節　自然法の最小限の内容

われわれがここで提出する単純な自明の真理を考え、またそれらが法や道徳とどのような関係をもつかを考察するにあたって注意しなければならないのは、それぞれの場合についてそこにのべられた事実が、生存という目的が前提された場合、法と道徳はなぜ特定の内容を含まなければならないかの理由を示しているということである。この議論のたどる普通の形態は、簡単にいって、そのような内容がなければ、法と道徳は、人々が互いに結合するさいにもつ生存という最小限の目的をも推し進めることはできないであろうということである。この内容がない場合、人々はそのままでは、いかなるルールにも自発的に服従する理由をもたないことになろう。つまり、ルールに従いそれを維持するほうが有利であると思う人々が自発的に最小限の協力をしなければ、自発的に服従しようとしない他の人を強制することは不可能である。とりわけ強調したいのは、このアプローチにおいては、自然的事実と法的ないし道徳的ルールの内容とが、とくに合理的な関係をもっていることである。というのは、自然的事実と法的ないしは道徳的ルールとがもつこれとはまったく異なった形の関連を探究することも可能であり重要だからである。たとえば、心理学や社会学のようなまだ若い科学は、一定の肉体的、心理的あるいは経済的条件が充足されなければ、たとえば、幼い子供が家族のなかで一定の仕方で食物を与えられ養育されることがなかったならば、法体系や道徳律などというものは、確定されえないということ、あるいは一定のタイプに一致する法だけがうまく機能しうるということを発見するかもしれないし、またすでに発見しているかもしれない。自然条件とルールの体系とがこの種の関係をもつのは理由によって媒介されるわけではない。というのは、この種の関係は、一定のルールの存在を、人々がそれを意識的な目的ないしは目標にしていることに関連づけるものではないからである。幼年時代に一定の仕方で食物を与えられるということは、人々が道徳律あるいは法を発展あるいは維持させる必要条件であり、また原因でさえあるということは十分示されるだろうが、しかしそれは、人々がそうする理由ではない。そのような因果的な関係は、目標とか意識的目的にもとづく関係とはもちろん矛盾しない。因果的な関係は、実際、目的的関係よりも重要で基本的だと考えられるかもしれないが、それは、この因果的な関係が、自然法の出発点となっている意識的目的、目標を人々がなぜもつかを実際的に説明するからである。しかし、このタイプの因果的説明は、自明の真理にもとづいているのでもなければ、意識的な目的とか目標に媒介されているのでもない。それは、社会学や心理学が、他の科学と同様、観察に、また可能な場合には実験により、一般化と理論という方式を用いて確立するものである。したがってそのような関係は、一定の法的ないしは道徳的ルールの内容を、以下の自明の真理としてのべる事実に結びつける関係とは異なっている。

(i) 人間の傷つきやすさ　法と道徳はともに、たいていは積極的な行為をするように要求するのではなく、行為を差し控えるように求めるのであって、それは普通禁止という消極的な形態であらわされる。これらのなかで社会生活にとってもっとも重要なものは、殺人とか身体的危害をもたらす暴力の行使を制限するものである。そのようなルールの基本的な特徴は、一つの質問ではっきり示すことができよう。もしこれらのルールがなかったら、いかなる他の種類のルールをもったからといって、われわれのような存在にどんな利点がありうるのだろうか。このレトリカルな質問の説得力は、人はときには身体に攻撃を加える傾向があるし、また攻撃を受ければ普通傷つきやすいという事実にもとづいている。しかしこれは自明の真理ではあるが、必然的な真理ではない。というのは、事態は過去において違っていたかもしれないし、将来変わるかもしれないからである。ある種の動物は、その物理的な構造(殻や甲羅を含めて)のためその種に属する他のものによる攻撃から実質上免がれているし、また攻撃を可能にする器官をもたない動物もある。もし人々が互いにその傷つきやすさを失ったならば、汝殺すなかれという法と道徳のもっとも特徴的な規定に対する一つの明白な理由がなくなることになろう。

(ii) おおよその平等性　人間は、肉体的な強さ、機敏さにおいて、まして知的な能力においてはなおさらお互いに異なる。それにもかかわらず、どのような個人も、協力なしに長期間他人を支配し服従させるほど他人より強くはないということは、さまざまな形態の法や道徳を理解するうえで極めて重要な事実である。もっとも強い者でもときには眠らねばならず、眠ったときには一時的にその優越性を失うのである。とりわけ、このおおよその平等性という事実によって、法的ならびに道徳的責務の基礎として、相互の自制と妥協の体系が必要であることが明らかになるのである。そのような自制を求めるルールのある社会生活は、ときには厄介であろう。しかしそれは、このようにほぼ平等である存在にとって、無制限な攻撃よりは、少なくともましであるし野蛮でないし短かくはない。そのような自制の体系が確立したときに、その保護の下に生活すると同時にその制約を破ることによってそれを利用しようとする者が常にいるということは、もちろんこのこととはまったく矛盾しないし同様な自明の真理である。これこそまさに、われわれがあとで示すように、単に道徳的な統制の形態から、組織された法的なそれへと必然的に進ませる自然的事実の一つなのである。ここでもまた事態は違っていたかもしれない。人々が平等であるのではなく、他の者よりもずいぶん強く、また休息がなくても十分やってゆける者がいくらかいたかもしれないが、それは、いくらかの者がこれらの点において現在の平均よりもはるかに上であるか、あるいは大部分の者がそれよりはるかに下であるためである。そのような例外的な人間は、攻撃によって多くのものを得るであろうし、相互の自制や他人との妥協によって得るところはほとんどないであろう。しかしわれわれは、おおよその平等性という事実が非常に重要であるということを理解するために、ピグミー族のなかの巨人を空想するという手段を用いる必要はない。というのは、そのことは国際生活の事実によってよりよく例証されるからである。つまりそこにおいては、強さや傷つきやすさの点で、国家間に巨大な不均衡が現に存在している（あるいは過去に存在していた）のである。国際法の主体間のこの不平等こそ、後述のとおり、国際法に国内法とは非常にちがった性格を与え、またそれが組織された強制体系として働きうる範囲を制限してきた事態の一つなのである。

(iii) かぎられた利他主義 人間は互いに相手を絶滅したいという願望に支配されている悪魔ではない。だから、生存というもっとも謙虚な目的が与えられさえすれば、法と道徳の基本的なルールは必要なものとなるという論証を、人間は非常に利己的で、仲間の生存や幸福に関心をもつのはなにか下心があるからだという誤った見解と同一のものとしてはならない。しかし、人間は悪魔でないとしても天使でもない。そしてこの、人間がこれらの両極端の中間であるという事実によって、相互自制の体系が必要ともされ可能ともされるのである。他人に危害を加える気には決してならない天使には、自制を求めるルールなど必要ではないであろう。他人を破壊しようとし、それが自分自身にふりかかることを顧みない悪魔には、それらのルールは不可能であろう。人間の利他主義は、目下のところかぎられたものであって、断続的なものであるから、攻撃したいという傾向は、もし統制されなかった場合、ときには社会生活に致命的な打撃を与えるほどのものとなることもある。

(iv) かぎられた資源 人間が食物や衣服や住居を必要とするのに、それらが手近に無尽蔵にあるのではなく乏しいので、人間労働によって栽培したり自然から獲得したり、あるいは建設しなければならないということは、偶然の事実にすぎない。まさにこれらの事実によって、(個人所有とはかぎらないけれども)何か最小限の形態の財産制度、およびそれを尊重するように求める特別な種類のルールが不可欠となるのである。所有のもっとも単純な形態は、一般に「所有者」以外の人が、土地に立ち入ったり使用したり、あるいは有益なものをとったり用いたりすることを排除するルールに見られる。もし作物を育てようとすれば、土地を見境のない立ち入りから守らなければならないし、また食物は、生育あるいは収穫と消費との間、他人に取られないよう安全にしておかなければならない。あらゆる時代、場所をつうじて、生活は、まさにこれらの最小限の自制に依存しているのである。またこの点においても、事態は現在とは違っていたかもしれない。人体組織は、植物のような構造をもっていて、空気中から食物を得ることができたかもしれない。あるいは必要なものが、栽培しなくても無尽蔵に育ったかもしれない。

われわれがこれまで議論してきたルールは、それが課する責務およびその責務の範囲が人によって変わらないという意味において静的なルールである。しかし、もっとも小さいものを除いてすべての集団が、十分な供給を得るために、分業を発展させなくてはならなくなるにつれて、個人が責務を創造でき、その責務の範囲を変えることができるという意味での動的なルールが必要となるのである。このルールのなかには、人が自分の生産物を譲渡、交換、売買することを可能にするルールがある。というのは、これらの法律行為には、所有のもっとも単純な形態を定める最初の権利や義務の範囲を変更する能力が含まれるからである。同様に、分業が不可避でありまた協力がたえず必要とされるので、他の形態の動的なルールあるいは責務創造のルールが、社会生活にとって必要になるのである。このルールは、約束が責務の源であるということを保障する。この工夫により、個人は、一定の定められた方法で行動しなかった場合に、口頭あるいは書面の約束によって、みずからを非難あるいは罰の下におくことが可能となるのである。利他主義が無制限でないところでは、他人の将来の行動に対して最小限の形態の信頼をもつため、また協力に必要な予測可能性を確保するため、そのような自己拘束的な活動を定めている恒常的な手続が必要とされる。交換されるものあるいは共同計画の目指しているものが相互のサーヴィスである場合、あるいは交換され売買される品物が同時あるいはすぐに手に入るものでない場合にはいつも、この手続は明白に必要とされるのである。

(v)　かぎられた理解力と意思の強さ　社会生活上、人、所有、約束に関するルールを必要としている事実は単純であり、それら相互の利益は明白である。たいていの人は、それらの事実を理解することができるのであり、またそのようなルールに従うため、目前の直接の利益を犠牲にすることもできるのである。まったく彼らはさまざまな動機から従うのである。犠牲から得るところが大きいという慎重な計算から従う者もいれば、他人の幸福を私心なく考慮して従う者もいる。またある者は、ルールをそれ自体尊重する価値があるとみなし、それに従うことにみずからの理想を見い出す。他方、服従に対するこれらのあい異なる動機が実際的な効果をもつかどうかは、長期的な利益の理解あるいは意思の強さないしは善良さによるのであるが、それらがすべての人に同様に分けもたれているわけではない。誰だって、ときには、自分自身の当面の利益を選びたい気になるだろうし、彼らを調査し罰するような特別の組織がない場合には、多くの者はその気持に負けてしまうだろう。疑いもなく相互自制の利益はたいへん容易に確認できるので、強制的な体系のなかで自発的に協力しようとする人々の数および強さは、悪事で結束しようとする人達よりも、普通は大きいであろう。しかし、もし体系の責務には従わないで、体系の利益を得ようとする者を強制するための組織がないとすれば、自制の体系に従うことは、ずいぶん小さな緊密な社会を除いて、馬鹿げているであろう。したがって「制裁」は、服従の通常の動機として必要とされるのではなく、自発的に服従しようとする者が、服従しようとしない者の犠牲にならない保障として必要とされるのである。これがないと、服従することは不利になる危険をおかすことになろう。このような恒常的な危険があるのを考えれば、強制的な体系における自発的な協力こそが理性の要求であることがわかるのである。

人間のおおよその平等性という同じ自然的事実は、組織された制裁の実効性に、決定的な重要性をもっているということに注意したい。もし若干の人が他人よりも非常に強力で、他人の自制をあてにしないならば、悪人の強さは、法と秩序の支持者のそれをしのぐであろう。もしそのような不平等があるならば、制裁を用いてもうまくいかないだろうし、制裁で抑えようとするのと少なくとも同じ大きさの危険を伴うであろう。このような状況の下では、社会生活は、相互自制の体系にもとづいており、少数の悪人に対して必要なときにだけ力が用いられるものではなく、弱い者が強い者に精一ぱいの条件をつけて服従し、強者の「保護」の下に生活するというのが唯一の可能な体系であろう。その結果、資源が乏しいため、それぞれがその「強者」のまわりに集まってできる多くのあい争う力の中心が出てくることになろう。敗北の危険という決して無視しえない自然的制裁のため、不安定ながら平和が保たれるのであるが、それにしても、それらはときには互いに闘うかもしれない。しかしそのときには、ある種のルールが受けいれられて、「強い者達」が闘うことを好まない問題に関して調整が行なわれるかもしれない。ここでもまたわれわれは、おおよその平等性の兵站学とそれの法に対する重要性を理解するために、ピグミー族や巨人という空想的な言い回しで考える必要はない。国際的状況において、当該主体が強さにおいて非常に相違しているということは、十分にその実例となっている。何世紀もの間、国家間の不均衡のため、組織的な制裁が不可能であるような体系しかなく、法がかかわるのは「重大な」問題に影響を及ぼさない事項に限られていた。原子兵器があらゆる国家に利用可能となったとき、それが不平等な力の均衡をどの程度回復し、また国内の刑法に一層よく似た統制の形態をどの程度もたらすかは、まだわからない。

われわれが論じてきた単純な自明の真理は、自然法理論の良識の核心を明らかにするだけではない。それは、法や道徳の理解にも極めて重要であり、またそれは、法や道徳の基本的な形態を、何か特定の内容ないしは社会的な求めにかかわりなく、まったく形式的な用語で定義することが、なぜ不十分となるのかをも説明するのである。このような見解によって法理学がおそらく得るところの主たるものは、法の特徴に関する議論をしばしば曖昧にし、人の心を誤らせるようなある二分法を避けることができるということである。このようにして、たとえば、あらゆる法体系は制裁の規定をそなえていなければならないかどうかという伝統的な問題は、自然法のこの単純な見解によって提出された見方をとるとき、新鮮なより明確な光の下にそれを置くことができる。われわれはもはや、不適当な二つの選択肢の間で選択する必要はないであろう。その選択肢はしばしばすべてだと考えられるのであるが、その一方は、制裁をそなえなくてはならないということこそ、「法」とか「法体系」という言葉の「真」の意味によって求められると主張するものであり、他方は、たいていの法体系が制裁の規定を置いていることは「単に一つの事実にすぎない」と言うものである。これらの選択肢のどちらもが十分ではないのである。中央に組織された制裁がない体系に関して、「法」という言葉を用いてはいけないというきまった原則があるわけではない。また、そのようなものをもたない一つの体系に関して、「国際法」という表現を(用いなければならないというわけではないが)用いることは十分理由のあることとである。他方、国内法体系が、もしあるがまま人間の最小限の目的に役立つべきであるとするならば、その体系内で制裁が占めなければならない位置を、われわれはぜひとも識別する必要がある。国内法体系において、制裁を可能にするとともに必要にする自然的事実と目的という背景が与えられれば、われわれは、制裁が自然必然的なものであると言うことができる。同様に、国内法の不可欠な特徴となっている人、所有、約束に対する最小限の保護形態の地位を表現するためにも、何かそのような言い回しが必要とされるのである。「法はいかなる内容でももつことができる」という実証主義のテーゼにわれわれが答えるのは、まさにこの形態においてである。というのは、法のみならず他の多くの社会制度について十分な記述をするためには、定義や事実に関する通常の陳述のほかに、第三の陳述のカテゴリーの余地をあけておかなくてはならないということは、かなり重要だからである。第三の場合には、その陳述の真理性は、人間および、人間のもつ目立った特徴を保持しながら人間が住む世界に依拠するものである。

第三節　法的妥当性と道徳的価値

法と道徳双方の基礎としての相互自制の体系が与えている保護と利益は、社会が異なるに応じて、たいへん異なった範囲の人々に及ぼされる。これに対応する拘束をすすんで受けいれようとする何らかの部類の人々に、これらの基本的な保護を与えないことは、たしかに、あらゆる現代の国家がともかく口先だけでも言っている道徳と正義の原則を犯すことになろう。そこで公言されている道徳的見解は一般的に、少なくともこれらの基本的な箇条においては、人間は同じように扱われる資格があり、異なった取り扱いをするには、他人の利益に訴える以上の正当な理由がなければならないという考えを含んでいる。

しかし、法も社会に受けいれられた道徳も、その保護や利益を、その範囲に属するすべての者に与える必要がないことは明らかであるし、それらはしばしばそうはしなかったのである。奴隷をもっている社会においては、奴隷も人間であり、単に使用されるための対象ではないという意識が、支配的集団には失われているだろうが、それでいて彼らはやはり、自分達相互の請求や利益に対して、道徳的にたいへん敏感であるかもしれない。ハックルベリ・フィンは、汽船のボイラーが爆発して誰か怪我をしたかとたずねられたとき、「いや誰も。黒ん坊は死んだけどね。」と答えた。「そりゃよかった。怪我することがよくあるからね。」というサリーおばさんの言葉は、しばしば一般の人々の間に広がっていた道徳全体を言い当てている。そういう道徳が行きわたっているところでは、ハックがひどい目にあって悟ったように、支配的集団の構成員の間ではあたりまえのこととなっている他人に対する思いやりを、奴隷にまで向けることは重大な道徳違反とみなされ、道徳的な罪を犯した場合のあらゆる結果を招いても無理からぬことである。不愉快なことではあるが、ちょうどこれに似た身近な例としては、ナチス・ドイツと南アフリカの場合がある。

法が、受けいれられた道徳よりも進んでいる社会がときにはあったけれども、普通は、法は道徳に従うのであり、奴隷を殺すことが、公共資源の浪費とか奴隷所有者に対する犯罪とみなされることさえあるかもしれないのである。奴隷制が公的には認められていないところにおいてさえ、人種、皮膚の色あるいは信条にもとづく差別のために、あらゆる人々が他人からの最小限の保護を受ける資格があることを認めない法体系や社会道徳があるかもしれない。

人間の歴史のこれらの痛ましい事実は、社会が存続するためには、その構成員のいくらかの者に相互自制の体系を与えなければならないけれども、不幸にも、すべての者に与える必要はないということを十分に示している。制裁の必要性および可能性を議論するさいにすでに強調しておいたとおり、ルールの体系がいかなる者にも強制的に課されるためには、それを自発的に受けいれる人々が十分いなければならないことは真実である。彼らの自発的な協力、したがって権威の創造がなければ、法と統治の強制的な力は確立されえない。しかし、このように権威にもとづいて確立された強制的な力は、二つの主なやり方で用いられるであろう。それは、ルールの保護を受けているのに、利己的にルールを破る悪人に対してだけ行使されるかもしれない。他方それは、支配者集団に比べて大きいことも小さいこともある被支配者集団を、前者の利用できる強制、連帯、規律という手段を用いて、あるいは後者がその組織力において無力、無能であることを利用して、被支配者集団を服従させ、永続的に劣った状態におくために用いられるかもしれない。このように圧迫される人々にとって、この体系には忠誠を命じるものは何もなく、ただ恐れることだけしかないことになろう。彼らは体系の犠牲者であって、その受益者ではないのである。

本書の以前の章において、法体系の存在は常に二側面をもつ社会現象であって、法体系について現実的に見ようとすれば、われわれはその双方に注意しなければならないということを強調した。それは、ルールを自発的に受けいれるさいの態度や行為と単に服従ないしは黙従するときのより単純な態度や行為を含むのである。

こうして、法をもつ社会には、ルールを、もしそれに従わなかったならば公機関が何を行なうであろうかということに関する信頼できる予測と単に見るのではなく、内的視点から、容認された行動の基準とみなす人々がいることになる。しかしその社会には、悪人でありあるいはその体系の救いようのない犠牲者であるという理由で、これらの法的基準が、力ないし力の威嚇によって課せられねばならない人々も含まれる。彼らがルールにかかわるのは、もっぱら可能な刑罰の源泉としてである。これら二つの構成要素のバランスは、さまざまな要因によって決定されるだろう。もし体系が公正であり、服従を要求されるすべての人々の非常に重要な要求を本当に満たすならば、その体系は、だいたいいつも、たいていの人々の忠誠を確保できるであろうし、したがってそれは安定しているだろう。他方それは、支配的集団の利益のために用いられる、偏狭な排他的な体系であるかもしれない。そしてそれは、社会的変動が起こるのではないかという潜在的なおそれのため、ますます抑圧的にまた不安定になるかもしれないのである。この両極端の間に、法に対する態度のさまざまな組み合せが、しばしば同一個人においてさえ見られるのである。

事態のこの側面を振り返るとき、人の目を開かせる真理が明らかになる。つまり第一次的な責務のルールが社会統制の唯一の手段である単純な形態の社会から、中央に組織された立法府、裁判所、公機関や制裁をもつ法的世界への歩みは、一定の代償の下に確実な利益をもたらすということである。利益とは、変化に対する順応性、確実さ、能率のよさであり、これらの利益は莫大である。代償とは、中央に組織された権力が、第一次的なルールのより単純な体制ならできないような仕方で、その支持を必要としない人々を圧迫するために用いられることが十分ありうるという危険である。この危険が現実のものとなったことがあり、また将来そうなるかもしれないので、われわれは、自然法の最小限の内容として示した以上の何らかの仕方で、法は道徳に一致しなければならないという主張については、たいへん注意深く吟味する必要がある。多くのそのような主張は、法と道徳とがどのような意味で関連する必要があるかを明確にすることができないか、あるいは検討してみると、その意味は真実で重要ではあるが、これを法と道徳の必然的関係であるとして示せば、極度の混乱を招くようなものであるかである。われわれは、この主張の六つの形態を検討してこの章を終えることにしよう。

(i) 力と権威　法体系は、単に人の人に対する力を基礎とするものではなく、またそうできないので、それは道徳的責務の意識あるいは体系の道徳的価値に関する確信によらなければならないと言われることがよくある。われわれも本書の以前の章において、威嚇を背景とする命令とか服従の習慣が、法体系の基礎および法的妥当性という観念を理解するのにふさわしくないことを強調してきた。法体系の基礎および法的妥当性の観念を解明するためには、第六章で詳細に論じたように、受けいれられた承認のルールという観念が必要とされるだけでなく、この章で見てきたように、強制的な力の存続するための必要条件としても、少なくともいくらかの者は、体系に自発的に協力しそのルールを受けいれなければならないのである。この意味において、法の強制的な力は、たしかにそれが権威あるものとして受けいれられていることを前提とする。しかし、「単に力にもとづく法」と「道徳的に拘束力あるものとして受けいれられる法」という二分法では、すべてが尽くされるわけではない。たいへん多くの人々が道徳的に拘束力があるとはみなさない法によって強制されることがあるばかりでなく、人々が体系を自発的に受けいれる以上、そうするように道徳的に義務づけられているとみずから考えなければならないということは、その結果体系が非常に安定するとしても、まったく真実ではないのである。事実、彼らの体系への忠誠は、長い目でみた利益の計算、他人に対する私心のない関心、それとなく受けつがれた伝統的な態度、あるいは他人がするようにしたいという単なる願望などのさまざまな考慮にもとづいているかもしれない。人々が体系の権威を受けいれたからといって、その良心をかえりみてはならないことにならず、また彼らが、道徳的にはそれを受けいれるべきではないとしても、さまざまな理由でやはり受けいれ続けるように決心してならない理由はもちろんない。

このありふれた事柄は、人々が承認する法的責務と道徳的責務の両方を表現するのに、普通同じ言葉が用いられるということによって曖昧にされてきた。法体系の権威を受けいれる人々は内的視点からそれをながめ、法と道徳の双方に共通な規範的な言葉で表現された内的陳述という形で、法体系の要求に関する彼らの意識を表明する。「私（あなた）はすべきである」、「私（彼）はしなければならない」、「私（彼ら）には責務がある」というように。だからといって彼らは、法の要求することをするのが道徳的に正しいという道徳的判断をしているのではない。別段のことがないかぎり、自分あるいは他人の法的責務についてこのように話す者は誰でも、その履行に反対する道徳的ないしはその他の理由がないと仮定していることは明らかである。それだからといって、いかなることも道徳的に責務があると認められてはじめて、法的にもそうであるということにはならない。今ここでのべた仮定は、話し手が法的責務の履行に反対する道徳的ないしはその他の決定的理由をもっている場合には、法的責務を承認したりあるいはそれに注意を向けたりするのは無意味であるという事実にもとづいているのである。

(ii) 法に対する道徳の影響　あらゆる現代の国家の法は、受けいれられた社会的道徳および広範な道徳的理想の双方からの影響を、たいへん多くの点で受けていることを示している。こういった影響は、立法によって突然に公然と法に入ってくるか、あるいは司法過程を通じて静かに少しずつ法に入ってくるかである。合衆国のようないくつかの体系においては、法的妥当性の究極の基準のなかに、正義の原則あるいは実質的な道徳的価値が明らかに含まれている。最高の立法府の権限に関して、形式的な制約の存在しないイギリスのような他の体系においても、その立法は正義あるいは道徳に注意深く従っているといえよう。法が道徳を反映する仕方はさらに多様であり、その研究はまだ十分されてはいない。制定法は法的な外被にすぎず、道徳的原則の助けをかりて補填されるよう明文で要求するかもしれない。強行可能な契約の範囲が、道徳や公正の概念によって限定されるかもしれない。民事的、刑事的に不法な行為に対する責任が、道徳的責任に関する広く行きわたった見解に照らして調整されることがあるかもしれない。どのような「実証主義者」も、これらが事実であり、法体系の安定性が、部分的には道徳とのそのような一致に依存していることを否定できないであろう。法と道徳には必然的な関連があるということをこの意味にとるならば、両者にこのような関連のあることは認められなければならないであろう。

(iii) 解釈　法は、具体的なケースに適用しようとすれば解釈されなければならない。そして司法過程の性質を曖昧にしている神話が、リアリスティックな研究によって追い払われてからは、第七章で示したように、法の開かれた構造のために、立法的とも言われる創造的活動をする広大な余地が残されているということは明らかである。制定法または先例のどちらを解釈する場合にも、裁判官は、無分別の恣意的な選択をするか、あらかじめ決められた意味をもつルールからの「機械的な」演繹をするかの二者択一だけを行なうわけではない。彼らの選択は、よくあることだが、ある前提、つまり彼らが解釈しているルールの目的は合理的なものなので、そのルールが不正な働きをしたり確定した道徳的原則に反するはずがないという前提にもとづいて行なわれる。司法的決定、とくに、高度に憲法的な意味をもつ事項に関する司法的決定は、しばしば道徳的価値の間の選択を伴うのであり、単に一つの卓越した道徳的原則を適用しているわけではない。というのは、法の意味に疑問がある場合、道徳が常に一つの明確な答を出すと考えることは馬鹿げているからである。ここでもまた裁判官は、恣意的でも機械的でもない選択を行なうであろう。そしてこの点において、しばしば司法に特徴的な長所が発揮されるのであって、それが法的決定に特に適しているため、そのような司法的活動を立法的と呼ぶのに躊躇を感じる者もいるのである。その長所とは、選択肢を考慮するさいの不偏性と中立性、影響されるであろうすべての者の利益の考慮であり、また、決定の合理的な基礎として何らかの受けいれうる一般的な原則を展開しようとする関心である。明らかにそのような原則はいつも複数あるので、ある決定だけが正しいと論証することはできない。しかしそれは、広い知識にもとづいた偏よらない選択の所産であるから、合理的なものとして受けいれることも可能であろう。このようにしてわれわれは、あい争う利益を正しく扱うための努力に特徴的な「秤量」および「衡量」をもつことになるのである。

決定を容認できるものとするさい、「道徳的」と呼んでもさしつかえのないようなこれらの要素が重要であることを否定する者は、ほとんどいないであろう。そして、たいていの体系において解釈の支えとなっている、ゆるやかで変わりやすい伝統と標準のなかには、しばしばこれらの要素が、漠然とした形で含まれている。しかしこれらの事実を、法と道徳とが必然的に関連する証拠として提出する場合、法に従わないときも従うときとほとんど同様、同じ原則が尊重されてきたということを思い起こす必要がある。というのは、オースティンから現在にいたるまで、司法的な法創造が社会的価値にしばしば目を向けず、「自動的」で、また十分に推論されていないことを批判した人のなかから、主としてそのような要素こそ決定を導びくべきであると思い出させる人々があらわれているからである。

(iv)　法の批判　法と道徳には必然的な関連があるという主張が、よい法体系は、前のパラグラフですでにのべた点において、正義と道徳の要請に合致しなければならないという主張と同じようなものになることがときにはある。ある人々はこのことを自明の真理とみなすかもしれないが、それはトートロジーではない。事実、法を批判するさい、道徳的基準として何が適切であるかについても、またどの点でこれに合致しなければならないかについても、意見の相違が見られるかもしれないのである。法がもしよいものであろうとすれば合致しなければならない道徳とは、その法を有する集団の受けいれられた道徳を意味するのであろうか。たとえそれが迷信にもとづいたものであり、あるいは奴隷や臣民層から利益や保護を奪い去るものであっても。それとも道徳とは、事実に関する合理的な信念にもとづき、あらゆる人間を平等な配慮および尊敬に価するものとして受けいれるという意味で啓蒙的な基準のことを言うのだろうか。

法体系はその範囲内のすべての人々を一定の基本的な保護と自由の資格があるものとして取り扱わなければならないという主張は、法を批判するさいの非常に適切な理想をのべたものとして今や一般的に受けいれられていることは明白である。実際にはそんなことが行なわれていないところでも、この理想に対する口先だけの約束はいつも行なわれている。すべての人々が平等な配慮を受ける権利があるというこの見解をとらない道徳は、何か内的な矛盾、独善ないしは不合理を含むと、哲学によって示されることさえあるくらいである。もしそうだとするならば、これらの権利を認める啓蒙道徳は、真の道徳としての特別の信任状をもつことになるし、群小の道徳の単なる一つではなくなるだろう。この主張をここで吟味することはできないが、たとえその主張が認められるとしても、第一次的および第二次的なルールという特徴的な構造をそなえた国内法体系が、これらの正義の原則を尊重しないのに、長い間存続してきたという事実は、その主張によって変えられないし、曖昧にされるべきでもない。邪悪なルールでも法であるということを否定することによって何か得るところがあるかを、以下で考察しよう。

(v) 法としての適性と正義の原則　周知され裁判で適用される一般的なルールによって人の行為がコントロールされるときにはいつでも、最小限の正義はかならず実現されているという根拠から、道徳と正義にある点において一致するよい法体系と、そうでない法体系とを区別することは誤っていると言えるであろう。すでに正義の観念を分析するさいにまさに指摘したように[1]、そのもっとも単純な形態（法の適用における正義）は、偏見や利害や気まぐれによって左右されない同じ一般的なルールが、多くの異なる人々に適用されなければならないという考えを、まじめに採用することにほかならない。この不偏性こそイギリスやアメリカの法律家達の間で「自然的正義」の原則として知られている手続的基準が確保しようとしているものなのである。こうして、もっとも不愉快な法が正しく適用されることになるかもしれないが、その場合でもわれわれは、一般的な法のルールの適用というただそれだけの観念のなかに、正義の少なくとも萌芽を見るのである。

(1)　本書前述一七五ページ。

「自然的」と呼んでもよいような、この最小限の正義の形態の側面を明らかにしようとするならば、それは、法のルールのみならずゲームのルールのような何らかの社会統制の方法に事実上含まれているものを研究すればよい。社会統制の方法は別段の公機関の指令がなくてもルールを理解しルールに一致するはずの部類の人々に伝えられた、一般的な行為の基準から主として成りたっている。この種の社会統制が機能するためには、そのルールは一定の条件を満たさなければならない。すなわちそれらは理解できるものであり、たいていの人が服従できる範囲内のものでなければならない。また例外もあるが、それらは一般的には遡及してはならない。つまり、たまたまルール違反のために罰せられる人々も、たいていは服従する能力と機会をもつのだろうということになる。ルールによる統制のさいのこれらの特徴は明らかに、法律家が法としての適性の原則と呼ぶ正義の要請と密接に関連している。実証主義に対するある批判者は、まさにルールによる統制のこれらの側面のなかに、法と道徳の必然的な結びつきを示す何ものかを見て、その側面を「法に内在する道徳」と呼ぶよう提案したのである。またもしこれが、法と道徳には必然的な結びつきがあるということの意味であるならば、われわれはそれを受けいれてもいいだろうが、不幸にもそれは極度の邪悪と両立しうるのである。

(vi)　法的妥当性と法に対する抵抗　実証主義者に分類される法理論家達が、たとえその一般的な見解をのべるのに不注意であったにせよ、彼らのうちで、いま挙げた五つの見出しの下で論じた法と道徳の関連形態を否定しようとした者は、ほとんどないのである。それでは次のような法実証主義者のさかんな鬨の声は何を目指したのだろうか。「法が存在することと、法の長所あるいは短所とはまったく別問題である。(1)」「国家の法は理想ではなく現に存在する何ものかである、………それはあるべきものではなくあるところのものである。[2]」「法規範はいかなる種類の内容をももちうる。[3]」

（1） Austin, *The Province of Jurisprudence Defined*, Lecture V, pp. 184—5.
（2） Gray, *The Nature and Sources of the Law*, S. 213.
（3） Kelsen, *General Theory of Law and State*, p. 113.

これらの思想家が推し進めようとしたことは、主に、特定の法が道徳的には邪悪であるが、適当な形で制定され、意味も明白で、体系の妥当性に関する承認されたあらゆる標準を満たしながら存在しているため、そこから生じる理論的道徳的問題を明確にまた正直に系統立ててのべることであった。彼らの見解によれば、そのような法を考えるさいに、理論家や、その法を適用したりそれに従ったりするように求められた不幸な公機関や市民は、その法に対して「法」あるいは「有効な」という資格を拒否せよと言われれば、混乱するほかはないのである。彼らはこう考えた。これらの問題に取り組むためには、より単純でもっと率直な手段の方が役に立ち、またその方が、関連するあらゆる知的、道徳的な考慮に、はるかによく焦点をあわせることになろう。すなわちわれわれとしては、「これは法である。しかしそれはあまりにも邪悪であるので適用あるいは服従できない。」と言いたいところである。

これと反対の見解が魅力的に見えるのは、革命や大動乱の後で、ある体系の裁判所が、旧体制の下で市民や公機関が道徳上は邪悪なことを合法的に行なったことについて、どう扱うかをみずから考慮しなければならないときである。彼らを処罰することは、社会的には望ましいと感じられるかもしれない。しかしあからさまな遡及立法を行なって、旧体制の法によって許されたことあるいは要求さえされたことを犯罪とすることによって、彼らを処罰するのは困難で、それ自体道徳的にいまわしいだろうし、おそらく不可能であろう。このような状況においては、法 law という言葉、とくに自然法理論を背負いこんでいる *ius, recht, diritto, droit*, のような言葉に内在している道徳的な含みを利用することは、当然のように思えるかもしれない。そうなると、邪悪なことを命じたり許したりした法律は、たとえその基礎となっている体系においては立法機関がその権限について何ら制限を受けていなくても、有効であると認められるべきではなく、法としての資格をもつべきではないと言いたくなるかもしれない。今度の戦争ののち、ナチの邪悪な支配とその敗北によってひき起こされた深刻な社会問題に応じて、自然法論がドイツで復活したのはまさにこういう形においてである。誰かをナチの体制下で成立した醜悪な法律に違反したとして利己的な目的から密告し、彼らを投獄させた密告者は処罰されるべきだろうか。戦後ドイツの法廷において、そのような法律は自然法に反し、したがって無効であるから、そのような法律違反を理由とする犠牲者の投獄はじつは不法であり投獄に至らしめたこと自体犯罪であったという根拠にもとづいて、彼ら密告者を有罪とすることは可能であっただろうか[1]。道徳的に邪悪なルールは法たりえないとする見解を承認しようとする人と否認しようとする人の間では、問題は簡単に見えるかもしれないが、論争者はしばしばその問題の一般的性格をあまりはっきりとは意識していないようにおもわれる。なるほどわれわれがここでかかわっているのは、道徳的に邪悪なルールを適用せず、それに服さず、また他人が自己弁護のためにそのルールを援用するのを認めない道徳的決定を、どちらかのやり方で選択することである。しかし問題は誤って言葉の問題として提出されている。言い争っているどちらの側も、「そう、そのとおりあなたが言ったように言うのが、英語（あるいはドイツ語）での、そういった論点の正しい扱い方なのだ」と言われても満足しないだろう。だから、実証主義者が英語の用法に注意を向けながら、法のルールはあまりにも邪悪で服従することができないと主張することと、その命題からただちにそのルールが法の有効なルールでないということが出てこないと主張することとの間には矛盾がないことを示しても、反対者はそれでこの問題の決着がついたとはほとんど思わないだろう。

（1）　バンベルク高等裁判所一九四〇年七月二七日判決、5 *Süddeutsche Juristen-Zeitung*, 207 参照。これについては詳細な議論がなされている。H. L. A. Hart, 'Legal Positivism and the Separation of Law and Morals', in *Harvard L. Rev.* lxxi (1958), 598, と L. Fuller, 'Positivism and the Fidelity to Law', ibid p. 630. しかし、この判決に関して私が見解を改めたことについては本書二九五―六ページを注意。

もしわれわれがこの問題を、言葉の用い方が正しいかどうかの問題とみなすならば、それと十分に取り組むことができないのは明白である。なぜなら、本当の問題点は、社会生活において一般的な実効性をもつルールの体系に属するさまざまなルールを分類するさいに、より広い概念や方法を用いる方がよいのか、それともより狭い概念や方法を用いる方がよいのかという比較だからである。もしわれわれがこれらの概念の合理的な選択を行なうべきであるとすれば、その選択は、選ばれた概念の方がわれわれの理論的研究の助けとなったり、われわれの道徳的熟慮を前進させ明確にしたり、あるいは双方に役立つという点で、もう一つの概念よりすぐれているという理由にもとづいていなければならない。

これら二つの競い合う法概念のなかで、より広い方はより狭い方を含んでいる。より広い概念をとるとすれば、ルールが第一次的ならびに第二次的ルールから成る体系の形式的なテストによって有効とされる以上、たとえそのうちのいくらかが、社会自身の道徳にあるいはわれわれが啓蒙道徳ないし真の道徳と考えるかもしれないものに反しても、理論的研究においてそれらすべてを「法」と考えることになろう。もしより狭い概念をとるとすれば、われわれはそのような道徳に反するルールを「法」から除外することになろう。法を社会現象として理論的あるいは科学的に研究するさいに、より狭い概念を採用することによっては何も得るところがないのは明らかであるように思われる。この場合あるルールが、法のそれ以外の複雑な特徴のすべてをそなえていても、除外されてしまうことになるだろうからである。そのようなルールの研究を他の学問にゆだねようという提案からは混乱しか生じなかったことは間違いないし、また法研究の歴史もしくは他の形態の法研究からしても、そのようにすることはたしかに無益だった。もし法のより広い概念をとるなら、道徳的に邪悪な法がいったいどのような特徴をもち、また社会がそのような法に対してどう反応するかの研究を、それに含ませることができる。したがって、ここでより狭い概念を用いれば混乱を起こして、第一次的ならびに第二次的ルールの体系に見られる社会統制の特徴的な方法の発展や潜在的特色を理解しようとするわれわれの努力は、きっと打ち砕かれるにちがいない。それがどのように用いられるかの研究は、どのように濫用されるかの研究を含むのである。

それでは道徳的な熟慮において、法のより狭い概念はどのような実際的長所をもつのだろうか。道徳的に邪悪な要求に直面したときに、「これはどのような意味においても法ではない」と考えることは、「これは法であるが、あまりにも邪悪なので従ったり適用したりすることはできない」と考えるより、どの点ですぐれているのだろうか。人々は道徳の求めるときにはこうしたやり方で考えをはっきりさせ、または法に従わないようになるのだろうか。それは、ナチの体制が後に残したような問題をよりよく処理する方法を与えるだろうか。なるほど道徳的な考えというものは影響力をもっている。しかし、有効ではあるが道徳的に邪悪な法という余地を認めない法的妥当性のより狭い概念を用いて人を訓練、教育しようと努力した場合、人々が組織的な力の脅威に直面したとき、邪悪に対する抵抗を強化させるようになるとはほとんど考えられないし、服従するように要求されたとき何が道徳的に肝要かをより明確に認識させるようにはほとんどならないように思われる。人々が他人を支配するに十分な協力を誰かから得ることができるかぎり、彼らは道具の一つとして法の諸形態を用いるであろう。邪悪な者は邪悪なルールをつくるだろうし、それを他の者が実施するだろう。公機関の力の乱用に直面した場合人々にはっきりと目を開かせるためにもっとも必要とされるにちがいないことは、法的に有効であるという証明が服従の問題に関しては決定的なものではなく、また、公機関の組織がもつ威厳や権威がいかに大きいように見えても、その要求は結局道徳的吟味を受けなければならないという感覚を彼らがもつべきであるということである。公機関の体系の外に何かがあり、個人は結局それによって自分の服従の問題を解決しなければならないというこの感覚は、邪悪なものはどこにおいても法としての地位をもちえないと考える人々の間でよりも、法のルールは邪悪であるかもしれないと考えることになれている人々の間での方が、たしかに生き続けるであろう。

しかしわれわれが、「これは法であるが邪悪である」と考えまた言うことを可能にする法のより広い概念をなぜ選ぶかというと、おそらく、邪悪なルールを法的に認めないなら、そのために邪悪なルールによって生じる多様な道徳的問題がはなはだしく単純化されてしまうという、より強力な理由があげられるだろう。ある法とあるべき法の区別を主張したベンタムやオースティンのような昔の学者がそうしたのは、もしこれらが分けられないと、人々は社会に及ぼす犠牲に頓着せずに、法は効力がないし従われるべきでないという性急な判断を下すかもしれないと考えたためであった。しかし、彼らが過大評価したのも無理はないこのアナーキーの危険のほかに、もう一つ過度の単純化の形がある。もし狭い見地に立って邪悪なルールに服従するよう求められた人だけを考えるとすれば、彼がルールの道徳的邪悪を理解して道徳の要請することを行なうかぎり、彼が有効な「法」のルールに対峙していると考えるかどうかはわれわれにはどうでもよい事柄となるかもしれない。しかし、（私はこの邪悪なことをなすべきかという）服従の道徳的問題のほかに、私は不服従に対する処罰に服すべきかそれとも逃げるべきかという、ソクラテスの服従の問題があるのである。また、戦後ドイツの裁判所が直面した問題、つまり邪悪なことをした人々でも、「当時行なわれていた邪悪なルールによってそのことが認められていたのに今彼らを処罰することができるか」という問題もある。これらの問題は、道徳と正義に関する非常に多様な問題をひき起こすのであって、われわれはそれらを、互いに独立したものとして考察する必要がある。つまり邪悪な法はどんな目的に関しても有効な法だとは認められないと明確に言ったところで、それらの問題は解決されえないのである。それは、微妙で複雑な道徳問題を扱うには、あまりにも粗雑なやり方である。

われわれが法の概念に関して、有効でないことと それが不道徳であることを区別して考えると、複雑で多様なこれらの論点を別々に理解することが可能となる。ところが、邪悪なルールに対して法としての有効性を認めない狭い法概念では、それらの論点を見落とすことになるかもしれない。ドイツの密告者が醜悪な法の下で、利己的な目的から他人を処罰させた場合、道徳の禁じていることを行なったということは承認されよう。しかしまた、人が邪悪なことをしていたにしても、その当時国家が禁止していたことを行なった者だけを、国家は処罰すべきであるという道徳的要求もあるのである。これが法律なければ犯罪なしの原則である。もしこの原則を破ることによってその犠牲を上まわると思われる悪を避けようとすれば、問題となっている論点を明確に認識することが肝心である。遡及的処罰のケースが、実行の当時違法であった行為の処罰という通常のケースと同様に見えてはこまるのである。単純な実証主義理論の立場からは、少なくとも次のことが主張できるであろう。すなわち、道徳的に邪悪なルールもやはり法であろう。しかし、そうだからといって、極限の事態の下で悪のどちらかを選ばなければならないかをおおい隠すものではない、ということがそれである。

第十章　国際法

第一節　疑いの源

第一次的ルールと第二次的ルールの結合の考えは、本書でたいへん重要な地位を与えられてきたが、法に関する極端な考えの中間にあると考えられる。なぜなら法理論は、ときには威嚇を背景とする命令という単純な考えのなかに、またときには道徳という複雑な考えのなかに、法を理解する鍵を求めたからである。このような考えのどちらにも、法はたしかに多くの点で似ているし、関連もしている。しかし、すでに見たように、そこにはこれらを誇張するという危険、および法を他の社会統制の手段から区別している特徴を曖昧にするという危険が常に存在する。われわれが中心的とみなしてきた考えは、法、強制および道徳の多様な関係をあるがままに見ることができ、またそれらがどういう意味で必要なのかをあらためて考えることができるという点に長所がある。

第一次的ルールと第二次的ルールの結合の考えはこれらの長所をもっており、それは、ルールのこの特徴的な結合の存在を「法体系」という表現を用いるための十分条件として取り扱うのは語法と一致するけれども、われわれは「法」という言葉が、そういった用語で定義されなければならないと主張しているのではない。本書は法の概念の解明に当てられているのであって、法とか法的という表現のための一つの規則ないしいくつかの規則を提供すると当然思われている「法」の定義に当てられているのではない。それは上のように、「法」あるいは「法的」というような言葉の用法を確認したり、規則づけることをわれわれは主張していないからである。このような目的にそって、ドイツの場合になされた主張、すなわちあるルールが第一次的ルールおよび第二次的ルールの現行の体系に属しているとしても、道徳的に邪悪であれば有効な法の資格は与えられるべきでないという主張を、前章において考察した。結局われわれはこの主張をしりぞけた。しかしそうしたのは、それがそのような体系に属するルールは「法」と呼ばれなければならないという見解と対立するからではないし、またそれが重要な語法と対立するからでもない。そうではなくて、われわれは、道徳的に邪悪なものを追放することによって有効な法の部類を狭めようとする試みに対し、そうすることは理論的探究をもまた道徳的熟慮をも進展させ、あるいは明白にするものでないという理由で批判を加えた。このためには、多くの語法に一致し、また道徳的に邪悪なルールであっても、法とみなすことを許すより広い概念の法が、吟味されたのち、適当であることが明らかになった。

国際法は逆の場合を示している。なぜならここで「法」という表現を用いることは、過去一五〇年の語法に一致しているけれども、国際的な立法機関、強制管轄権をもつ裁判所および中央に組織された制裁が欠けているために、ともかく法理論家の胸中において、懸念が生じたからである。このような制度がないということは、諸国家のためのルールは、責務の第一次的ルールからのみ成る単純な形態の社会構造に似ていることを意味しているのであって、もしその構造を個人から成る社会のなかに見い出せば、普通われわれは発達した法体系とそれを対比させているのである。われわれが後に示すように、国際法は立法機関および裁判所に関する変更および裁判の第二次的ルールを欠いているだけでなく、法の「源」を明らかにし、そのルールの確認のための一般的基準を規定している統一的な承認のルールをも欠いているとたしかに言える。このような相違は非常に顕著であるので、「国際法は本当に法なのか」という疑問はほとんど避けられない。しかしながら、この場合にもまた、われわれは多くの人々が感じる疑いを単に現行の語法がそうであるからといってかたづけるのではなく、また第一次的ルールおよび第二次的ルールの結合の存在が、「法体系」という表現を適切に使用するための必要十分条件であるという立場から、それらの疑いを単に確認するのでもない。そうではなくて、われわれは感じられている疑いの性格を詳細に探究し、ドイツの場合になされたように、

「国際法」という共通でより広範な語法が何らかの実際的あるいは理論的目的を妨げるかどうかをたずねてみる。

　われわれは、国際法の性格に関するこの問題に対したった一章しか当てないけれども、さらに簡単な取り扱いを提案した学者もいる。彼らにとって「国際法は本当に法なのか」という疑問は、言葉の意味に関する些細な問題が、事柄の本質に関する重要な問題と取り違えられたために起こり、あるいは繰り返されるにすぎないように思われている。すなわち国際法を国内法から区別している諸事実は明らかでありよく知られているので、解決されるべき唯一の問題は現行の呼び方に従うかそれから離れるかであり、このことは個々の人が彼自身解決すべき事柄である。しかし、その疑問に対するこの簡単な方法はたしかにあまりにも簡単すぎる。「法」という言葉を国際法にまで拡げることを理論家達が躊躇した理由のなかで、同じ言葉を多くの異なった事柄に用いることを正当化するものが何であるかについて、あまりにも単純にとらえ、そしてまったく不合理に見る見解もいくらかの役割を演じたことは真実である。一般的分類の用語を拡大して用いるさいに、通常導びきとなるさまざまの原則の存在は法学においてあまりにもしばしば無視されている。それにもかかわらず、国際法についての疑いの源は、言葉の使用についてのこれらの誤った見解よりも深く、より興味深いものである。さらにこの疑問に対する簡単な方法によって提供された二つの選択肢（「現行の呼び方に従おうかそれともそこから離れようか」）はすべてを含んではいない。というのは、それらの他に、実際に存在する語法を導いた原則を明らかにし検討するという選択肢があるからである。

　もしわれわれが固有名詞を取り扱っているなら、上にのべた簡単な方法はまったく適切であるだろう。もし誰かが「ロンドン」と呼ばれる場所は本当にロンドンなのかとたずねたら、われわれのできることは、彼にその呼び方を思い出させ、それに従うか彼の好みに合う他の名前を選ぶかを彼にまかせることである。そのような場合に、どのような原則によってロンドンはそう呼ばれるのか、あるいはその原則は受けいれられるものかどうかをたずねることは馬鹿げている。これが馬鹿げているのは、固有名詞の指定はただ特別の呼び方によるのに対し、厳格な学問分野の一般的用語の拡大は、明らかではないけれども何らかの原則あるいは原理なしには決してありえないからである。今の場合のように、「われわれはそれが法と呼ばれることは知っているが、本当にそれは法なのか」と実際において言う人人によってその拡大が問題とされるとき、もちろん曖昧にではあるが求められていることは、原則が明白にされ、その資格が審査されることである。

われわれは国際法の法的性質に関する二つの主要な疑いの源を考察し、それらとともに理論家達がこれらの疑いに対処した足跡を考察しよう。二つの疑いが生じるのはどちらも、国際法を、何が法であるかについての明らかな標準の例として考えられている国内法へと対照させるからである。第一の疑いは、法の概念を基本的には威嚇を背景とする命令の事柄であるとするところにその根を深くもっており、国際法のルールの性質を国内法のそれに対比させるところにある。第二の疑いは、国家は基本的には法的責務の主体となりえないという曖昧な信念から生じるものであり、国際法の主体の性質を国内法のそれに対比させるところにある。

第二節　責務と制裁

われわれがこれから考察する疑いは、「いかにして国際法は拘束力をもちうるのか」という疑問の形で、国際法の書物の冒頭にしばしばあらわされている。しかしこのよく使われる疑問の形には、何かたいへん混乱させるものがある。だからそれを取り扱う前に、われわれは不明確な答しか出ないようなそれに先だつ疑問に直面しなければならない。この先だつ疑問は、法体系全体についてそれが「拘束力をもつ」ということは何を意味するのか、ということである。体系の特定のルールが特定の人に対し拘束力をもつという陳述は、法律家にとって聞きなれたものであり、意味もかなり明白である。われわれはそれを、問題となっているルールは妥当するルールであり、問題となっている人はその下で責務あるいは義務をもつという言明に言いかえうるだろう。これの他に、この形のもっと一般的な陳述がなされる状況がある。ある場合には、特定の人に対しある法体系が適用されるのか、あるいは別の法体系が適用されるのかが疑わしいことがある。そのような疑いは、国際私法の場合あるいは国際公法の場合に生じるだろう。前者の場合、特定の取引に関して、特定の人に対しフランス法が拘束力をもつのか、あるいはイギリス法が拘束力をもつのかをたずねるだろうし、後者の場合、たとえば敵に占領されたベルギーの住民は、亡命政府がベルギー法と主張するものに拘束されるのか、あるいは占領国の命令に拘束されるかをたずねるだろう。しかしこれら両方の場合とも、問題はある法体系（国内法あるいは国際法）の内部で生じる法の問題であり、その体系のルールあるいは原則に照らすことによって解決される。それらはルールの一般的性質に関する問題ではなく、ルールの範囲すなわち特定の状況の下での特定の人々や取引に対するその適用可能性の問題にすぎない。「国際法は拘束力をもつか」という疑問、および「いかにして国際法は拘束力をもちうるか」あるいは「何が国際法に拘束力をもたせるのか」という同様の疑問は、明らかに異なった種類の疑問なのである。それらは、国際法の適用可能性についての疑いではなく、その一般的法的地位についての疑いを表明しているのである。この疑いはもっと率直に、「これらのルールが責務を生じさせると言うことは、はたして意味がありまた真実なのだろうか」という形で表現される。書物の議論が示すように、この点に関する疑いの一つの源は単に中央に組織された制裁の体系がないということである。これは、そのルールが疑いもなく「拘束力をもつ」とされており、また法的義務の模範とされている国内法と対照をなしている一つの点である。この段階からさきの議論は単純である。もしこの理由から国際法のルールは「拘束力をもた」ないとするならば、それが法の一つだとまじめに考えることは、まったく弁護の余地がない。なぜなら、一般の話し方がいかに寛容であっても、これは大きすぎて見のがされえない相違だからである。法の本質についてのすべての考察は、法の存在が少なくとも一定の行為を義務的なものにするという想定から始まる。

　この議論を考察するにさいして、われわれは国際法体系の事実に関するあらゆる疑問を、この議論に有利なように解釈しよう。国際連盟規約第十六条も、国際連合憲章第七章もいずれも、国内法の制裁と同一視されうるものをまったく国際法に導入しなかったとわれわれは考える。朝鮮戦争にもかかわらず、またスエズ紛争からどのような教訓が引き出されようとも、憲章の法強制規定は、それらの使用が必要な場合には常に拒否権によって無能力にされやすく、それらはただ紙の上だけに存在していると言わなければならないと考えておこう。

　国際法は組織された制裁がないために拘束力がないと主張することは、法は本質的には威嚇を背景とする命令に関する事柄であるとする理論のなかに含まれていた責務の分析を暗黙に受けいれることになる。この理論は、すでに見たように、「責務がある」あるいは「拘束されている」ということを、「不服従の場合には威嚇としての制裁や刑罰を受けるだろう」ということと同一視している。しかしすでに論じたように、この同一視はすべての法についての思索や論議のなかで演じられている責務と義務の観念の役割を歪曲している。効果的に組織された制裁のある国内法のなかでさえ、第四章で見たようなさまざまな理由から、われわれは、「私（あなた）は不服従のために害を受けるだろう」という外的な予測的陳述の意味を、「私（あなた）はそのように行動する責務を負う」という内的な規範的陳述から区別しなければならない。その内的な陳述は、行動の指針となる基準として受けいれられたルールの観点から、個々人の立場を評価するものである。すべてのルールが必ずしも責務や義務を生じさせるものでないことは真実であるし、また責務や義務を生じさせるルールは、一般に私的利益のいくらかの犠牲を要求し、そして一般に一致への厳格な要求と逸脱に対するたえまない批判によって支持されることも真実である。しかしもしわれわれが、予測的な分析および法は本質的に威嚇を背景とする命令であるとするそのもとの概念から離れてみるならば、責務の規範的な観念を組織された制裁によって支持されているルールに限るべき何らの適切な理由もないようにみえる。

しかしながらもう一つの議論を考察しなければならない。それは威嚇としての制裁の見込みということによって責務の定義をしていないから、もっともらしいものである。懐疑論者は、国内法体系のなかに、われわれも強調したように、必ずなければならないと言ってよい規定があることを指摘するだろう。それらのなかには、暴力の自由な使用を禁じた責務の第一次的ルール、およびそれらや他のルールのために制裁として力を公的に使用することを規定したルールがある。もしそれらのルールおよびそれらを支える組織された制裁が、この意味において国内法にとって必要であるならば、それらは同様に国際法にとっても必要ではないのだろうか。それらが必要であるということは、「拘束力がある」とか「責務」とかのような言葉の意味そのものから生じるということを強調することなしに、主張されるだろう。

この形の議論に対する解答は、国内法の永続的な心理的および物理的背景となっている人間およびその環境についての根本的な真実のなかに見い出されるべきである。個人からなる社会では、肉体的な強さと傷つきやすさがほぼ同じであるから、物理的制裁は必要でありまた可能である。制裁が要求されるのは、法の制限に自主的に従う人々が、そのような制裁がなければ自分自身は法を守らず、他人が法を守ることによって得た利益を刈りとるであろう悪人の単なる犠牲にならないためである。互いにたいへん接近して生活している個々人の間では、あからさまな攻撃といわないまでも悪だくみによって他人を傷つける機会は非常に多く、またのがれる機会もかなりあるので、もっとも単純な形態の社会以外では、単なる自然的な抑止によるだけでは、あまりにも悪く、あまりにも馬鹿で、あまりにも弱いために法に従いえない人々を制止するのに十分ではない。しかしほぼ平等であるという事実と、制止の体系に従うことが明らかに有利であることから、悪人集団の強さが自主的にその維持に協力する人々の強さを超えることはないだろう。国内法の背景を形成するこのような状況においては、制裁は悪人に対し比較的小さな危険しか伴わないでうまく使用される。そしてそれらの威嚇は自然的抑止が何であれ、それに多くのものをつけ加えるだろう。しかし個人に単純に当てはまる自明の真理も、国家には当てはまらず、また国際法の実際の背景は国内法のそれとたいへん異なっているので、(国際法が同様の制裁によって支持されることは望ましいが) 制裁に対する同様の必要性はないし、またそれらが安全で有効に使用されるという見込みもない。

それは、国家間の侵略は個人間のそれとまったく異なるからである。国家間の暴力の使用は公的にならざるをえないし、国際警察軍はないけれども、それが侵略者と被害者の間の事柄としてとどまる確かさはほとんどない。それは、警察力がない場合に殺人とか窃盗が加害者と被害者の間の事柄としてとどまるのとは違っている。戦争を開始することは、最強国にとってさえ、合理的な確信をもってほとんど予想できない結果のために、多くのものを危うくすることである。他方、国家は同じ強さではないので、国際的秩序の側の諸国家が結合した強さが、侵略しようとしている諸国家にまさるだろうという恒常的な保障は何らありえない。だから制裁の組織化と使用は、恐ろしい危険を含むだろうし、制裁の威嚇は自然的抑止にほとんど何もつけ加えないだろう。このように事実のたいへん異なった背景をもちながら、国際法は国内法とは違った形態で発達した。現代の国家の住民の間では、もし犯罪に対する組織された抑圧と刑罰がなければ、暴力と窃盗はたえまなく起こるだろう。しかし国家にとっては長い平和の時代が悲惨な戦争の間に介在してきた。これらの平和の時代は、戦争の危険と賭および国家の相互の必要を考慮して、ただ理性的にのみ期待されうるものである。しかしそれは、(なかんずく)何らかの中央の機関による強制を規定していないという点で国内法のルールと異なったルールで規制するに価する。しかもこれらのルールが要求するものは義務的と考えられ、またそう言われている。そこにはルールに一致させるための一般的圧力がある。請求および是認はこれらにもとづき、ルールの違反は賠償の執拗な主張のみならず、復仇および反撃をも正当化するものとされる。ルールが無視された場合、その無視は国際法は拘束力をもたないという理由によるのではなく、かえってその事実を隠そうとする努力がなされる。もちろんそれらのルールは、国家が争おうとしない問題に関してのみ有効であると言えるだろう。もちろんそうであるし、またそれは逆に体系の重要さと人間性に対するその価値とを反映しているだろう。だが、それだけのことでも言えるので、その物理的心理的事実の状況において国内法には組織された制裁が必要であることから、たいへん状況の異なった国際法は、そのような制裁がないために、何らの責務をも課さないし、「拘束力」をもたないし、それゆえに「法」の資格に価しないという結論を単純に引き出すことはできない。

第三節　責務と国家の主権

イギリス、ベルギー、ギリシャ、ソ連は国際法の下で権利と責務をもつので、それらは国際法の主体である。それらは、素人が独立していると考え、法律家が「主権的」であると認める国家を任意に選んだ例である。国際法の義務的性質に関して常にわれわれを悩ませてきた源の一つは、主権的である国家が国際法に「拘束」され、あるいはそのもとで責務をもつという事実を受けいれたりのべたりするさいに感じる困難さであった。この形の懐疑は、国際法は制裁を欠くので拘束力をもたないという異議よりも、ある意味でもっと極端である。なぜなら制裁に関する異議は、もしいつの日か国際法が制裁の体系によって補強されたならば反駁されるのに対し、この異議は、主権的でありながら法に従属する国家を考えるさいに存在すると言われたり考えられたりする根本的な矛盾にもとづいているからである。

この異議を検討するためには、立法府や国家内部の他の要素や人にではなく、国家自身に対して用いられた主権の観念を吟味しなければならない。法学において「主権的」という言葉があらわれるときにはいつも、それを、その人の言葉が彼の従属者や臣民にとって法であるような、法の上に立つ人という考えと結びつける傾向がある。われわれは本書の最初の方において、この魅力的な観念は国内法体系の構造にとっていかに悪い指針となっているかを見てきた。しかもそれは国際法理論においては、さらに一層われわれを混乱させる源であった。もちろんそのような線にそって、国家はその臣民に対する法の源であるが、それ自身は法をもたない存在、すなわち一種のスーパーマンのようなものと考えることも可能である。十六世紀以来、国家と君主の象徴的な同一視（「朕は国家なり」）はこの考えを勇気づけたのであって、それは法的および政治的な理論にあやしげな着想を与えたものである。しかし国際法の理解のためには、このような結びつきをふり捨てることが重要である。「国家」という表現は、本来あるいは「その性質上」法の外にある人や物の名ではなく、次の二つの事実を言及する方法である。すなわち第一に、ある領域の住民が、立法府、裁判所および第一次的ルールといったその特徴的構造をもつ法体系によって与えられた秩序ある政府の形態の下に住むこと。第二にその政府が曖昧だが一定の独立性を享有すること。

「国家」という言葉はたしかに曖昧なところが多いが、いまのべたことはその中心的な意味を示すのに十分であろう。また任意に選べば、イギリスとかブラジル、アメリカとかイタリアはその領域外の権威や人による法的および事実的コントロールから多くの面で独立しており、国際法における「主権国家」の地位をもつだろう。他方、合衆国のような連邦の構成員である個々の州は、さまざまな方法で連邦政府および連邦憲法の権威およびコントロールに従う。しかしながら、もし「州」という言葉が全然用いられていないたとえばイギリスの県とくらべてみるならば、これらの連邦制下の州のもつ独立性は大きい。県はその地域のために立法府のいくらかの機能を行なう地方評議会をもつだろうが、その貧弱な権限は議会の権限に従属し、一定の些細な点を除けば、県の地域はその他の地域と同様の法および政府に従う。

これらの両極端の間に、秩序ある政府をもつ地域的統一体において、さまざまの様式と程度をもつ依存関係（そして独立）がみられる。植民地、保護関係、付庸関係、信託統治地域、国家連合は、この観点からの区分の魅力的な問題をあらわしている。ほとんどの場合ある統一体の他の統一体への依存は、法的な形で表明されているので、依存している統一体の領域において何が法であるかは、少くとも一定の問題に関し、究極的には他方の統一体の立法活動にかかっている。

しかしある場合には、依存している領域の法体系はその依存を反映していないこともある。それは、単に形式的には独立しているが、その領域は実際には傀儡をとおして外部から統治されているという理由によるか、あるいは依存している領域がその国内事項には真の自治をもつが、対外事項にはもたないので、対外事項における他国への依存は、その国内法の一部として表明する必要はないという理由によるかである。ある領域的統一体が他の統一体に依存する様式はこのようにさまざまであるが、独立性が制限される唯一の形態ではない。独立を制限する要因としては、上にのべたような統一体の権限や権威のほかに、お互いに同様に独立している統一体に影響を与える国際的権威があるだろう。さまざまな国際的権威およびそれと対応して国家の独立に対するさまざまな制限を想像することは可能である。その可能性のなかになかんずく次のものが含まれる。イギリス議会をモデルとし、すべての国の国内的および対外的事項を規制する法的に無制限な権能をもつ世界立法府。アメリカ議会をモデルとし、特別の事項に関してのみ法的権能をもちあるいは構成員の特別な権利を保障する結果限られた法的権能をもつ連邦の立法府。すべての国に適用可能なものとして一般的に受けいれられたルールを、そこでの法的コントロールの唯一の形態とするような制度。そして最後に、承認される責務の唯一の形態は契約的ないし自己に課したものであるので、国家の独立はそれ自身の行動によってのみ法的に制限されるような制度。

このような一連の可能性を考慮することは有益である。なぜなら依存および独立の多くの可能な形態および程度を理解するだけで、ここでの主張すなわち国家は主権的であるので国際法に従属しまた拘束され「えない」し、あるいは国際法のある特別の形態にのみ拘束され「うる」という主張に答える一歩になるからである。なぜなら「主権的」という言葉は、ここでは「独立的」ということしか意味しないし、独立的ということと同様に消極的な意義しかもたないからである。すなわち主権国家は一定の種類のコントロールに従属しないし、その主権はそれが自治権をもつ行動の範囲である。すでに見たようにある程度の自治は、国家という言葉の意味自体に含まれているが、それが無制限で「なければならない」とか、ある一定の種類の責務によってのみ制限され「うる」という主張は、せいぜい国家はすべて他の制約から自由であるべきだという要求を主張することであり、最悪の場合には不合理な独断となる。なぜならもし事実上諸国家間に一定の形態の国際的権威が存在することを見い出すなら、国家の主権はその範囲において制限され、そのルールが許す範囲においてのみ国家は主権をもつからである。だからそのルールがどのようなものかを知ったときにのみ、どの国が主権的であり、その主権の範囲がどれくらいかを知ることができる。それはちょうど、イギリス法あるいはアメリカ法がどのようなものかを知ったときにのみ、イギリス人が自由なのか、アメリカ人が自由なのかということ、およびその自由の範囲を知ることができるのと同様である。国際法のルールは、たしかに多くの点で漠然としまた矛盾しているので、国家に残された独立の範囲に関する疑いは、国内法の下での市民の自由の範囲に関する疑いよりはるかに大きい。それにもかかわらず、このような困難があるからといって、国際法を参照することなく、国家に属すると考えられている絶対主権から国際法の一般的性質を引きだそうと試みる先験的な主張は成りたたない。

主権の観念が無批判的に使用されたため、国内法と国際法の理論の両方において同様の混乱が生じ、ともに改める必要が生じていることは注目に価する。われわれはその影響を受けて、国内法体系においてはいかなる法的制限にも従わない主権的立法者がいなくてはならないと信じさせられ、同様に国家は主権的であり自己による以外には法的制限から免がれているので国際法は一定の性格をもたなければならないと信じさせられている。どちらの場合にも、法的に無制限な主権者が必ずいなければならないと信じこむことは、われわれが実際のルールを検討してはじめて答えうる問題を前もって判断しているのである。国内法にとっての疑問は、その体系内で承認された最高の立法権威の範囲はどれだけかということであり、国際法にとっての疑問は、ルールが諸国家に許容する自治の最大の範囲はどれだけかということである。

だから現在の異議に対するもっとも簡単な答は、それが考察すべき問題の順序を逆にしているということである。われわれは、国際法の諸形態がどのようなものであるか、そしてそれらは単なる空虚な形態なのかどうかを知ってはじめて、諸国家はどのような主権をもっているかを知りうるのである。この原則が無視されたため、多くの法的議論は混乱してきた。だから「意思主義」あるいは「自己制限」の理論として知られている国際法の理論を、この考えの下で考察することは有益である。これらの理論は、すべての国際的責務を約束から生じる義務のようにみずから課したものとして取り扱うことにより、国家の（絶対）主権を国際法の拘束力あるルールの存在と調和させようと試みた。実際このような理論は、政治学における社会契約論を国際法に当てはめたものである。政治学における社会契約論は、法に従う責務は拘束される人々がお互いになし、あるいは場合によっては彼らの支配者となした契約から生じる責務であるとすることによって、個人は「本来」自由で独立であるにもかかわらず、国内法に拘束されるという事実を説明しようとした。われわれはここにおいては、この理論が文字通り受けとられた場合になされる周知の異議を考察しないし、また単に理解に役立つ類比として受けとられる場合のこの理論の価値をも考察しない。その代わりにわれわれは、国際法の意思主義理論に反対する三つの議論をその歴史から引き出すことにしよう。

まず第一に、これらの理論は、諸国家はみずから課した責務にのみ拘束され「うる」ということをどうして知るのか、あるいは国際法の実際の性質の検討に先だって、国家の主権に関するこの見解がなぜ受けいれられるべきなのかということを、まったく説明することができない。そのことがしばしば繰り返されてきたという事実のほかに、その見解を支持するものが何かまだあるだろうか。第二に、諸国家は主権をもつのでみずから課したルールにのみ従いまた拘束されうるということを示そうとする議論には、何か一貫しないものがある。「自己制限」理論の非常に極端な形態においては、国家の協定あるいは条約の取り決めは、国家がもくろんでいる将来の行動の単なる宣言であるとされ、その不履行は何ら義務の違反とは考えられない。これは事実とはたいへん矛盾しているけれども、少くとも一貫性という長所をもっている。すなわちこれは、国家の絶対主権はいかなる種類の責務とも両立しないのであり、だから国家はイギリス議会のように、自己を拘束できないという単純な理論である。しかしながら、国家は約束、協定あるいは条約によってみずから責務を課すことができるとするあまり極端でない説は、国家はみずから課したルールにのみ従うという理論とは矛盾する。なぜなら、話されたものであれ、書かれたものであれ、ある言葉が一定の状況において約束、協定あるいは条約として機能し、その結果責務を生じ、請求可能な権利を相手方に与えるためには、ルールがはじめから存在し、それは国家がしかるべき言葉によって行なうと約束したことを行なうよう国家は拘束されると規定していなければならないからである。みずから課した責務という観念そのもののなかに前提されているそのようなルールは、その義務的な性質をそのルールに従うというみずから課した責務から引き出せないことは明らかである。

ある国家が行なうように拘束されているすべての個々の行動は、理論的には、たしかに約束からその義務的な性質を引き出すだろう。それにもかかわらず、そう言えるのは、約束その他が責務を生じるというルールが何らかの約束とは別に、国家に適用される場合にのみである。個人あるいは国家からなる社会において、約束、協定あるいは条約の言葉が責務を生じるために何が必要かつ十分であるかと言えばそれは、そのことを規定し、それらの自己拘束作用のための手続きを明記したルールが、普遍的である必要はないが一般的に認識されていることである。それらが認識されているところでは、それらの手続きを意識的に用いる個人あるいは国家は、欲しようと欲しまいと、そのことによって拘束されるのである。このように社会的責務のもっとも自発的な形態でさえ、それらに拘束される当事者の選択とは関係なしに、拘束力をもつルールを含んでいる。だからこのことは、国家の場合においては、国家主権はすべてのそのようなルールからの自由を要求するという仮定とは一致しない。

第三に事実の問題がある。われわれは、国家は自己に課した責務にのみ拘束されうるという今批判した先験的な主張と、国家は異なった体系の下では他の方法で拘束されうるのだけれども、実際に今日の国際法のルールの下では国家にとって他の形態の責務は存在しないという主張とを区別しなければならない。もちろんその体系はすべて合意から成りたつ形態であるということも可能である。合意により成りたつという見解に対する賛成と反対は、法学者の論文、裁判官の意見、さらに国際裁判所の裁判官の意見、および国家の宣言のなかに見い出される。諸国の実際の慣行の客観的な究明のみが、上の見解が正しいかどうかを示しうる。現代国際法は、たしかに大部分は条約法であり、したがって前もっての合意なしに国家に対し拘束力をもつと思われるルールが、実際は合意にもとづいていることを示すため念入りな試みがなされた。もっともその合意は「黙示的に」のみ与えられ、あるいは「推定」されなくてはならないのだけれども。国際的責務の諸形態を一つのものに還元しようとする試みは、すべてが虚構であるわけではないが、少なくともそのいくらかは、「黙示の命令」tacit command の観念と同じ疑惑を呼び起こす。それは、すでに見たように、はるかにもっともらしいものであるが、同様に国内法の単純化を形成するためにもくろまれたものである。

すべての国際的責務は拘束される当事者の合意から生じるという主張の詳細な検討はここではできないが、この理論に対する二つの明白で重要な例外に注意しなければならない。第一は新国家の場合である。一九三二年にイラクが、一九四八年にイスラエルがしたように、新しい独立国家が成立したとき、それがなかんずく条約に拘束力を与えるルールを含んだ国際法の一般的責務に拘束されることは決して疑われたことはない。ここにおいて新国家の国際的な責務を「黙示の」あるいは「推定された」合意におく試みは、まったく古くさいように思える。第二の場合は、領土を得たり他の何らかの変化をなした国が、以前にはそれを順守したり、違反したりする何らの機会をもたず、またそれに対して合意を与えたり差し控えたりする何らの機会をもたなかったルールのもとにおける責務の影響を、そのことによってはじめて受ける場合である。もし以前には海に接していなかった国家が海岸の領土を得たとしたら、そのことによってその国家は、領海および公海に関するすべての国際法のルールに従わなければならないことは明らかである。その他に、主として一般条約あるいは多辺的条約の非当事者に対する効果に関して、もっと議論の余地のある場合がある。しかしすべての国際的責務はみずから課したものであるという一般理論は、あまりにも多くの抽象的な独断と、あまりにも事実をかえりみないことによって想定されたという疑惑を、これら二つの重要な例外は、正当化するのに十分である。

第四節　国際法と道徳

第五章においてわれわれは、責務の第一次的ルールのみからなる単純な形態の社会構造を考察し、さらに、緊密に結合し孤立した最小の社会以外のすべての社会にとって、それは重大な欠陥をもつということを見た。そのルールは緩慢な成長とか衰退の過程によってのみ変化するので、そのような制度は静的であらざるをえず、そのルールの確認は不確実であり、個々の場合におけるルールの違反の事実の確認および違反者に対する社会的圧力の使用は偶然的であり、時間のかかるものであり、弱いものであるにちがいない。これらのさまざまな欠陥に対し、互いに関係はあるが異なった矯正として、国内法に特徴的な承認、変更および裁判の第二次的ルールを考えることは啓発的であるということがわかった。

国際法によく見られる念入りなルールの内容は、原初的社会のそれとはたいへん異なっており、国際法の概念、方法および技術の多くは現代の国内法のそれらと同じであるが、それにもかかわらず、形態において、国際法は第一次的ルールからなるそのような制度と似ている。国際法と国内法のこれらの形態上の差異は、前者を「道徳」として区分することにより、もっともよく表現されうると法学者たちは考えることが多かった。しかしながらこのような方法で区別することは、混乱を招くだけであることは明らかであろう。

ときとして、国家間の関係を規律するルールは道徳のルールにすぎないという主張を力づけるものとしては古い独断主義があり、それは、威嚇を背景とする命令に還元しえないすべての社会構造の形態は「道徳」の形態でしかないと言っている。もちろん「道徳」という言葉をこのようにたいへん包括的に用いることも可能である。しかしそう用いたならば、その言葉は残虐性、不正直、あるいは嘘つきを一般的に禁止しているような通常道徳と考えられるルールや原則のみならず、ゲーム、クラブ、エチケット、憲法の基本的規定および国際法のルールまでもが投げ入れられる概念のくずかごを用意することになる。このやり方に対する異議は、「道徳」として一緒に区分されたもののなかに、形態と社会的機能の両方において重要な差異があるので、そのような粗雑な区分では、実際的あるいは理論的ないかなる目的にも役立たないということである。このように不自然に拡大された道徳の範囲内に、そうすることによって曖昧にされた古い区分をあらためて見なおさなければならない。

国際法という特定の場合において、国際法のルールを「道徳」として区分することに反対する理由がいろいろとある。第一に、国家はしばしば不道徳な行為のゆえにお互いを非難し、国際的道徳の基準に従っているといって自国あるいは他国を称讃する。明らかに国家が示したり示しえなかったりする徳の一つは国際法を守るという徳であるが、このことは国際法が道徳であることを意味しない。実際、国家の行為を道徳によって評価することは国際法のルールのもとで請求、要求、権利義務の承認を方式化することとは異なることが認められている。われわれは第五章において、社会道徳の特徴を決定するものと考えられるいくらかの特色をあげた。そのなかに、道徳的ルールを主として支える道徳的圧力という特殊な形態があった。これは報復の恐怖とか威嚇への訴えとか、損害賠償の要求からなるのではなく、良心への訴えからなるのであり、その良心への訴えは、名宛人が問題となっている道徳的原則を思い出したら、罪とか恥によってそれを尊重し改心するように導かれるという期待をもってなされるのである。

国内法と同様に、国際法の下での請求はもちろん道徳的な訴えを含んでいるだろうけれども、それはそのような用語では言いあらわされない。国家が国際法の紛糾した問題についてお互に言いあうしばしば技術的な議論において顕著であるのは、先例、条約、法学者の論文への言及であり、道徳的な正邪善悪についての言及はほとんどなされない。だから北京政府が台湾から国民政府軍を追放する国際法上の権利をもっているとかいないとかという主張は、そのことが公正、正当であるとか、道徳的に善であるか悪であるかという問題とはたいへん異なっているのであって、それはまったく異なった性質の議論によって支えられるのである。たしかに国家間の関係においては、私生活において認められる丁寧および礼儀の基準に類似して、明らかに法であるものと明らかに道徳であるものとの中間のものがある。そのようなものは、国際「礼譲」の範囲であり、その例としては外交官が個人的使用のために免税で物品を手に入れることができる特権がある。

もっと重要な区分の基礎は次のようである。すなわち国際法のルールは、国内法のルールと同様に、しばしば道徳にはまったく無関心である。ルールが存在するのは、それが関係ある問題についてある程度明確なルールをもつことが便利であり、必要であるからであって、個々のルールが何らかの道徳的重要性をもつからではない。それは、どれでもかまわないような多数の可能なルールのうちの一つにすぎないであろう。だから国内法および国際法のルールは、道徳的なルールや原則の要素としては理解しがたいような特に詳細な多くのものを共通に含んでおり、また任意的な特性をもつのである。社会道徳の可能な内容について独断的であってはならないことは真実である。第八章で見たように、社会集団の道徳は、現代の知識に照らしてみると不条理あるいは迷信的であるような多くのものを禁止の命令として含むだろう。だから、われわれとまったく異なった一般的信念をもった人々が、道路の右側ではなく左側を運転することに道徳的重要性を認めるようになったり、あるいは、二人の証人によって証明された約束を破ったら道徳的な罪を感じるが、一人の証人によって証明された場合にはそのような罪を感じないようになるだろうということを想像することは、困難ではあるが可能である。そのような奇妙な道徳は可能ではあるが、道徳は、それを支持する人人によって全然好ましくなく本質的に重要でないと一般に考えられているルールを（論理的には）含むことはできない。ところが法は、もちろん道徳的に重要なルールをも含むが、上にのべたようなルールを含みうるしまた含んでいる。そして任意的な特性、形式性および非常に詳細であることは、道徳の一部として理解するのはたいへん困難であるが、それゆえに法の特色としては当然であり、簡単に理解できるものである。なぜなら法の典型的な機能の一つは、道徳とは異なり、確実性と予測可能性を最大限にするため、また請求に対する証明あるいは評価を容易にするために、これらの要素を導入することである。法の形式と詳細さを重要視しすぎるならば、それは「形式主義」とか「リーガリズム」という非難を受けるだろう。しかしこれらの欠点は法のいくつかの特徴的性質の誇張であるということを思い出すことは重要である。

この理由によって、遺言が有効に作成されるには何人の証人がいなくてはならないかは、道徳からではなく国内法体系からわかると思うのと同様に、交戦国の船舶が中立国の港で燃料補給あるいは修理のために停泊できる日数、領海の幅、これらの算定に用いられる方法などの事柄は、道徳からではなく、国際法からわかるとわれわれは思うのである。これらすべてのことは、法的ルールが規定する必要がありまたそうすることが望ましいものである。しかしそれらのルールはどのような形態をもとりうるだろうし、特別な目的に対する多くの可能な手段の一つとしてのみ重要であるという意味が維持されるかぎり、それらは個人生活あるいは社会生活において道徳に特徴的な地位をもつルールとはやはり異なっているのである。もちろんすべての国際法のルールが、この形式的な、任意的なあるいは道徳的に中立な種類のものであるとは限らない。法的ルールはこの種のものでありうるが、道徳的ルールはそうありえないということのみが要点なのである。

国際法と、われわれが通常道徳と考えるものとの間の性格上の相違には、もう一つの側面がある。法が一定の行為を要求したり禁止したりする結果、究極的には集団の道徳に変化をもたらすだろうけれども、第八章でみたように、道徳的ルールを作成したり廃止したりする立法府を考えることは馬鹿げたことである。立法府は新しいルールを導入して、厳命 *fiat* によってそれに道徳的ルールの地位を与えることはできない。それは、理由は異なるけれども、同じ方法によってルールに伝統の地位を与えることができないことと同じである。したがって道徳は単に立法府をもたないのでもないし、あるいはたまたま立法府をもたないというのでもない。人間が行なう立法的厳命による変更という観念そのものが、道徳の観念と矛盾しているのである。それはわれわれが（立法的あるいはその他の）人間の行動を評価するための究極の基準として道徳を考えるからである。国際法との相違は明らかである。国際法の性質あるいは機能のなかには、道徳のように、ルールが立法的変化に従うという観念と矛盾するものは何もない。立法府の欠如は、いつの日か補なわれるべき欠点として多くの人々が考えているものである。

最後にわれわれは、第五章で批判された主張、すなわちたとえ国内法の特別のルールが道徳と矛盾するとしても、体系全体は特に例外的な場合は別としてそのルールに従う道徳的責務があるという一般に広まった信念にもとづかなければならないという主張が、国際法理論においてもなされていることに注意しなければならない。国際法のルールは、それに従う道徳的責務があるという国家の確信に最終的にはよらなければならないということが、国際法の「基礎」に関する論議でしばしば言われてきた。しかしながらこのことが、国家の認める責務は公的に組織された制裁によって強制されえないということ以上を意味するなら、それを受けいれる何らの理由もないように思われる。もちろん、国家が国際法によって要求される一定の行動を道徳上義務づけられていると考え、その理由のために行動するという言い方を、たしかに正当化するような状況を考えることも可能である。たとえば、条約が極度に信用されなくなったなら人間性に対し明らかな害が起こるであろうという理由により、また国家が過去において他国に約定の重荷がかかっているときにそこから利益を得た以上、厄介なものであっても入れ代わってその重荷を背負うことは、まさしく公平であると考えるという理由により、国家は重荷になる条約の責務を果たし続けるだろう。そのような道徳的確信について、正確には誰の動機、考えおよび感情が国家に帰属されるべきかは、われわれがここで手間どるべき問題ではない。

しかし、そのような意味での道徳的責務はあるかもしれないが、それがなぜあるいはどのような意味で国際法の存在の条件として存在しなければならないかを理解することは困難である。国家間の慣行において、一定のルールは一定の犠牲を伴っても規則正しく順守されていること、請求はルールを参照して方式化されること、ルールの違反は違反者をきびしい批判にさらし、補償の請求あるいは復仇を正当化するとされることは明らかである。たしかにこれらは、すべて国家間において国家に責務を課すルールが存在するという陳述を支持するのに必要とされる要素である。いかなる社会においても、「拘束力をもつ」ルールが存在しているという証拠としては、ルールがそのようなものとして考えられ、語られ、機能しているということだけでよい。国際法の「基礎」としてさらに何が必要であろうか、そしてもし何かが必要だとしても、それはなぜ道徳的責務という基礎でなければならないのであろうか。大多数がルールを受けいれ、それを維持するために自主的に協力しなければ、ルールは国家間において存在しえないし、機能しえないことはもちろん真実である。ルールに違反したり違反しようとする者に対する圧力が、しばしば概して弱く、通常集中されておらず、組織されていないこともまた真実である。しかしさらにもっと強力な国内法の強制的体系を自主的に受けいれる個人の場合と同様に、国際法の体系を自主的に支持しようとする動機は非常に多様である。いかなる形態の法秩序も、それに従うことが道徳上義務づけられているという意識が一般的に広がっているときに、もっとも健全であると言ってよいだろう。それにもかかわらず、法を支持する動機としては、そのようなものではなく、長い目でみた利益の計算、また伝統を守り続けたいという願望、あるいは他に対する利益ぬきの配慮が働くかもしれない。これらのいずれかを、個人間あるいは国家間における法の存在の必要条件として確認するだけの理由は何らないように思われる。

第五節　形式と内容における類似

一見したところ、国際法の形式的構造は、立法府、強制管轄権を伴う裁判所および公的に組織された制裁をもたないので、国内法のそれとはたいへん異なっているようにみえる。それは、すでにのべたように、内容においては全然そうではないが、形式において第一次的な法あるいは慣習法からなる単純な制度に似ている。しかしいくらかの理論家達は、懐疑主義者に対して国際法が「法」と呼ばれる資格を弁護するのに熱心なあまり、これらの形態上の差異を軽視し、国内法の立法とか他の好ましい形態上の特徴に国際法が類似する点を強調するという誘惑に負けたのである。そこにおいては、戦争は、敗戦国が領土を割譲し、責務を引き受け、また独立性をいくらか失うことを受けいれるという条約により終結するもので、それは立法と同様に、課せられた法的変更であるから本質的に立法行為であるということが主張されてきたのである。今日においてこの類似に感動させられたり、これが国際法は国内法と同様に「法」と呼ばれる資格をもつことを示すのに役立つと考える人はほとんどいないだろう。なぜなら、国内法と国際法の顕著な相違の一つは、前者は通常暴力により強要された合意の効力を認めないのに、後者はそれを認めるということであるからである。

「法」の資格は国内法との類似にあると考える人々によって、他のもっと体裁のよい類似がいろいろと強調された。

ほとんどすべての事例において、国際司法裁判所およびその前身である常設国際司法裁判所の判決が当事者により滞りなく遂行されたという事実が、国内裁判所とは異なってどの国家もその前もっての合意なしにはこれらの裁判所に引き出されないという事実を埋め合わせるかのようにしばしば強調された。また、国内法における制裁としての、法的に規制され公的に執行される力の使用と、「集中されていない制裁」すなわち国際法の下でその権利が他国によって侵害されたと主張する国による戦争あるいは強力的復仇への訴えとの間にも類似が見い出された。いくらかの類似があることは明白であるが、その重要性は、国内裁判所は「自力救済」self-help の正、不正を調査し、自力救済への不正な訴えを罰する強制的管轄権をもつのに対し、いかなる国際裁判所も同類の管轄権をもたないという同様に明白な事実をも考慮して判断されるべきである。

　これらの類似はぼんやりしているが、そのいくらかは国家が国連憲章の下で引き受けた責務によりさらに強化されたと考えられるかもしれない。しかしここにおいてもまた、これらの強さの評価は、もしそれが憲章の法強制規定が紙の上では立派であるとしても、拒否権および大国のイデオロギー的対立および同盟によって無力化されている程度を無視するなら、ほとんど価値のないものである。ときとしてこれに対し、国内法の法強制規定もゼネストによって効果的でなくなることがあると言われるが、それもほとんど人を信服させるものではない。なぜなら国内法と国際法を対比させるとき、われわれがかかわっているのは実際に存在するものであり、ここにおいて事実が異なるということは否定できないからである。

　しかしながら、国内法と国際法の間には、ここでいくらか吟味する価値のある形態上の類似がある。ケルゼンおよび多くの現代の理論家達は、国内法と同様に国際法も「根本規範」ないしはわれわれが承認のルールと呼ぶものをもつし、また実際もたなければならないと主張した。それを参照することによって体系の他のルールの妥当性が評価されるのであり、それによってルールは一つの体系を形成するというものである。これに反対する見解によれば、この構造の類似は偽りであり、国際法はこのような方法では結合されていない責務に関する別々な第一次的ルールの単なるセットである。国際法学者の通常の用語法においては、国際法は慣習のルールのセットであり、そのなかの一つに条約に拘束力を与えるルールがある。この仕事に関係する人々にとって、国際法の「根本規範」を公式化することはたいへん困難であったことはよく知られている。この位置を占めるもののなかには、合意は拘束する *pacta sunt servanda* という原則も含まれる。しかしながらいかに広くその言葉を解釈したとしても、この原則は、国際法の下におけるすべての責務が「合意」から生じるわけではないという事実と矛盾するように思えるので、ほとんどの理論家はこの原則を捨てさった。そこでこの原則は、「諸国家はそれらが慣習的に行動しているように行動すべきである」というあまり知られていない、いわゆるルールにとって代わられた。

　われわれは、国際法の根本規範についての上の公式化やその他の公式化の長所を議論するのではなくて、国際法はそのような要素をもたなければならないという前提を問題としてみよう。ここにおいて最初の、そしてたぶん最後の疑問は、なぜわれわれはこれを先験的な前提とし（なぜならそうされているのが実状だから）、国際法のルールの実際の性質に予断を下すべきであるかということである。なぜなら社会は、その構成員に対し「拘束力をもつ」ものとして責務を課すルールがあれば、たとえそのルールが単に別々なルールのセットとみなされ、何らかのもっと根本的なルールによって統一されず、あるいは根本的ルールからその効力を引き出さないとしても、存在しうるだろうということはたしかに考えうる（そしてしばしばそういう場合があったであろう）からである。ルールの単なる存在は、そのような根本的なルールの存在を含まないことは明らかである。ほとんどの現代社会にはエチケットのルールがあり、われわれはそれが責務を課すとは考えないけれども、それらのルールが存在しているとたしかに言えるだろう。しかしわれわれは個々のルールの効力がそこから引き出されるエチケットの根本的なルールを探そうとしないし、見い出すこともできないだろう。そのようなルールは体系をなしているのではなく、単なるセットであり、もちろん問題がエチケットよりももっと重要であるところでは、この形態の社会統制の不便さは無視できない。それらについてはすでに第五章でのべた。しかしもしルールが実際に行為の基準として受けいれられ、義務的ルールに特有なしかるべき形態の社会的圧力により支えられているならば、それらが拘束力をもつルールであるということは、たとえこの単純な社会構造の形態においては、国内法におけるように個々のルールの効力を体系のある究極のルールに照らして証明するものを欠いているとしても、そのことで十分なのである。

体系となっているのではなく単なるセットであるルールについてもちろん多くの質問をすることができる。たとえばそれらの歴史的起源について質問し、あるいはそのルールの成長を助けた原因に関して質問をすることができる。またそのルールによって生活している人々に対するその価値について質問することができるし、彼ら自身それに従うよう道徳的に拘束されていると考えているのか、あるいは何か別の動機から従うのかをたずねることができる。しかし、国内法のように根本規範ないし承認の第二次的ルールで強化された体系のルールに関してはたずねることはできるが、より単純な場合にはたずねることのできない一種の質問がある。すなわち、より単純な場合にわれわれは「体系のどの究極的な規定から、別々のルールはその効力もしくは『拘束力』を引き出すのであろうか」とたずねることはできない。なぜならそのような規定はないし、また何も必要としないからである。だから根本的なルールないし承認のルールが、責務のルールないし「拘束力をもつ」ルールの存在のための一般に必要な条件であると仮定することはまちがいである。これは必要物ではなくぜいたく品 a luxury であり、構成員が別々なルールを一つずつ受けいれるようになるばかりでなく、妥当性の一般的基準により画された一般的クラスのルールをも前もって受けいれることに関与するような進歩した社会体系に見い出されるものである。より単純な形態の社会においては、ルールがルールとして受けいれられたかどうかを知るには待たなければならない。承認の根本的なルールをもつ体系においては、ルールが実際につくられる以前に、もしそれが承認のルールの要件に適合しているならそれは効力をもつだろうと言うことができる。

同様の問題点は別の形でも示されるだろう。そのような承認のルールが別々のルールの単純なセットに付け加えられたとき、それは体系の利益および確認の容易さをもたらすばかりでなく、それは新しい形態の陳述をはじめて可能にする。これはルールの効力についての内的陳述である。なぜなら今われわれは、新たに、「体系のどの規定によりこのルールは拘束力をもつものとされるのか」、あるいはケルゼンの言い方で「体系の内部で何がその妥当性の理由なのか」をたずねることができるからである。これらの新しい質問の答は、根本的な承認のルールにより与えられる。

しかしより単純な構造においては、ルールの効力は何らかのもっと根本的なルールを参照することによっては示されえないけれども、このことは、ルールやその拘束力あるいは効力について何らかの疑問が説明されないまま残されているということを意味するものではない。そのような単純な社会構造におけるルールが、なぜ拘束力をもつのかは不思議なことであるとし、それはわれわれが根本的なルールを見い出した場合にのみ解決されるものであると言うことは当たらない。単純な構造のルールは、より進歩した体系の根本的なルールと同様に、もしそれらが拘束力をもつものとして受けいれられ機能しているなら、拘束力をもつのである。しかしながらさまざまな形態の社会構造についてのこれらの純然たる真実は、統一性および体系という望ましい諸要素が実際には見られないところで、それらを執拗に探究することにより、曖昧にされやすい。

根本的なルールなしに存在するもっとも単純な形態の社会構造のために、根本的なルールをつくろうとする努力のなかには、たしかに何かこっけいなものがある。それはまるで裸の野蛮人が本当は目に見えない種々の現代の服を着ているにちがいないと言い張るようなものである。不幸にもここにおいてまた混乱が引き続く可能性がある。根本的なルールについては、当該社会（個人からなろうと、国家からなろうと）が行為の一定の基準を義務的なルールとして守るという単なる事実の空虚な繰り返しのようなものであると考えるよう説得されるかもしれない。これは「諸国家は、それらが慣習的に行動してきたように行動すべきである」という国際法のために示唆された聞きなれない根本規範の立場である。なぜならそれは、一定のルールを受けいれる者は、ルールは順守されるべきであるというルールをもまた順守しなければならないということ以上を言っていないからである。これはルールのセットが拘束力をもつルールとして国家により受けいれられたという事実の無益な繰り返しにすぎない。

またいったんわれわれが国際法は根本ルールをもたなければならないという仮定から離れるなら、直面する問題は事実の問題である。ルールが国家間の関係で機能するとき、ルールの実際の性格はどんなものであろうか。観察されるべき現象のさまざまな解釈はもちろん可能である。しかし国際法のルールのために妥当性の一般的基準を与える根本的なルールはないということ、および実際に働いているルールは体系をなすものではなく、ルールのセットであり、その中に条約の拘束力を与えるルールがあるということがのべられよう。多くの重要な事柄に関して、国家間の関係は多辺的条約により規律されていることは真実であり、これらは当事者でない国をも拘束するだろうということがときとして主張されている。もしこのことが一般に認められるなら、そのような条約は実際立法的制定法であり、国際法はそのルールの妥当性のために独特な基準をもつことになるだろう。そうならば、体系の実際の特色をあらわす根本的な承認のルールが公式化されうるだろうし、それはルールのセットが実際に国家により順守されているという事実の空虚な繰り返し以上のものであろう。たぶん現在の国際法は、構造的にそれを国内体系へと近づける上にのべた形態や他の形態を受けいれる移行の段階にあると言える。もしこの移行が完成されたら、そしてそのときに、今日においては根拠が薄くて欺瞞的にさえみえる形態上の類似も実体を得て、国際法の法的「性質」に関する懐疑論者の最後の疑いもそのとき葬られるであろう。この段階にいたるまでは、類似はたしかに機能と内容におけるものであって、形式におけるものではない。機能における類似は、いくらかは前節で吟味したように、どのように国際法が道徳と異なるかを考えるときに、もっとも明らかにあらわれる。内容における類似は、国内法および国際法に共通であり、法律家の技術を一方から他方へ転用することを可能にする一連の原則、概念および方法にある。「国際法」'international law' という表現の発明者であるベンタムは、国際法は国内法に「十分類似している」[1]というだけで、そのことを弁護した。これに対して二つの注釈をつけるのがよいだろう。まず第一に、この類似は内容についてであって形式についてではない。第二に、この内容の類似において、国際法ほど国内法に近いような社会的ルールは他にはない。

(1) *Principles of Morals and Legislation*, xvii. 25, n. 1

原 注

本書の本文はそれだけでまとまっているので、読者は各章を通読した後で注に向うのが一番よいと感じるであろう。本文の脚注は引用の典拠、引用された判例や制定法の指示を与えるだけである。以下の注は読者に次の三つの異なった種類の事柄を注意してもらうためにつくられた。すなわち、(i)本文でなされた一般的陳述の一層の説明と例示。(ii)本文で取り扱われ、または参照された見解を一層発展させるか、批判している著作。(iii)本文で提起された諸問題を一層吟味するための提言。本書の引用はすべて、たとえば第一章、第一節のように、章、節の番号だけで示されている。ここで用いられる省略記号は以下のとおりである。

Austin, *The Province*	Austin, *The Province of Jurisprudence Determined* (ed. Hart, London, 1954).
Austin, *The Lectures*	Austin, *Lectures on the Philosophy of Positive Law.*
Kelsen, *General Theory*	Kelsen, *General Theory of Law and State.*
B. Y. B. I. L.	*British Year Book of International Law.*
H. L. R.	*Harvard Law Review.*
L. Q. R.	*Law Quarterly Review.*
M. L. R.	*Modern Law Review.*
P. A. S.	***Proceedings of the Aristotelian Society.***

二ページ　このページでルウェリン、ホームズ、グレイ、オースティン、ケルゼンから引用しているものはそれぞれ、法のある側面が著者の考えでは日常の法律用語で曖昧にされているか、以前の理論家達によって不当に無視されてきているのに対して、逆説的な、または誇張した形でその側面を強調したものである。いかなる重要な法律家についても、法に関する彼の陳述が文字どおり真であるか偽であるかという問題は後にまわし、まず彼がその陳述を支えるために与えている詳細な理由を、次に彼の陳述がとって代わろうとしている法概念、あるいは法理論を吟味することはしばしば有益である。

　無視されてきた真理を強調する方法としての、逆説的ないし誇張した主張の同じような用法は、哲学においてよく知られている。J. Wisdom, 'Metaphysics and Verification' in *Philosophy and Psychoanalysis* (1953); Frank, *Law and the Modern Mind* (London, 1949), Appendix VII ('Notes on Fictions'.) 参照。

　以上のページの五つの引用でそれぞれ主張され、または暗に言われている理論は、（ホームズ、グレイ、ルウェリンについては）第七章第二、三節で、（オースティンについては）第四章第三、四節で、（ケルゼンについては）第三章第一節三九—四六ページで吟味されている。

四ページ　基準的事例と境界線上の事例

　ここで言及した言語の特徴は、「法の開かれた構造」という見出しの下で第七章第一節で一般的に論じられている。それは「法」、「国家」、「犯罪」などのような一般的用語のためにはっきりと定義が求められる場合だけでなく、一般的用語で枠づけられたルールを個々の場合に当てはめるさいの推論を特徴づけようとする場合にも注意されなければならないものである。言語のこの特徴が重要であると強調した法理論家のなかには次の人々がいる。Austin, *The Province*, Lecture VI, pp. 202–7, and *Lectures in Jurisprudence* (5th ed., 1885), p. 997 ('Note on Interpretation'); Glanville Williams, 'International Law and the Controversy Concerning the Word "Law"' 22 *B.Y.B.I.L.* (1945), and 'Language in the Law' (five articles), 61 and 62 *L.Q.R.* (1945

-6). しかし、後者については J. Wisdom in 'Gods'and in 'Philosophy, Metaphysics and Psycho-Analysis', both in *Philosophy and Psycho-Analysis* (1953) による批評参照。

七ページ　**責務に関するオースティンの見解**

The Province, Lecture 1, pp. 14–18; *The Lectures*, Lectures 22 and 23. 参照。責務の観念および「責務を負っている」ことと、強制によって「せざるをえない」こととの間の相違は第五章第二節で詳細に吟味されている。オースティンの分析については第二章に対する注、二六三ページ参照。

八ページ　**法的責務と道徳的責務**

法は道徳との関連をとおして一番よく理解されるという主張は第八、第九章で吟味されている。この主張は非常にさまざまな形態をとってきた。ときにはこの主張は古典自然法理論およびスコラ的自然法理論におけるように、基本的な道徳の特徴は人間の理性によって発見されうる「客観的真理」であるという主張と結びついている。しかし、他の法律家達は法と道徳の相互依存を強調しようとする点では彼らと同じであっても、道徳の性質をこのように考えることまではしないのである。第九章に対する注、二九二ページ参照。

一二ページ　**スカンディナヴィア法理論と拘束力あるルールの観念**

この学派のもっとも重要な著作はイギリスの読者にとっては、Hägerström (1868–1939), *Inquiries into the Nature of Law and Morals* (trans. Broad, 1953), and Olivecrona, *Law as Fact* (1939) である。法的ルールの性格に関する彼らの見解をもっとも鮮明にのべているものは Olivecrona, op. cit. に見い出すことができる。多くのアメリカの法律家達によって好まれた法的ルールの予測的分析に対する彼の批判 (op. cit. pp. 85–88, 213–15) は Kelsen, *General Theory* (pp. 165 ff., 'The Prediction of the Legal Function') における同様の批判と比較されるべきである。これら二人の法律家が多くの点で一致しているのに、なぜ法的ルールの性格についてあのように異なった結論を引き出しているかは研究に価する。スカンディナヴィア学派批判については Hart, review of Hägerström, op. cit. in 30 *Philosophy* (1955); 'Scandinavian Realism', *Cambridge Law Journal* (1959); Marshall, 'Law in a Cold Climate', *Juridical Review* (1956) 参照。

一三ページ　**アメリカ法理論におけるルール懐疑主義**

「形式主義とルール懐疑主義」に関する第七章第一、二節参照。ここでは「リーガル・リアリズム」として知られるようになった基本的理論のいくつかが吟味されている。

一四ページ　**普通の言葉の意味に関する疑問**

「署名する」とか「署名」の意味に関する事例については 34 Halsbury, *Laws of England* (2nd ed.), paras. 165–9 and In the Estate of Cook (1960), 1 A. E. R. 689 およびそこで引用された事例参照。

一五ページ　**定義**

定義の形式と機能に関する一般的な現代の見解については Robinson, *Definition* (Oxford, 1952) 参照。最近類と種差による伝統的定義が法律用語を解明する方法として不適当だということは Bentham, *Fragment of Government* (notes to Chapter V, s. 6), and Ogden, *Bentham's Theory of Fictions* (pp. 75–104) によって論じられている。さらに Hart, 'Definition and Theory in Jurisprudence', 70 *L. Q. R.* (1954), and Cohen and Hart, 'Theory and Definition in Jurisprudence', *P. A. S.* Suppl. vol. xxix (1955) 参照。

「法」という用語の定義については Glanville Williams, op. cit.; R. Wollheim, 'The Nature of Law' in 2 *Political Studies* (1954); and Kantorowicz, *The Definition of Law* (1958), esp. Chapter I 参照。個々の事例において用語が日常用いられることについては何の疑いも感じられないが、用語の定義が一般に求められること、そして定義された用語が明晰化の機能をもつことについては Ryle, *Philosophical Arguments* (1945); Austin, 'A Plea for Excuses', 57 *P. A. S.* (1956–7), pp. 15 ff. 参照。

一六ページ　**一般的用語と共通の性質**

ある一般的用語（たとえば「法」、「国家」、「国民」、「犯罪」、「よい」、「正当な」）が正しく用いられるならば、用語が適用される範囲の事例はすべて「共通の性質」をもつに違いないといういいかげんな意見は多くの混乱の原因になってきた。法理学では定義の目的から共通の性質を発見しようというむなしい試みにおいて多くの時間と才能が浪費されてきた。この見解によれば、共通の性質は同じ言葉を多くのさまざまな事柄に用いるための唯一つの重要な理由だと考えられているのである。（Glanville Williams, op. cit. 参照。しかし、一般的言葉の性質に関するこの誤った見解が必ずしも、この人が示唆するように、さらに「言語の上の問題」を事実の問題と混同しているわけではないことに注意すべきである。）

一般的用語のいくつかの事例が異なった仕方で関連しあっているということの理解は法、道徳、政治に関する用語の場合には特に重要である。類比については Aristotle, *Nichomachean Ethics*, i, ch. 6（ここでは「よい」という言葉のさまざまな事例が同様な仕方で関連しあっていることが示唆されている）、Austin, *The Province*, Lecture V. pp. 119-24 参照。たとえば「健康な」といった中心的事例に対する異なった関係については Aristotle, *Categories*, chap. 1 および *Topics*, i, chap. 15, ii, chap. 9 の「同原語」に関する実例参照。「家族の類似」という観念については Wittgenstein, *Philosophical Investigations*, i, paras. 66-76 参照。「正当な」という用語の構造については第八章第一節参照。ヴィトゲンシュタインの助言（op. cit., para. 66）は法的、政治的用語の分析にとっては特に重要である。彼は「ゲーム」の定義を考察しながらこう言った。「何か共通なものがあるに違いない、さもなければ、それらは『ゲーム』と呼ばれないであろう、と言ってはならない。そうではなく、すべてに共通なものがあるかどうかを観察せよ。あなたがそれを注視すれば、すべてに共通なものは見ないだろうが、類似、関係、その全体の様子を知るであろう。」

第二章

二〇ページ　**命令法の多様性**

「命令」、「嘆願」、「批評」などのような命令法の分類は、多くの事情たとえば両当事者の社会的立場や社会的関係にも、また力の行使に関する彼らの意図などにも依存しており、今なお実質的には手がつけられていない研究課題である。命令法についてのたいていの哲学的な議論は次のいずれかを扱っている。(1)命令法的言語と直説法的あるいは記述法的言語との関係および前者から後者への還元可能性（Bohnert, ‘The Semiotic Status of Commands’, *12 Philosophy of Science*（1945）参照）。あるいは、(2)命令法相互間に何らかの演繹的関係が存在するか、また存在するとすればどのような関係かという問題（Hare, ‘Imperative Sentences’, *Mind*, lviii (1949), also *The Language of Morals* (1952); Hofstadter and McKinsey, ‘The Logic of Imperatives’, *6 Philosophy of Science*（1939）; Hall, *What is Value*（1952）, chap. 6; and Ross, ‘Imperatives and Logic’, 11 *Philosophy of Science*（1944）参照）。これらの論理学上の問題の研究は重要である。しかし同時にさまざまな命令法を、その文脈上の社会的状況を参照することによって区別することもまたおおいに必要である。どのような標準的種類の状況が存する場合に、文法上の命令法であらわされる文章が通常「命令」、「嘆願」、「要請」、「命令」Command「指令」、「教示」その他に分類されるかを問うことは、単に言語上の諸事実を見い出す方法であるばかりでなく、言語のなかに認められるさまざまな社会的状況や関係の異同を発見する方法でもある。これらの正しい認識は法、道徳、社会学の研究にとって非常に重要である。

二〇ページ　**こうすべきだ、あるいはそうすべきでないという他人に対する願望の表現としての命令法**

言語における命令法の標準的用法をこのように特徴づけるさいに注意を要するのは、次の二つの場合を区別することである。一つは、他人にある一定の行動をするよう望んでいることを、話し手が自分自身に関する一つの情報として明らかにするだけの場合であり、もう一つは、話し手がその望むとおりに他人を行動させようとする意図のもとに語る場合である。前者の場合に命令法ではなく、直説法が通常適しているであろう（この区別については Hägerström, *Inquiries into the Nature of Law and Morals*, chap. 3, s. 4, pp. 116–26 参照）。しかし、話し手の話すさいの目的が、彼の望むように他人が行動すべきだというだけでは、命令法の標準的用法を特徴づけるためには、必要であるかもしれないが、十分ではない。というのは話し手は、相手に彼の話す目的を理解させ、その影響を受けて話し手の欲するように行動させることが同時に必要だからである。この複雑な問題については（本文では無視されているが）Grice, ‘Meaning’, 66 *Philosophical Review*（1957）and Hart, ‘Signs and Words’, I

Philosophical Quarterly (1953) 参照。

二一ページ　拳銃強盗の場合、命令と服従

「命令法」という一般的概念を分析するさいに直面する困難の一つは、命令 orders, commands、要請その他多くの種類に共通するものをあらわす言葉が存在しないということである。つまり、他人がある行動をなすべきであるとかなすべきでないという意図を表現するものが欠けているということである。同様にこのような行動の遂行あるいは回避をあらわす言葉も何一つ存在しない。普通の表現（たとえば「命令」、「要求」、「服従」、「応諾」）はすべて、それらが通常用いられているさまざまな状況の特徴によって色づけられている。これらのなかでもっとも無色なもの、すなわち「誰々に言う」という表現でさえ、一方の当事者の他方に対する優勢を暗示している。拳銃強盗の場合を描写するためにわれわれは「命令」と「服従」という表現を選んだが、それは拳銃強盗について、彼が銀行員に金を渡せと命令し、銀行員がそれに服従したと言っても少しもおかしくないだろうからである。「命令」とか「服従」とかいう抽象名詞はこの状況を描写するには普通用いられないだろうと言える。というのは前者には権威をある程度暗示するものがつきまとうし、後者はしばしば一つの徳であると考えられるからである。しかし法は強制的命令であるという理論を説明し、批判するさいにわれわれは「命令する」とか「服従する」という動詞と同じように、「命令」や「服従」という名詞を権威や正当さのふくみをもたせないで用いてきた。これは便宜上の問題であり、いかなる論点にもあらかじめ判断を下すものではない。ベンタム（*Fragment of Government*, chap. i, note to para. 12）もオースティン（*The Province*, p. 14）も共に「服従」という言葉をこのように使っている。ベンタムはここでのべられたすべての困難に気づいていた（*The Limits of Jurisprudence Defined*, p. 199, n. 14 参照）。

二二ページ　強制的命令としての法、オースティン理論との関係

本章第二節において法は強制的命令であるという単純なモデルを組み立てたが、それはオースティンの *The Province* における理論と以下の点において異なる。

(a)　**用語法**　「威嚇を背景とする命令」および「強制的命令」という語句は、本文で示された理由により、「命令」command

の代わりに用いられている。

(b) **法の一般性** オースティン (op. cit., p. 19) は、「法」と「個別的な命令」'particular command' とを区別し、命令 command は、それが「一般的にある部類の行動をなし、あるいはそれを差し控えるよう義務づける」場合に、はじめて法でありルールであると主張する。この見解によれば、命令 command は、たとえ主権者によって一人の個人に「宛てられた」ものであっても、それが彼に対してただ単に個別的に特定された一つの、あるいは一組のさまざまな行動をではなく、ある部類の行動をすること、あるいはそれを差し控えることを要求するかぎり法ということになる。本文で組み立てた法体系のモデルにおいては、命令がさまざまな部類の個人に適用され、またさまざまな部類の行動についても、のべているという両方の意味で、命令は一般的である。

(c) **恐れと責務** オースティンは、人は現に制裁を恐れている場合にのみ拘束され、あるいは義務づけられているということを時折ほのめかす (op. cit., pp. 15 and 24, and *The Lectures*, Lecture 22 (5 th ed.), p. 444,「当事者が行動するよう、あるいは行動を差し控えるよう拘束され、あるいは義務づけられているのは、彼が害悪を受ける可能性があり、またそれを恐れるからである」)。しかし彼の主たる理論は、拘束される人が害悪を恐れているといないとにかかわらず、「最小限の害悪をこうむる最小限の可能性」があれば足りるとするようにみえる (*The Province*, p. 16)。それに対し、法は強制的命令であるというモデルにおいて、われわれが条件としてきたのは、もしそれに従わないと、威嚇していた害悪がおそらく実際に行なわれることになるだろうという一般的信念があれば、十分であるということである。

(d) **力と法的責務** 同様に、命令 command と責務の分析において、まずオースティンは、命令 command を下す者は究極的に害悪を加える（ことが「でき、また進んでそうする」）力を現にもっていなければならないとほのめかすのであるが、後に彼はこの要件を、最小限の害悪の最小限の可能性というものにまで弱めるのである (op. cit., pp. 14, 16)。オースティンの命令 command と責務の定義における曖昧さについては、Hart, 'Legal and Moral Obligation', in Melden, *Essays in Moral Philosophy* (1958)、および本書第五章第二節参照。

(e) **例外** オースティンは、宣言的法、許容的法（たとえば廃止のための法令）および不完全な法を、法は命令 command であるという一般的定義に対する例外として取り扱っている (op. cit., pp. 25–29)。これは本章の本文では考慮されていない。

(f)　**主権者としての立法府**　オースティンは、英連合王国においては、選挙民による主権の行使は、その代表者を指名して、彼らに自分達の主権的権能の残りの部分を委任することだけであるが、民主主義においては、立法府にいる選挙民の代表者ではなく、選挙民自身が主権者の団体の一部を構成、あるいは形成すると理解する。彼は、「正確に言えば」これが本当の立場なのであると主張しているが、（すべての憲法学者もそうするように）普通は議会が主権をもっていると言ってよいとしている（op. cit., Lecture VI, pp. 228–35）。本章の本文においては、議会のような立法府を主権者と同じものとして扱っている。しかし、オースティン理論のこの側面の詳細な吟味については、本書第四章第四節参照。

(g)　**オースティン理論の洗練と位置づけ**　本書の後の章において、オースティン理論を批判から守るさいに用いられてきた一定の観念を詳細に考察するが、しかしこれらの観念は本章で組み立てたモデルには再現されていない。これらの観念は、オースティン自身によって導入されたものである。もっともいくつかの場合には、ケルゼンのような後代の学者の理論を予感させるような、大ざっぱで未完成のままの形ではあるけれど。それらは「黙示」の命令 command の概念（本書第三章第三節五一ページ、および第四章第二節七一ページ）、制裁としての無効（第三章第一節）、「本当の」法は、制裁を適用することを要求して公機関に宛てられるルールであるという理論（第三章第一節）、特別な主権的立法機関としての選挙民（第四章第四節）、主権者団体の統一性と連続性（第四章第四節八四ページ）を含んでいる。オースティンをどのように評価するにしても、オースティンについての初期の学者達の重大な誤解を訂正している W. L. Morison, 'Some Myth about Positivism', 68 *Yale Law Journal*, 1958 に注意すべきである。また A. Agnelli, *John Austin alle origini del positivismo giuridico* (1959), chap. 5 参照。

第三章

二九ページ　**法の多様性**

法を一般的に定義しようとする試みはさまざまなタイプの法的ルールの間の相違を形態と機能の面で曖昧にしてきた。本書での論点は、責務あるいは義務を課すルールと権能を与えるルールとの相違が、法理学において決定的な重要性をもっているということである。法はこれら二つの異なったタイプのルールの結合としてもっともよく理解することができる。したがって、これがこの章で強調される種々のタイプの法的ルールの主要な区別であるが、しかしこれ以外の多くの区別ができるであろうし、目的によってはそうすべきである（しばしば法の言語的形態によって明らかにされるところの法の異なった社会的機能を浮きぼりにしているその他のすぐれた分類については、Daube, *Forms of Roman Legislation* (1956) 参照）。

三〇ページ　**刑法と私法における義務**

われわれは、義務を課すルールと権能を与えるルールの区別に注意を向けるために、刑法上の義務と不法行為や契約における義務との間に多くの相違があることを無視してきた。これらの相違に注目した幾人かの学者の主張によれば、不法行為や契約においては、一定の行為をなすべし、あるいはさけるべしという「第一次的」ないしは「先行的義務」（たとえば、契約によって取り決められた何らかの行為を行なうこと、あるいは文書誹毀をつつしむこと）は幻想であり、唯一の「真正」な義務は、いわゆる第一次的義務を履行しない場合を含めて、事件が生じた場合に賠償をなすようにという救済的ないしは制裁的義務である。（Holmes, *The Common Law*, chap. 8 参照。それに対しては、Buckland, *Some Reflections on Jurisprudence*, p. 96 and 'The Nature of Contractual Obligation,' 8 *Cambridge Law Journal* (1944) が批判を加えている。Jenks, *The New Jurisprudence*, p. 179 参照）。

三一ページ　**責務と義務**

法であるための要件についての抽象的な議論（たとえば、道徳的責務に対する法的責務の分析）は別として、たとえ刑法が責務を課すといわれることはまれだとしても、今日、英米法においてはこれらの用語はほぼ同義のものとなっている。おそらく「責務」という言葉がまだ法律家によって極めて一般的に用いられているのは、特定の個人が他の個人に対して権利をもつ（他人に対する権利・right *in personam*）ようになる、契約の場合とか不法行為後の賠償を支払う責務のような場合に関してである。他の事例においては、「義務」の方がより一般的に用いられている。こういったことが、特定の個人を互いに結びつける法の鎖 *vinculum juris* としてのローマの債務 *obligatio* が本来もっていた意味のうち、今日のイギリスの法的用語において今も生き残っているすべてである（Salmond, *Jurisprudence*, 11th ed., chap. 10, p. 260 and chap. 21 参照。本書第五章第二節も参照）。

三一ページ　**権能付与のルール**

大陸の法理学において、法的権能を与えるルールは、ときには「権限に関する規範」'norms of competence' と言われている (Kelsen, *General Theory*, p. 90 and A. Ross, *On Law and Justice* (1958), pp. 34, 50–59, 203–25)。ロスは私的な権限と社会的権限を区別している（また、契約のような私的な処置と公的な法的行為を区別している）。彼はまた権限に関する規範は義務を定めるものではない、とのべている。「権限に関する規範は本来そのまま指令になるのではない。それは、ある手続を義務として定めるものではない……。権限に関する規範それ自体は、権限をもつ人はその権限を行使しなくてはならない、といっているのではない」(op. cit., p. 207)。しかしロスは、このように区別しているにもかかわらず、この章（本文三九―四六ページ）で批判された見解、すなわち、権限に関する規範は、「行為の規範」とともに、「裁判所へ向けれた指令として解され」(op. cit., p. 33) ねばならないから、「行為の規範」に還元しうるという見解をとっていることに注意しておこう。

本文では、これら二つのタイプのルールの区別をなくしたり、あるいはそれは表面的なものにすぎないということを示そうとするさまざまな試みを批判してきたが、そうした考慮のさいに、法以外の社会生活の形態であって、この区別が重要にみえるものを思い出してみよう。道徳においてはある人が果たして拘束的な約束をなしたかどうかを決定するルールは、曖昧であるとしても、個人に限られた範囲で道徳的立法を行なう権能を与えるのであり、それゆえにまた、意思にかかわらず (*in invitum*) 義務を課すルールから区別されることが必要である (Melden, 'On Promising' 65 *Mind* (1956); Austin, 'Other Minds', *P. A. S.* Suppl. vol. xx (1946), reprinted in *Logic and Language*, 2nd series; Hart, 'Legal and Moral Obligatioon', in Melden, *Essays on Moral Philosophy* 参照）。どんな複雑なゲームのルールであってもまた、この視点から研究すると有益であろう。いくつかのルールは（刑法に類似して）罰を背景として一定のタイプの行動、たとえば反則とか、レフェリーに対する非礼を禁じている。その他に、ゲームの役員（レフェリー、スコアラー、審判員）の権限の範囲を明らかにしているルールがある。さらに他のルールは、得点するためには何をしなければならないか（たとえばゴールに入れること、あるいは本塁を踏むこと）を決めている。得点するための条件を満たすことが勝つための決定的な段階をあらわしている。それらの条件を満たさないと得点できないことになり、その視点から見るとそれは「無効」である。一見したところ、ゲームには異なった機能を果たしているさまざまなタイプのルールがある。しかし学者は、得点できないこと（「無効」）は「制裁」ないしは禁じられた行動に対する罰と考えうるという理由から、あるいはすべてのルールは、一定の条件の下で一定の処置をとる（たとえば、スコアーを記録したり、選手を退場させる）ようにと、役員に向けられた指令と解することができるという理由から、それらのルールは一つのタイプへ還元されうるし、またそうされるべきだと主張するかもしれない。しかし、このように二つのタイプのルールを単一のタイプへと還元することはそれらのルールの性格を曖昧にし、そしてゲームにおいて非常に重要なものを単に補助的なものに従属させることになるであろう。社会的活動の体系のなかでその一部をなすさまざまなタイプの法的ルールは、異なった機能を果たしているけれど、本章で批判した還元主義的法理論も、そういった機能をどれほど曖昧にしてしまうかについて考えることは価値のあることである。

三二―三ページ　**裁判官に司法的権能を与えるルールと、彼に義務を課す付随的ルール**

たとえ一つの行為が、判決を無効として破棄させてしまうような管轄権の踰越とされると同時に、裁判官に管轄権を超えてはならないと要求する特別のルールの課す義務への違反だとされるとしても、これら二つのタイプのルールの区別はなおかつ存在している。裁判官が管轄権を超えて事件を審理すること（あるいはその他、判決を無効とさせるようなやり方で行為すること）を防ぐため、禁止命令が下されうる場合や、あるいはこのような行動に対して刑罰が規定されている場合が、こういったケースにあたるであろう。同じように、法的な権能をもたない人が公務の遂行に加わる場合、それが無効となると同時に、彼に刑罰が科されるかもしれない。（このような刑罰に関しては、Local Government Act 1933, s. 76; *Rands v. Oldroyd* (1958), 3 A. E. R. 344 参照。しかしこの法律の規定によれば、地方の当局の行なった処置は、その構成員の資格に瑕疵があっても無効とならない（ib. Schedule III, Part 5 (5))。

三七ページ　**制裁としての無効**

オースティンは *The Lectures*, Lecture 23 において、この概念を採用しているが、それを発展させていない。しかし、Buckland, op. cit., chap. 10 の批判を参照。

三九ページ　**義務を課すルールの断片としての権能付与のルール**

この理論の極端な考え方を熟慮したのはケルゼンであって、それは、法の第一次的ルールは、裁判官あるいは公機関に一定の条件の下に制裁を科すことを求めているルールであるという理論に関連するものである（*General Theory*, pp. 58–63 および（憲法に関して）ib., pp. 143–4 参照。「憲法規範はかくして独立した完全な規範ではない。それは裁判所や他の機関が適用しなければならないあらゆる法規範の本質的な構成要素である」）。この学説は、法の「動態的」観念から区別されたものとしての「静態的」観念に限定されているので限界がある（ib., p. 144）。ケルゼンの説明はまた、私的な権能、たとえば契約をする権能を与えるルールの場合において、「第二次規範」、すなわち契約によって生み出された義務は、「法理論の補助的構成物にすぎないのではない」（op. cit., pp. 90, 137）という主張によって複雑にされている。しかし、ケルゼンの理論の本質的なところはこの章において批判されているとおりである。より単純な考え方については「権限に関する規範は間接的な形における行為の規範である」（Ross, op. cit., p. 50）というロスの学説を参照せよ。あらゆるルールを義務を生み出すルールに還元するより穏和な理論については Bentham, *The Limits of Jurisprudence Defined*, chaps. 1–2 を参照。

四三―四ページ　**予測としての法義務と、行為に対する税としての制裁**

これら二つの理論については、Holmes 'The Path of the Law (1897), in *Collected Legal Papers* を参照。ホームズは、義務の観念は道徳的義務と混同されていたので、この観念を「冷笑酸」であらう必要があると考えた。「われわれは義務という言葉をすべて道徳から借りた内容で満たしている」（op. cit., 173）。しかし、行為の基準としての法的ルールという概念があるからといって、必ずしもそれらが道徳的基準と同一視されるということにはならない（本書第五章第二節参照）。「もし彼〔悪人〕が一定のことをするならば、不快な結果をこうむることになろうという予測」（loc. cit.）と義務をホームズが同一視したことに対する批判については、A. H. Campbell, review of Frank's 'Courts on Trial', *13 M. L. R.* (1950); および本書第五章第二節、第七章第二、三節参照。

アメリカの裁判所は、連邦議会に課税権を与えている合衆国憲法第一条第八節のために、刑罰と税を区別することが困難であると考えている。*Charles C. Steward Machine Co. v. Davis*, 301 U. S. 548 (1937)。

四六ページ　**義務の担い手としての個人と、私的な立法者としての個人**

法的資格と私的自治についてのケルゼンの説明を参照（*General Theory*, pp. 90 and 136)。

四七ページ　**立法者を拘束する法**

命令は他人にのみ適用されるということを理由とする法命令理論に対する批判については、Baier, *The Moral Point of View* (1958), pp. 136-9 を参照。しかし、いく人かの哲学者は自己に向けられた命令 command という観念を受けいれており、第一人称の道徳判断の分析においてそれを用いてさえいる (Hare, *The Language of Morals*, chaps. 11 and 12 on 'Ought' 参照)。本文で示された、立法と約束することとの間の類似については、Kelsen, *General Theory*, p. 36 参照。

四九ページ　**慣習と黙示の命令**

本文で批判された理論はオースティンのそれである (*The Province*, Lecture I, pp. 30-33 and *The Lectures*, Lecture 30 参照)。黙示の命令という概念、ならびにその概念が、法にはさまざまな形態があるということを命令理論と矛盾することなく説明するために用いられていることについては、ベンタムの *The Limits of Jurisprudence Defined*, pp. 104-9 における「採用」と「感得」についての理論、Morison, 'Some Myth about Positivism', 68 *Yale Law Journal* (1958)、および本書第四章第二節参照。黙示の命令 Command という概念に対する批判については Gray, *The Nature and Sources of the Law*, ss. 193-9 参照。

五四ページ　**命令理論と制定法の解釈**

法は本質的に命令であり、したがってまた立法者の意思ないしは意図の表明であるという理論は、この章で主張された批判の外にも多くの批判をうけている。幾人かの批判者達によって、この命令理論は制定法の解釈の仕事を立法者の「意図」の探究であると誤解させた点で責任があるとされてきた。というのも、立法府が人工的な複合的組織である場合、その意図の手がかりを見つけ出すことが困難であるばかりでなく、「立法府の意図」という言いまわしにいかなる明確な意味も与えられないという事実を無視しているからである（Hägerström, *Inquiries into the Nature of Law and Morals*, chap, iii, pp. 74–97 参照。立法者の意図という観念のなかに含まれた擬制については、Payne, 'The Intention of the Legislature in the Interpretation of Statute', *Current Legal Problems* (1956) 参照。立法者の「意思」については Kelsen, *General Theory*, p. 33, 参照）。

第四章

五六ページ　**主権に関するオースティンの見解**

本章で検討される主権理論は、オースティンが *The Province*, Lectures V and VI において説明した理論である。われわれは、オースティンが法体系の論理的構成に関して一定の形式的定義、もしくは抽象的図式を提示したと解釈するだけでなく、イギリスやアメリカ合衆国のように法が存在するすべての社会において、彼が定義したような属性をそなえた主権者が、たとえさまざまな憲法的ないし法的形態によって曖昧にされているとしても、どこかに見い出されるという事実に関する主張をしていると解釈している。幾人かの理論家達はこのように解釈せず、オースティンはこのような事実についての主張をしていないとのべている（Stone, *The Province and Function of Law*, chaps. 2 and 6, and especially, pp. 60, 61, 138, 155 参照。そこでは、さまざまな社会における主権者をオースティンが確認しようとした努力は、彼の主たる目的とは関係のないものであるとして扱われている）。オースティンの理論についてのこの見解に対する批判としては、Morison, 'Some Myth about Positivism' loc. cit., pp. 217–22 参照。Sidgwick, *The Elements of Politics*, Appendix (A) 'On Austin's Theory of Sovereignty' 参照。

六一ページ　**オースティンにおける立法的権威の継続性**

「継承することによって主権を獲得する」諸個人については、*The Province* (Lecture V, pp. 152–4) で簡単に言及されており、それは示唆的であるが曖昧である。オースティンは主権を獲得する諸個人によって次々と継承されていく主権の継続性を説明するためには、「習慣的服従」や「命令」という鍵となる観念に加えて、さらに何か他の観念が必要とされることを認めていたように思われるが、彼はそれ以上の要素を明らかには確認していない。彼はこの脈絡において、継承の「資格」や「請求」そしてさらに「正当な」資格について語っている。しかし、これらの表現はすべて、通常の用法では継承を規定するルールの存在を意味するのであって、継承していく主権者達に対する服従の習慣だけを意味するものではない。これらの用語ならびにオースティンが使用する、主権を獲得するための「一般的資格」および「一般的様式」というような表現に関する彼の説明は、主権者の「一義的な」性格に関する彼の理論に即して理解されなければならない（op. cit., Lecture V, pp. 145–55）。ここで、彼は、主権者である個人または諸個人が個別的に、たとえば名前によって確認される場合と、主権者が「ある一般的部類に合致する」として確認される場合とを区別している。したがって、（もっとも単純な例をあげるならば）世襲君主制においては、ある一定の先祖の「生存している最年長の男の子孫」というのが一般的部類にあたるだろう。また、議会制民主主義において、その部類は、立法府の構成員であることの資格を再現する極めて複雑なものとなるであろう。

個人がこのような「一般的な」部類に該当するとき、彼は継承する「資格」または「権利」をもつとオースティンは考えているようである。主権者を一般的な部類という観点からこのように説明することは、オースティンがこの脈絡における「部類」によって継承を規律する容認されたルールを考えていないかぎり、そのままでは不適当なのである。というのは、社会の構成員がそれぞれ、しばらくの間、一定の部類に合致する人ならその人に事実の問題として服従する場合と、この部類に合致する人なら誰でも服従を要求する権利や資格をもつというルールが受けいれられている場合とは、明白に違っているからである。この違いは、チェスの駒を習慣的に一定の仕方で動かす人々の場合と、そうすると同時にこれは正しい駒の動かし方であるというルールを受けいれている人々の場合との違いに対応している。もし、継承する「権利」や「資格」があるとするならば、継承を規定するルールがなければならない。オースティンの一般的部類に関する理論は、このようなルールの必要性を明らかに示しているが、それに取って代わることはできない。オースティンは諸個人を立法者として資格づけるルールの観念を認めることができなかったといういくらか類似した批判については、Gray, *The Nature and Sources of the Law*, chap. iii, esp. ss. 151–7 参照。主権的機関の統一性と団体的すなわち「団体組織的な」資格に関する Lecture V のオースティンの説明も同様の欠点をもつ（本章第四節参照)。

六二ページ　**ルールと習慣**

ここで強調されているルールの内的側面については、さらに第五章第二節九八ページ、第三節一〇七―八ページ、第六章第一節および第七章第三節で論じられる。また Hart, 'Theory and Definition in Jurisprudence', *29 P.A.S.* Suppl. vol. (1955), pp. 247-50 参照。同様の見解については、Winch on 'Rules and Habits' in *The Idea of a Social Science* (1958), chap. ii, pp. 57-65, chap. iii, pp. 84-94; Piddington, 'Malinowski's Theory of Needs' in *Man and Culture* (ed. Firth) 参照。

六七ページ　**基本的な憲法のルールの一般的容認**

公機関や私人が彼らの側から法のルールに対してとるさまざまな態度の複雑さは、憲法の容認のさいに、したがって法体系の存在ということに含まれているのだが、この複雑さについては、さらに、第五章第二節九七―一〇〇ページおよび第六章第二節一一四―一一七ページにおいて検討されている。また、Jennings, *The Law of the Constitution* (3rd ed.) Appendix 3: 'A Note on the Theory of Law' 参照。

七一ページ　**ホッブズと黙示の命令の理論**

既出第三章第三節およびそこでの注参照。また Sidgwick, *Elements of Politics*, Appendix A 参照。現代の立法府の制定法でさえも強制されるまでは法ではないといういくぶん類似の「リアリストの」理論としては、Gray, *The Nature and Sources of the Law*, chap. 4; J. Frank, *Law and the Modern Mind*, chap. 13 参照。

七四ページ　**立法権に対する法的制限**

オースティンとは異なって、ベンタムは最高の権力は「明白な習律」によって制限されうるであろうし、その習律に違反する法律は無効となるであろうと主張した。*A Fragment on Government*, chap. 4, paras. 26 and 34-38 参照。主権者の権力に対しては法的制限はありえないというオースティンの主張は、このような制限に従うことは義務に従うことだという考え方にもとづいている。*The Province*, Lecture VI, pp. 254–68 参照。実際、立法的権威に対する制限は、無能力にすることにあり、義務にあるのではない（Hohfeld, *Fundamental Legal Conceptions* (1923), chap. i）参照。

七六ページ　**立法の様式と形式に関する規定**

これらの規定を立法権に対する実質的制限と区別することの困難さについては、さらに第七章第四節一六二—一六六ページで考察される。主権的機関の権能を「明らかにすること」と、「拘束すること」との区別を徹底的に論じたものとしては、Marshall, *Parliamentary Sovereignty and the Commonwealth* (1957), chaps. 1–6 参照。

八一ページ　**憲法の保障と司法審査**

司法審査が認められていない憲法については、Wheare, *Modern Constitutions*, chap. 7 参照。それらには、スイス（州の立法を除く）、第三共和制のフランス、オランダ、スウェーデンが含まれる。アメリカ合衆国の最高裁判所が「政治的問題」にかかわる違憲性の請求を審査しないことについては、*Luther* v. *Borden*, 7 Howard 1 12 L. Ed. 581 (1849); Frankfurter, 'The Supreme Court', in *14 Encyclopaedia of the Social Sciences*, pp. 474–6 参照。

八三ページ　**「特別の立法府」としての選挙民**

オースティンは、多くの体系において通常の立法府が法的制限に服すという反論をかわそうとしてこの観念を使用したのであるが、これについては *The Province*, Lecture VI, pp. 222–33 and 254–51 参照。

八四ページ　**私的な資格における立法者と公的な資格における立法者**

オースティンは、主権的機関の構成員が「別々に考察される」場合と、彼らが「構成員として、いいかえれば団体組織的で主権的であるという資格において考察される」場合とをしばしば区別する（*The Province*, Lecture VI, pp. 261–6）。しかし、この区別は主権的機関の立法活動を規律するルールの観念を伴う。オースティンは、ただ「一般的部類」（上掲の六一ページの注参照）という不十分な用語でもって公的ないし団体組織的資格という観念の分析をほのめかしているだけである。

八六ページ　**限界のある改正権の範囲**

アメリカ合衆国憲法第五条の但し書参照。ドイツ連邦共和国基本法（一九四九年）第一条と第二〇条は第七九条三項によって与えられている改正権の範囲からまったく除外されている。トルコ憲法（一九四五年）の第一条と第一〇二条も参照。

第五章

九二ページ　**威嚇された害悪をこうむる蓋然性としての責務**

責務の「予測的」分析については、Austin, *The Province*, Lecture I, pp. 15–24, and *The Lectures*, Lecture 22; Bentham, *A Fragment on Government*, chap. 5, esp. para. 6 and note thereto; Holmes, *The Path of the Law* 参照。オースティンの分析に対する批判については、Hart, 'Legal and Moral Obligation' in Melden, *Essays in Moral Philosophy* 参照。責務の一般的概念については、Nowell-Smith, *Ethics* (1954), chap. 14, 参照。

九七ページ　**責務ときずな**（「**法の鎖**」）**という比喩**

A. H. Campbell, *The Structure of Stairs Institute* (Glasgow, 1954), p. 31. 参照。義務は、ラテン語の *debitum* からフランス語の *devoir* をへて派生している。だから、ここに債務という観念がひそんでいるのである。

九七ページ　**責務と強制されるという感情**

ロスは妥当性の概念を二つの要素、つまりルールの実効性と「ルールが動機を与えている、すなわち社会的に拘束していると感じられている点」から分析している。これは、実際上行なわれた行動類型を伴う心理的経験から責務を分析することを含んでいる。Ross, *On Law and Justice*, chaps. i and ii, and *Kritik der sogennanten praktischen Erkenntniss* (1933), p. 280 参照。感情に関連して義務の観念を詳細に論じたものとして、Hägerström, *Inquiries into the Nature of Law and Morals*, pp. 127–200 参照。この書については、Broad, 'Hägerström's Account of Sense of Duty and Certain Allied Experiences,' 26 *Philosophy* (1951); Hart, 'Scandinavian Realism' in *Cambridge Law Journal* (1959), pp. 236–40 参照。

九七ページ　**ルールの内的側面**

観察者の外的予測的視点とルールを指針として受けいれ用いる人々の内的視点との対比は、このような用語によってではないが、Dickinson, 'Legal Rules. Their Function in the Process of Decision', 79 *University of Pennsylvania Law Review*, p. 833 (1931) によってなされている。L. J. Cohen, *The Principles of World Citizenship* (1954), chap. 3 参照。注意すべきことは、外的視点、つまり観察はするけれどその社会のルールを受けいれない観察者の視点からは、多くのさまざまなタイプの陳述がなされるだろうということである。すなわち、(i) 観察者は、ルールに従っている人々が示す行動の規則性を単なる習慣であるかのように記録するだけに留めて、社会の構成員がこれらの類型を正しい行動の基準とみなしているという事実には言及しない。(ii) さらに、彼は通常の行動類型からの逸脱に対する規則だった敵対的な反作用を何か習慣のようなものとして記録するだろうが、この場合も社会の構成員がそのような逸脱を反作用の理由、正当化とみなしているという事実には言及しない。(iii) 彼は行動そして反作用のそのような観察可能な規則性を記録するだけでなく、社会の構成員があるルールを行動の基準として受けいれており、彼らが観察可能な行動そして反作用をルールが要求し、正当化しているものとみなしているという事実をも記録する。重要なことは社会の構成員があるルールを受けいれていると主張する事実の外的陳述と自分自身ルールを受けいれている人によってなされるルールの内的陳述とを区別することである。Wedberg, 'Some Problems on the Logical Analysis of Legal Science', 17 *Theoria* (1951); Hart, 'Theory and Definition in Jurisprudence', 29 *P.A.S.* Suppl. vol. (1955), pp. 247–50 および本書第六章第一節一一一—一五ページと一一九—一二〇ページ参照。

一〇〇ページ　**原初的社会における慣習的ルール**

立法機関、裁判機関そして中央に組織された制裁のすべてをまったく欠いていたような社会はほとんどなかった。この状態にもっとも似かよったものの研究については、Malinowski, *Crime and Custom in Savage Society*; A. S. Diamond, *Primitive Law* (1935), chap. 18; Llewellyn and Hoebel, *The Cheyenne Way* (1941) 参照。

一〇三ページ　**組織された制裁を欠く裁判**
決定を強制するための中央に組織された制裁の体系が存在しないが、初歩的な裁判の形態によって争いを解決する用意がなされている原初的社会については、Evans-Pritchard, *The Nuer* (1940), pp. 117ff. における「秩序ある無政府」を参照。それは、Gluckman, *The Judicial Process among the Barotse* (1955), p. 262. に引用されている。ローマ法においては、国家機構が民事事件における判決執行の整備をするよりもはるか以前から訴訟の詳細な体系ができていた。帝政後期までは、被告が支払わない場合は、勝訴した原告に被告を監禁しまたは被告の財産を留置することがまかされた。Schulz, *Classical Roman Law*, p. 26 参照。

一〇三ページ　**法以前の世界から法的世界への移行**
Baier 'Law and Custom' in *The Moral Point of View*, pp. 127–33. における「法と慣習」を参照。

一〇四ページ　**承認のルール**
法体系におけるこの要素についてのさらに進んだ議論およびケルゼンの根本規範 (*Grundnorm*) との関係については、第六章第一節、第十章第五節、そしてそこでの注を参照。

一〇四ページ　**ルールの権威的な原典**
ローマでは伝統にしたがって十二表法は銅板に刻まれて市場の広場にかかげられたが、これは権威ある法の原典の公布を求める平民の要求に応じてなされたものである。わずかな証拠からすると、十二表法が伝統的な慣習のルールからひどく反しているということはありそうもないと思われる。

一〇六ページ　**立法権能の行使としての契約、遺言等**

この比較に関しては、Kelsen, *General Theory*, p. 136. の「法創造行為」としての法律行為について、参照。

第六章

一〇九ページ　**承認のルールとケルゼンの「根本規範」**

本書の中心的な主題の一つとなっているのは、法体系の基礎は法的に何ら制限されていない主権者に対する服従の一般的習慣にあるのではなく、その体系で妥当するルールを確認するための権威ある基準を与える究極の承認のルールにあるということである。この主題はいくつかの点でケルゼンの根本規範の概念に似ており、サーモンドが入念に作りあげてはいるが十分なものになっていない「究極の法的諸原則」という概念に一層よく似ている（Kelsen, *General Theory*, pp. 110–24, 131–4, 369–73, 395–6, and Salmond, *Jurisprudence*, 11th ed., p. 137 and Appendix 1 参照）。しかし本書ではケルゼンの用語法とは異なった用語法が採用されているが、それは本書でとりあげられた見解が次の主要な点でケルゼンの見解と異なるからである。

1　承認のルールが存在するかどうか、そしてその内容はどのようなものであるか、つまりある法体系における妥当性の基準は何かという問題は、本書では、複雑であるが経験的な事実の問題であると一貫して考えられている。このことは真実であって、たとえその体系内で活動している法律家がある特定のルールが妥当すると主張するとき、通常彼は承認のルール（それを参照して法律家は特定のルールの妥当性を調べるのである）がその体系の受けいれられた承認のルールとして存在しているという事実を明示的にのべずに、黙示的に前提している場合であってもそのことは変わらないのである。これに異議が出される場合、そのようにのべられないままになっているが前提されている事柄は次のような事実に訴えることによって、つまり体系の裁判所や公機関が適用しなければならない法を確認するさいの彼らの実際の習慣的活動に依拠することによって確証されるであろう。根本規範を「法的仮説」（ib. xv）、「仮説的な」（ib. 396）、「前提とされた究極的ルール」（ib. 113）、「法意識のなかに存在しているルール」(ib. 116)、「想定」(ib. 396) のように分類するケルゼンの用語法は本書で強調された点、すなわち法体系における法的妥当性の基準は何かという問題は事実問題であるという点と実際には矛盾しないとしても、その点を曖昧にする。ルールの存在や内容についての問題ではあるがそれは事実問題なのである。Ago, 'Positive Law and International Law' in 51 *American Journal of International Law* (1957), pp. 703–7 参照。

2 ケルゼンは根本規範の「妥当性を前提すること」についてのべている。本文（一一七—一二〇ページ）で示された理由によれば、一般に受けいれられた承認のルールについてはその存在に関する事実問題と別に、妥当性の有無に関するどのような問題も生じえない。

3 ケルゼンの根本規範はある意味において、常に同じ内容をもっている。というのはすべての法体系において、それは単に、憲法あるいは「最初の憲法を定立した人々」は従われるべきであるというルールだからである（*General Theory*, pp. 115–16）。この画一的なそして単純な外観は誤解に導くものである。もしいろいろな法源を特定する憲法が、その与える基準に一致して体系の裁判所や公機関が実際に法を確認しているという意味で生きた現実であるならば、その場合その憲法は受けいれられており、実際に存在しているのである。憲法（あるいは「それを定立した」人々）が従われるべきであるという意味をもったルールがさらにある、と言うならばそれは不必要な繰り返しであるように思われる。このことはイギリスのように成文憲法のないところではとくに明らかである。そこでは、一定の妥当性の基準（たとえば議会における女王の立法）が法を確認するさいに用いられるべきであるというルールに加えて、「憲法は従われるべきである」というルールが占める余地はないように思われる。前者は容認されたルールであり、そのルールに従えというルールについて話すことは人を迷わせることになる。

4 ケルゼンの見解（*General Theory*, pp. 373–5, 408–10）によれば、特定の法のルールを妥当するものとみなすと同時に、その法的ルールによって要求される行動を禁止している道徳的ルールを道徳的な拘束力をもつものとして受けいれることは論理的に不可能である。本書でなされた法的妥当性に関する説明ではそのような結果にならないのである。「根本規範」の代わりに承認のルールという表現を用いた一つの理由は、法と道徳の衝突についてのケルゼンの見解にかかわりあいをもたないようにするためである。

一一〇ページ　法源

いく人かの法律家は「形式的な」あるいは「法的な」法源と「歴史的な」あるいは「実質的な」法源とを区別する（Salmond, *Jurisprudence*, 11th ed., chap. v)。これは Allen, *Law in the Making*, 6th ed., p. 260 によって批判されているが、この区別が「源」という言葉の二つの意味の区別であると解釈されるならば、その区別は重要である（Kelsen, *General Theory*, pp. 131–2, 152–3 参照)。一つの意味（すなわち「実質的な」、「歴史的な」意味）では、源は因果的あるいは歴史的に影響を与えるものにすぎないのであって、それは一定の時と所においてある法のルールが存在していることを説明するのである。この意味において、現代イギリス法の一定のルールの源はローマ法や教会法のルールであるだろうし、また社会道徳のルールであることさえあるだろう。しかし、制定法が法源だと言われるとき「源」という言葉は単に歴史的あるいは因果的に影響を与えるものを指しているのではなく、当該法体系に受けいれられた法的妥当性の基準の一つを指しているのである。権限をもった立法府が制定法として立法したことはその制定法のルールが妥当する法である理由になっているのであって、そのルールの存在する単なる原因になっているのではない。法のあるルールの歴史的原因とその妥当性の理由をこのように区別することは、体系に承認のルールが含まれているところでのみ可能であって、その承認のルールのもとで一定のもの（立法府による立法、慣習、先例）が妥当する法を確認するしるしとして容認されるのである。

しかし歴史的な、あるいは因果的な源と法的な、あるいは形式的な源とのこの明確な区別は実際の慣習的活動においては曖昧にされ、それだからこそアレン（op. cit.）のような学者達がこの区別の批判を行なうにいたったのである。制定法が形式的な、あるいは法的な法源になっている体系において、事件を決定する裁判所には制定法の言葉の意味を解釈するかなりの自由が明らかに残されているとしても、その裁判所は関連のある制定法に従うように拘束されている（第七章第一節参照）。しかし、ときには解釈の自由以上のものが裁判官に残される。彼が自分のところにきた事件を決定する制定法やその他の形式的な法源がないと考えるところでは、彼は判決の基礎を、たとえば学説彙纂（the Digest）のテキストやフランスの法学者の著作におくだろう（たとえば Allen, op. cit., 260 et seq. 参照)。彼は法体系によってこれらの源を使えと要求されないけれども、彼がそうすることはまったく適切なことだとして容認されるのである。それゆえそれらは単なる歴史的な、あるいは因果的な影響を与える以上のものである。なぜならそういった著作は判決の「正当な理由」として認められるからである。それらの源を制定法のような「命令的」である、法的な、あるいは形式的な源からも、また歴史的な、あるいは実質的な源からも区別するために「許容的な」法源 'permissive' legal sources とたぶん呼んでいいだろう。

一一二ページ　法の妥当性と実効性

ケルゼンは、全体として実効的である法秩序の実効性と個々の規範の実効性とを区別している (*General Theory*, pp. 41-42, 118-22)。彼によれば、規範は全体として実効的である体系に属している場合、そしてその場合にのみ妥当するのである。その体系全体の実効性は体系のルールの妥当性の *conditio per quam* (十分条件 *sed quaere*) ではないが *conditio sine qua non* (必要条件) であると言うことによって、おそらくより曖昧にではあろうが、彼はまたこの見解をのべているのである。この区別の要点を本書の用語法で表現すれば、体系の一般的な実効性は法体系の承認のルールによって与えられる妥当性の基準になるのではない。そうではなくて、体系のルールが体系の妥当性の基準に照らしてそこで妥当するルールとして確認されるときに、この一般的な実効性は明示的にのべられていないが、常に前提されているのであって、もし体系が一般に実効的でなければ妥当性に関して意味のある陳述をすることができないということになる。本文で採用された見解はケルゼンとこの点で異なっている。というのは、本文で論じられたように、体系の実効性は妥当性に関する陳述をする正常な文脈なのであるが、それにもかかわらず特別な状況においてはそのような陳述はたとえその体系がもはや実効的でないとしても意味があるからである (本書一一三―四ページ参照)。

改廃という見出しでケルゼンはまたルールの妥当性を体系の継続的な実効性に依存させている法体系がありうるかについて論じている。そのような場合、(個々のルールの) 実効性はその体系の妥当性の基準の一部であって、単なる「前提」ではないことになるのだろう (op. cit., pp. 119-22)。

一一四ページ　妥当性と予測

ある法が妥当するという陳述は将来の司法行動の予測であり、それを動機づける特別な感情であるという見解については

Ross, *On Law and Justice*, chaps. 1 and 2 参照。その見解は Hart, 'Scandinavian Realism' in *Cambridge Law Journal* (1959) で批判された。

二一六ページ　改正権の制限されている憲法

本書二七五ページの、第四章に対する注における西ドイツとトルコの場合を参照。

二二一ページ　伝統的なカテゴリーと憲法の構造

「法」と「習律」とに完全に区分されるといわれることについては Dicey, *Law of the Constitution*, 10th ed., pp. 23ff.; Wheare, *Modern Constitutions*, chap. i 参照。

二二二ページ　承認のルール、法か事実か

Wade, 'The Basis of Legal Sovereignty', *Cambridge Law Journal* (1955), especially p. 189, and Marshall, *Parliamentary Sovereignty and the Commonwealth*, pp. 43-46 における、承認のルールを政治的事実として分類することに関する賛否の議論を参照。

二二三ページ　法体系の存在、習慣的服従、承認のルールの容認

一般人の服従と公機関の側における憲法のルールの容認とを含む複雑な社会現象を単純化しすぎることの危険については、第四章第一節六七—八ページと Hughes, 'The Existence of a Legal System', *New York University Review* (1960), p. 1010 参照。後者はこの点について Hart, 'Legal and Moral Obligation' in *Essays in Moral Philosophy* (Melden ed., 1958) で用いられた用語法を正しく批判している。

二二八ページ　法秩序の部分的崩壊

法体系のまったく正常な存在とその不存在との間には多くの中間的な状態がありうるが、そのうちのほんのわずかしか本文では注目されていない。革命は法的な観点から Kelsen, *General Theory*, pp. 117 et seq., 219 et seq. で論じられており、また Cattaneo の *Il Concetto di Revoluzione nella Scienza del Diritto* (1960) において十分に論じられている。外敵の占領による法体系の中断はさまざまな形態をとるだろうが、そのうちのいくつかは国際法において分類されているのである。McNair, 'Municipal Effects of Belligerent Occupation', 56 *L. Q. R.* (1941) 参照。そして Goodhart, 'An Apology for Jurisprudence' in ***Interpretations of Modern Legal Philosophies***, pp. 288 et seq. における理論的な検討参照。

一三〇ページ　法体系の発生学

Wheare, ***The Statute of Westminster and Dominion Status***, 5th ed. において跡づけられた植民地から自治領への発達は法理論にとってみのりある研究分野である。また、Latham, *The Law and the Commonwealth* (1949) 参照。彼はイギリス連邦の憲法の発達を、「地方的な基盤」をもった新しい根本規範の成長ということによって解釈しようとした最初の人であった。また、Marshall, op. cit., esp. chap. vii on Canada, and Wheare, ***The Constitutional Structure of the Commonwealth*** (1960), chap. 4 on 'Autochthony' 参照。

一三一ページ　立法権の放棄

Wheare, *The Statute of Westminster and Dominion Status*, 5th ed., pp. 297–8; *British Coal Corporation* v. *The King* (1935). A. C. 500; Dixon, 'The Law and the Constitution', *51 L.Q.R.* (1935); Marshall, op. cit., pp. 146 et seq. また第七章第四節におけるウェストミンスター法第四条の法的効果に関する議論を参照。

一三一ページ　母体となった体系によって認められない独立

Wheare, op. cit.; *Moore* v. *A.G. for the Irish Free State* (1935), A. C. 484; *Ryan* v. *Lennon* (1935), I. R. R. 170 におけるアイルランド自由国に関する議論参照。

一三二ページ　**法体系の存在に関する、事実的主張と法的陳述**

国内法と国際法の間にどのような関係がありうるのか（「国内法の優位か国際法の優位か」）についてのケルゼンの説明（op. cit., pp. 373-83）が仮定していることは、法体系が存在するという陳述は一つの法体系の観点から他の法体系に対してなされ、そして他の体系を「妥当する」ものとして、またそれ自体で単一の体系を形成するものとして容認する、法に関する陳述でなければならないということである。国内法と国際法とは別個の法体系を構成しているという常識的な見解は、（国内的な、あるいは国際的な）法体系が存在するという陳述を事実に関する陳述として扱うことにかかわっている。このことはケルゼンにとって受けいれることのできない「多元論」なのである（Kelsen, loc. cit.; Jones, 'The "Pure" Theory of International Law', 16 *B.Y.B.I.L.* (1935)。

一三二ページ　**南アフリカ**

南アフリカの憲法紛争から学ぶべき重要な法律上の教訓の十分な吟味については、Marshall, op. cit., chap. II 参照。

第七章

一三六ページ　**実例によるルールの伝達**

この観点で先例の使用を特徴づけたものとして、Levi, 'An Introduction to Legal Reasoning', s. 1 in 15 *University of Chicago Law Review* (1948) 参照。Wittgenstein, *Philosophical Investigations* (esp. i, ss. 208-38) は、ルールを教え、それに従うという観念に関して多くの重要な観察をなしている。ヴィトゲンシュタインに関する議論については、Winch, ***The Idea of a Social Science***, pp. 24-33, 91-93 参照。

一三七ページ　**言葉で定式化されたルールの開かれた構造**

開かれた構造の観念については、Waismann, 'Verifiability' in *Essays on Logic and Language*, i (Flew ed.), pp. 117–30 参照。これの法的推論に対する重要性については、Dewey, 'Logical Method and Law', *10 Cornell Law Quarterly* (1924); Stone, *The Province and Function of Law*, chap. vi; Hart, 'Theory and Definition in Jurisprudence', *29 P.A.S.* Suppl. vol,. 1955, pp. 258–64, and 'Positivism and the Separation of Law and Morals', *71 H.L.R.* (1958), pp. 606–12. 参照。

一四〇—一ページ　**形式主義と概念主義**

これらを表現するために、法的著作でほとんど同義に用いられるものは「機械的」または「自動的」法学、「概念法学」「論理の過度使用」などである。Pound, 'Mechanical Jurisprudence' *8 Columbia Law Review* (1908) and *Interpretations of Legal History*, chap. 6. 参照。これらの用語でどのような欠点がのべられているかは、必らずしも明白でない。Jensen, *The Nature of Legal Argument*, chap. i and review by Honoré, *74 L.Q.R.* (1958), p. 296; Hart, op. cit., *71 H.L.R.*, pp. 608–12. 参照。

一四一—二ページ　**法的基準と特定的ルール**

法的コントロールに関するこれらの形態がもつ性質と相互間の関係についてのもっとも啓発的な一般的議論は、Dickinson, *Administrative Justice and the Supremacy of Law*, pp. 128–40 である。

一四二—三ページ　**行政機関のルール定立により補充された法的基準**

合衆国では、州際通商委員会や連邦取引委員会のような連邦規制機関が、「公正な競争」「正当で合理的な料金」などについて、広い基準を補充するルールを作っている (Schwartz, *An Introduction to American Administrative Law*, pp. 6–18, 33–37 参照)。イギリスでは、類似のルール定立機能が執行機関によって果たされているが、合衆国で見られるような利害関係人の公式な準司法的聴聞はないのが普通である。一九五七年の工場法四六条のもとでの福祉規則と、同法六〇条のもとでの建造物規則参照。交通裁判所が一九四七年の運送法のもとで異議申立人を聴聞した後に「運賃表」を確定するという権限は、アメリカのモデルにもっとよく似ている。

一四四ページ　**注意の基準**

注意義務の構成要素に関する啓発的な分析は、Learned Hand 判事の *U. S.* v. *Carroll Towing Co.* (1947), 159 F 2nd 169, 173 における意見を参照。特定的ルールをもって一般的基準におきかえることが望ましいことについては、Holmes, *The Common Law*, Lecture, 3, pp. 111–19, を、これに対する批判は Dickinson, op. cit., pp. 146–50 参照。

一四五ページ　**特定的ルールによるコントロール**

柔軟な基準よりは厳重なルールをコントロールの適切な形態とするための条件については、Dickinson, op. cit., pp. 128–32, 145–50 参照。

一四六ページ　**先例と裁判所の立法的活動**

イギリスの先例使用に関する現代の一般的説明については、R. Cross, *Precedent in English Law* (1961) 参照。本文で言及した縮小する過程についてのよく知られた実例は、*Tulk* v. *Moxhay* (1848), 2 Ph. 774 でのルールを局限化する *L. & S. W. Railway Co.* v. *Gomm* (1880), 20 Ch. D. 562 である。

一四八ページ　**ルール懐疑主義の多様性**

この主題に関するアメリカの著作を論争として読むと、教えられるところが多い。このように、Frank, *Law and the Modern Mind* (esp. chap. i and Appendix 2, 'Notes on Rule Fetishism and Realism'), Llewellyn, *The Bramble Bush*, における主張は、Dickinson, 'Legal Rules: Their Function in the Process of Decision', *79 University of Pennsylvania Law Review* (1931); 'The Law behind the Law', *29 Columbia Law Review* (1929); 'The Problem of the Unprovided Case' in *Recueil d'Études sur les sources de droit en l'honneur de F. Geny*, 11 chap. 5; and Kantorowicz, 'Some Rationalism about Realism' in *43 Yale Law Review* (1934) に照らして考察されるべきである。

一五一ページ　**失望した絶対論者としての懐疑主義者**

Miller, 'Rules and Exceptions', *66 International Journal of Ethics* (1956) 参照。

一五二ページ　**ルールの直観的適用**

Hutcheson, 'The Judgement Intuitive'; 'The Function of the "Hunch" in Judicial Decision', *14 Cornell Law Quarterly* (1928) 参照。

一五四ページ　**「憲法とは裁判官がそれだというものである」**

これは Hendel, *Charles Evan Hughes and the Supreme Court* (1951), p. 11 では、合衆国最高裁判所長官ヒューズの言ったものだとされている。

一六二—三ページ　**議会主権に関する選択的分析**

H. W. R. Wade, 'The Basis of Legal Sovereignty', *Cambridge Law Journal* (1955) を、その批判は Marshall, *Parliamentary Sovereignty and the Commonwealth*, chaps, 4 and 5. 参照。

一六三ページ　**議会主権と神の全能**

Mackie, 'Evil and Omnipotence', *Mind*, 1955, p. 211 参照。

一六四ページ　**自己を拘束する議会または自己を再定義する議会**

この区別については、Friedmann, 'Trethowan's Case, Parliamentary Sovereignty and the Limits of Legal Change', *24 Aust-*

ralian Law Journal (1950); Cowen, 'Legislature and Judiciary', *15 M.L.R.* (1952), and *16 M.L.R.* (1953); Dixon, 'The Law and the Constitution', *51 L. Q. R.* (1935); Marshall, op. cit., chap. 4 参照。

一六五ページ　**一九一一年および一九四九年の国会法**
これらが委任立法の形態を認めるという解釈については、H. W. R. Wade, op. cit., and Marshall, op. cit., pp. 44-46. 参照。

一六五ページ　**ウェストミンスター法第四条**
本条が制定されたからといって、自治領の同意なしに自治領に関して立法をなす権限が、永遠に消滅したことにはならないという見解を、大方の権威が支持している。*British Coal Corporation* v. *The King* (1935), A. C. 500; Wheare, *The Statute of Westminster and Dominion Status*, 5th ed., pp. 297-8; Marshall, op. cit., pp. 146-7 参照。「自由は一度与えられると撤回されえない」という反対説は、南アフリカ裁判所が *Ndlwana* v. *Hofmeyr* (1937), A. D. 229 at 237 で表明している。

第八章

一七二ページ　**道徳の格別の部分としての正義**
アリストテレスは *Nichomachean Ethics*, Book 5, chaps. 1-3 において、正義を人々の間の均衡や釣合（ἀναλογία）の維持や回復に特にかかわるものとして示している。正義の観念に関するもっとも秀れた最近の解明としては Sidgwick, *The Method of Ethics*, chap. 6, Perelman, *De la Justice* (1945) があり、それらに Ross, *On Law and Justice*, chap. 12, が続いている。非常に興味深い歴史的な事柄に関しては、Del Vecchio's *Justice* があり、それは Hart, in *28 Philosophy* (1953) により論評されている。

一七四ページ　**法の適用のさいの正義**

ホッブズは「いかなる法も不正ではありえない」（*Leviathan*, chap. 30）とのべているが、その陳述は正義のこの側面を正義の観念のすべてとして扱おうとする誘惑のためであろう。オースティンは、*The Province*, Lecture VI. p. 260n. において「正当なということは相対的な重要性をもった用語である」、そしてそれは「話し手が比較の基準と考えている確固とした法に関してのべられる」という見解を表明している。だから、彼にとっては、法はもし実定道徳か神の法によって「審査」されれば、道徳的に不正になるかもしれない。ホッブズは単に法は法的に不正でありえないことを意味しているだけであるとオースティンは考えた。

一七七ページ　**正義と平等**

一見して人間とみられる者は同様に取り扱われるべきであるという原則の地位に関する有益な議論、および正義の観念とのその関係については、Bern and Peters, *Social Principles and the Democratic State*, chap. 5, 'Justice and Equality'; J. Rawls, 'Justice as Fairness', *Philosophical Review* (1958); Raphael, 'Equality and Equity,' *21 Philosophy* (1946), and 'Justice and Liberty', *51 P.A.S.* (1951–2) 参照。

一七七ページ　**奴隷に関するアリストテレスの見解**

Politics, i, chap. ii, 3–22 参照。彼は、奴隷である人々のいくらかは「生まれつき」そうであったわけではなく、彼らにとって奴隷制は正当なものでもなく都合のよいものでもないと主張する。

一七八ページ　**正義と補償**

これはアリストテレスによって、分配における正義から明白に区別されている op. cit., Book V, chap. 4。もっとも、正義の観念が適用される場合にはすべて、「正当な」あるいは適切な釣合（*ἀναλογία*）が維持されあるいは回復されるべきであるという統一的な原則が強調されてはいる。H. Jackson, *Book 5 of the Nichomachean Ethics* (Commentary: 1879) 参照。

一七九ページ　**プライバシーの侵害に対する法的補償**

法はプライバシーの権利を認めるべきであるという主張、およびコモン・ローの原則はその承認を要求しているという主張に関しては、Warren and Brandeis, 'The Right to Privacy', *4. H. L. R.* (1890) および *Roberson v. Rochester Folding Box Co.* (1902); 171 N. Y. 538 における Gray J. の反対意見参照。イギリスの不法行為法はプライバシーをそれ自身としては保護していない。もっともそれは今日アメリカでは広範に認められている。イギリス法については *Tolley v. J. S. Fry and Sons Ltd.* (1931), A. C. 333 参照。

一八〇ページ　**個人の利益とより広い社会の利益との間の正義の衝突**

Prosser on *Torts*, chaps. 10. and 11, and Friedmann, *Law in a Changing Society*, chap. 5 における不法行為の厳格責任および代位責任に関する議論参照。犯罪における厳格責任の正当化については Glanville Williams, *The Criminal Law*, chap. 7; Friedmann, op. cit, chap. 6 参照。

一八二ページ　**正義と「共通の福祉」**

Benn and Peters, *Social Principles and the Democratic State*, chap. 13 参照。そこでは、共通の福祉を求めることは、正当に行動することとあるいは公平の精神から社会のすべての構成員の利益に気をつけることと同一視されている。このように「共通の福祉」と正義を同一視することは、普遍的に受けいれられているわけではない。Sidgwick, *The Method of Ethics*, chap. 3 参照。

一八三ページ　**道徳的責務**

社会道徳の責務および義務を、道徳的理想および個人道徳から区別する必要性については Urmson, 'Saints and Heroes' in *Essays on Moral Philosophy* (Melden ed.); Whitely, 'On Defining "Morality"', in *20 Analysis* (1960); Strawson, 'Social Morality and Individual Ideal' in *Philosophy* (1961); Bradley, *Ethical Studies*, chaps. 5 and 6 参照。

一八五ページ　**社会集団の道徳**

オースティンは *The Province* において、社会において順守される実際の道徳を「神の法」から区別するために、「実定道徳」という表現を用いている。神の法は、彼にとっては実定道徳および実定法が審査される究極の基準となっている。このことは、社会道徳とそれを超越し、その批判のさいに用いられるこれらの道徳的原則との間のたいへん重要な区別を示している。しかし、オースティンの「実定道徳」は、実定法以外のすべての社会的ルールを含んでいる。それは、エチケット、ゲーム、クラブのルール、および国際法と、道徳と通常考えられ語られているものとを同様に包含している。このように道徳という言葉を広く用いることは、形態と社会的機能に関する非常に多くの重要な差異を曖昧にする。第十章第四節参照。

一八七ページ　**不可欠なルール**

暴力の使用を制限し、財産および約束の尊重を要求するルールは、実定法および社会道徳の両方の基礎である自然法の「最小限の内容」をなしているという考えの発展については、第九章第二節参照。

一八八ページ　**法と外面的行動**

法は外面的行動を要求するが、道徳はそうしないという本文で批判された見解は、カントによる法理的法則と倫理的法則の区分から、法学者たちが受け継いだものである。The General Introduction to the Metaphysic of Morals in Hastie, *Kant's Philosophy of Law* (1887), pp. 14 and 20–24 参照。この理論の現代版としては Kantorowicz, *The Definition of Law*, pp. 43–51. があり、それは Hughes, in 'The Existence of a Legal System,' 35 *New York University L.R.* (1960) により批判されている。

一九四ページ　**故意と客観的基準**

Holmes, *The Common Law*, Lecture II; Hall, *Principles of Criminal Law*, chaps. 5 and 6; Hart, 'Legal Responsibility and Excuses', in *Determinism and Freedom* (ed. Hook) 参照。

一九五ページ　**正当化と弁解**

殺人に関する法におけるこの区別については、Kenny, *Outlines of Criminal Law* (24th ed.), pp. 109–16 参照。その一般的な道徳的重要性についてはAustin, 'A Plea for Excuses', 57 *P.A.S.* (1956–7); Hart, 'Prolegomenon to the Principles of Punishment', 60 *P.A.S.* (1959–60), p. 12 参照。同様の区別についてはBentham, *The Limits of Jurisprudence Defined*, 215n. 37 and 236. 参照。そこでは「免責」と「弁解」に言及している。

一九七ページ　**道徳、人間の必要、および利益**

ルールを道徳的ルールと呼ぶための基準は、それが関係者の利益を合理的に公平に考慮した結果であるという見解についてはBenn and Peters, *Social Principles of the Democratic State*, chap. 2 参照。Devlin, *The Enforcement of Morals* (1959) と対照せよ。

第九章

二〇二ページ　**自然法**

古典的、スコラ的、近代的自然法概念についてはおびただしい量の解釈の文献が存在するが、「実証主義」（以下参照）という表現が曖昧であるので、法実証主義と自然法が対置されるときに、どのような点が問題になるのかを正確に理解することはしばしば困難である。本文においてはそのような問題を確定するよう努力している。しかし、もし第二次的な資料だけしか読まないならば、このような主題について議論しても、得るところはほとんどないであろう。第一次的な資料に含まれる用語や哲学的前提について、直接いくらかでも知っていることが不可欠なのである。次にあげるものは容易に入手しうる最小限のものである。Aristotle, *Physics*, ii, chap. 8 (trans. Ross, Oxford); Aquinas, *Summa Theologica*, Quaestiones 90–97 (available with translation in D'Entrèves, *Aquinas : Selected Political Writings*, Oxford, 1948); Grotius, *On the Law of War and Peace ; Prolegomena* (trans. in The Classics of International Law, vol. 3, Oxford, 1925); Blackstone, *Commentaries*, Introduction, s. 2.

二〇三ページ　**法実証主義**

「実証主義」という表現は、現代の英米の文献においては、次にあげる主張の一つ以上を指し示すものとして用いられている。(1)法は人間の命令 commands であるということ。(2)法と道徳、あるいはある法とあるべき法との間には必然的な関連が存在しないということ。(3)法的概念の分析またはその意味の研究は重要であって、それは法の歴史的な研究、社会学的な研究、あるいは道徳、社会的目的、機能などの観点からする批判的な評価とは（決して対立するわけではないが）区別しなければならない、ということ。(4)法体系は「完結した論理的体系」であり、その体系内において、正しい判決は、あらかじめ定められた法のルールから論理的手段のみを用いることによって導き出されるということ。(5)道徳的判断は、事実に関する陳述と異なり、合理的な論証や証拠、証明によっては下されえないということ（「倫理学における不可知論」）。ベンタムとオースティンは、(1)、(2)、(3)で言われている考え方を主張したのであり、(4)、(5)の考え方をしたのではない。ケルゼンは、(2)、(3)、(5)で言われている考え方を主張し、(1)、(4)の考え方をしていない。(4)の主張はしばしば「分析法学者」がしたものとされているが、それは明らかに十分な根拠がない。

大陸の文献においては、「実証主義」という表現は、人間の行為の原則あるいはルールは理性によってのみ発見できるという主張を一般的に否定するために、しばしば用いられている。「実証主義」という言葉の曖昧さについての有益な議論として Ago, op. cit., in *51 American Journal of International Law* (1957) 参照。

二〇四ページ　**自然法に関するミルの見解**

彼の Essay on Nature in *Nature, the Utility of Religion and Theism* を参照。

二〇五ページ　**自然法に関するブラックストーンとベンタムの見解**
Blackstone, loc. cit., and Bentham, *Comment on the Commentaries*, ss. 1–6.

二一一ページ　**自然法の最小限の内容**
自然法に関する経験的な見解は、Hobbes, *Leviathan*, chaps. 14 and 15, and Hume, ***Treatise of Human Nature***, Book III, part 2; esp. ss. 2 and 4–7 によっている。

二一八ページ　**ハックルベリ・フィン**
マーク・トウェインの小説は、個人の同情や人道主義に矛盾する社会道徳があるために出てくる道徳的ディレンマに関する意味深い研究である。それはあらゆる道徳を、個人の同情や人道主義と同一視することを修正した点で有益である。

二一八ページ　**奴隷制**
アリストテレスにとって、奴隷は「生きている道具」であった (*Politics*, I, chap. 2–4)。

二二二ページ　**法に対する道徳の影響**
道徳が法の発展にどのような影響を及ぼしてきたかに関する有益な研究としては、Ames, 'Law and Morals', 22 *H.L.R.* (1908); Pound, *Law and Morals* (1926); Goodhart, *English Law and the Moral Law* (1953)。オースティンは、この事実的ないしは因果的な結びつきを十分認めていた。*The Province*, Lecture V, p. 162 参照。

二二三ページ　**解釈**
法の解釈において、道徳的考慮が占める位置については、Lamont, *The Value Judgment*, pp. 296–31; Wechsler, 'Towards Neutral Principles of Constitutional Law', 73 ***H.L.R.*** 1, p. 960; Hart, op. cit., in 71 ***H. L. R.***, pp. 606–15, and Fuller's

criticism, ib. 661 *ad fin* 参照。オースティンが「対立する類推」の間での司法的な選択の余地を認めていること、および裁判官がその決定を功利の基準に合わせることができないことに対する彼の批判については、*The Lectures*, Lectures 37 and 38 参照。

二二四ページ **法の批判と、平等な配慮を受けるあらゆる人々の権利**

そのような権利を認めることが、たんに群小の道徳の一つではなくて、真の道徳の決定的な特徴であることについては、Benn and Peters, *Social Principles and the Democratic State*, chaps. 2 and 5, and Baier, *The Moral Point of View*, chap. 8 参照。

二二四ページ **法としての適性と正義の原則**

Hall, *Principles of Criminal Law*, chap. i を参照。また「法に内在する道徳」については、Fuller, op. cit., *71 H.L.R.* (1958) pp. 644–8 参照。

二二七ページ **戦後ドイツにおける自然法理論の再生**

ラートブルフの晩年の見解およびハートとそれに対するフラーの応答をめぐる議論については、op. cit. in *71 H.L.R.*(1958) 参照。そこでの議論は、一九三四年のナチの法律に反する犯罪を犯したとして自分の夫を告発した妻が、夫の自由を不法に奪ったという理由で、一九四九年七月に有罪とされたバンベルク高裁の決定をめぐる議論であるが、それは、ハーヴァード・ロー・レヴュー、六四巻（一九五一）、一〇〇五ページのそのケースに関する説明が正しく、またドイツの裁判所が一九三四年の法律を無効であると判断したという前提に立って進められたものである。この説明の正しさについては最近 Pappe, 'On the Validity of Judicial Decisions in the Nazi Era,' *23 M.L.R.* (1960) によって異議が出されている。パッペ博士の批判は十分根拠のあるものであり、そのケースに関するハートの議論は厳密に仮定的なものとみなされるべきである。パッペ博士の示すとおり (op. cit., p. 263)、実際には裁判所（高等裁判所）は、もし法律が自然法に違反すれば不法となるかもしれないという理論的可能性を認めたのちに、問題のナチの法律は自然法に反しないと判断した。そして被告は、知らせる義務がないのに純粋に個人的な理由で密告し、しかもその状況においてそうすることは、「あらゆるまともな人々の健全な良心と正義の感覚に反する」ことを知っていたにちがいないという理由で、有罪とされたのであった。同じようなケースについてのドイツの最高裁判所の判決に関するパッペ博士の周到な分析が検討さるべきである（ib., p. 268 *ad fin.*）。

第十章

二三二ページ **「国際法は本当に法なのか」**
これは事実に関する問題と取り違えられた単なる言葉の上での問題であるとする見解については、Glanville Williams, op. cit., in 22 *B.Y.B.I.L.* (1945) 参照。

二三三ページ **疑いの源**
建設的な一般的研究については、A. H. Campbell, 'International Law and the Student of Jurisprudence' in 35 *Grotius Society Proceedings* (1950); Gihl, 'The Legal Character and Sources of International Law' in *Scandinavian Studies in Law* (1957) 参照。

二三四ページ **「いかにして国際法は拘束力をもちうるのか」**
この疑問（ときとしてそれは国際法の「拘束力の問題」として言及される）は、Fischer Williams, *Chapters on Current International Law*, pp. 11–27; Brierly, *The Law of Nations*, 5th ed. (1955), chap 2; *The Basis of Obligation in International Law* (1958), chap. I. であげられている。また Fitzmaurice, 'The Foundations of the Authority of International Law and the Problem of Enforcement' in 19 *M.L.R.* (1956) 参照。これらの著者たちはルールの体系が拘束力をもつ（あるいはもたない）という主張の意味を明らかには議論していない。

二三五ページ　**国際法における制裁**

国際連盟規約第十六条の下における位置については、Fischer Williams, 'Sanctions under the Covenant' in *17 B. Y. B. I. L.* (1936) 参照。国際連合憲章第七章の下における制裁については、Kelsen, 'Sanctions in International Law under the Chapter of U. N.', *31 Iowa L. R.* (1946), and Tucker, 'The Interpretation of War under present International Law', *4 The International Law Quarterly* (1951) 参照。朝鮮戦争については、Stone, *Legal Controls of International Conflict* (1954), chap. ix, Discourse 14 参照。平和のための結集決議が国連は「無能力」にされていないことを示しているともちろん主張しうる。

二三八ページ　**義務的と考えられ、言われる国際法**

Jessup, *A Modern Law of Nations*, chap. 1, and 'The Reality of International Law', *118 Foreign Affairs* (1940) 参照。

二三八ページ　**国家の主権**

「主権は、国際的分野で法によって国家の個別的行動に委ねられた部分に与えられた名にすぎない」という見解の明白な説明については、Fischer Williams, op. cit., pp. 10–11, 285–99, and *Aspects of Modern International Law*, pp. 24–26, and Van Kleffens, 'Sovereignty and International Law', *Recueil des Cours* (1953), i, pp. 82–83 参照。

二三九ページ　**国家**

「国家」の観念および依存している国家のタイプについては、Brierly, *The Law of Nations*, chap. 4 参照。

二四二ページ　**意思主義および「自己制限」理論**

主要な学者は Jellinek, *Die Rechtliche Natur der Staatsverträge*; Triepel, 'Les Rapports entre le droit interne et la droit international', *Recueil des Cours* (1923)。極端な見解は、Zorn, *Grundzüge des Völkerrechts*. の見解。この形態の「実証主義」

の批判的議論については、Gihl, op. cit., in *Scandinavian Studies in Law* (1957); Starke, *An Introduction to International Law*, chap 1; Fischer Williams, *Chapters on Current International Law*, pp. 11–16 参照。

二四三ページ　**責務と合意**

国際法のルールは、明示であれ黙示であれその国家の前もっての合意がなければ国家に対し拘束力をもたないという見解は、イギリスの裁判所によって表明されている (*R. v. Keyn* 1876, 2 Ex. Div. 63, 'The Franconia' 参照)。また常設国際司法裁判所によっても表明されている。*The Lotus*, P.C.I.J. Series A, No. 10 参照。

二四四ページ　**新国家および沿岸領域を得た国家**

Kelsen, *Principles of International Law*, pp. 321–13 参照。

二四四ページ　**一般国際条約の非当事者への効果**

Kelsen, op. cit., 354ff.; Starke, op. cit., chap. 1; Brierly, op. cit., chap. vii, pp. 251–2 参照。

二四五ページ　**「道徳」という用語の包括的な使用**

「実定道徳」については、Austin, *The Province*, Lecture V, pp. 125–9, 141–2 参照。

二四八ページ　**国際法に従う道徳的責務**

これは国際法の「基礎」であるという見解については、Lauterpacht, Introduction to Brierly's *The Basis of Obligation in International Law*, xviii, and Brierly, ib., chap. 1 参照。

二五〇ページ　**力により課された条約を立法として扱うこと**

Scott, 'The Legal Nature of International Law' in *American Journal of International Law* (1907) at pp. 837, 862–4 参照。一般条約を「国際立法」と一般にのべることに対する批判については、Jennings, 'The Progressive Development of International Law and its Codification', *24 B.Y.B.I.L.* (1947) at p. 303 参照。

二五一ページ　**集中されていない制裁**

Kelsen, op. cit., p. 20, and Tucker in op. cit., *4 International Law Quarterly* (1951) 参照。

二五一ページ　**国際法の根本規範**

合意は拘束するというその公式化については、Anzilotti, *Corso di diritto internazionale* (1923), p. 40 参照。「諸国家はそれらが慣習的に行動してきたように行動すべきである」といういおきかえについては、Kelsen, *General Theory*, p. 369, and *Principles of International Law*, p. 418 参照。重要な批判的議論については、Gihl, *International Legislation* (1937) and op. cit., in *Scandinavian Studies in Law* (1957), pp. 62 et seq. 参照。国際法は何らの根本規範をも含まないという解釈を十分発展させたものとして、Ago, 'Positive Law and International Law' in *51 American Journal of International Law* (1957) and *Scienza giuridica e diritto internazionale* (1958) 参照。ギールは、国際司法裁判所規程第三十八条にもかかわらず、国際法は何らの形式的法源をもたないと結論する。本文で主張されたのと同様な批判を受けそうにみえる「最初の仮定」を国際法のために公式化しようとする試みについては、*The Future of Law in International Community*, pp. 420–3 参照。

二五五ページ　**国際法と国内法の内容における類似**

Campbell, op. cit., in *35 Grotius Society Proceedings* (1950), p. 121 *ad fin.*, 参照、ならびに Lauterpacht, *Private Law Sources and Analogies of International Law* (1927) における、領域の取得、時効、租借、委任統治、地役、その他を規律する条約およびルールに関する議論を参照。

訳者解説

本書が出版されたのは一九六一年。すでに一六年程の昔になるが、いまだに本書の評価は高い。「H・L・A・ハートの法の概念はオースティンの法理学の範囲の決定以来、分析法理学に貢献した最重要なものの一つである」とR・サートリアス (Sartorius) は書いている (Hart's concept of law in: *More essays in legal philophy*, ed. by R. S. Summers, 131. 1971)。もちろん本書に対する批判もけっして少くないが、興味あることは同書が現代法理学の「古典」に属することを認めた上で批判していることである。いわば相手に敬意を払った上で立ち向う雰囲気がみられることである。たとえば、ハートがオクスフォード大学で教えた「法理学」の後継者はR・ドゥオーキン (Dworkin) である。彼はハートから多くを学ぶと同時に、ハートの批判者として知られているが、彼もその教授就任演説でのべている。「H・L・A・ハート教授の業績はイギリス、アメリカだけでなく、世界的規模において法理学を理解するパラダイムとなっている。法理学の範囲は現在では彼が渉猟した範囲である。それは法的諸概念の様相論理 (modal logic) から刑事責任の法の詳細にまで及び、そのいずれにおいても彼の見解は他の人々が出発点としなくてはならないような見解となっている。最近の法理学、もちろんイギリス、アメリカの法理学に関して書かれた重要な作品のなかで、ハートの支持を求めていないような、またハートを好敵手と見ていないようなものを考えることは困難である、この話も例外ではない」(Hard cases, 88 Harvard Law Review 1857 (1975))。

それではハートの書物のこのような影響力の秘密はどこにあるのだろうか。一般的にはその分析力の鋭さ、問題把握の鋭い着眼、論旨の運びの手堅さなどがあげられる。しかし、これらについては読者の読後感にまつべきであろう。ここでは簡単に著者の略歴、本書で用いられた現代社会における法体系のつかみ方、方法上の諸問題にふれ、本書の理解の参考に資することにしたい。

一　略歴

Herbert Lionel Adolphus Hart（一九〇七年七月一八日―）は現代イギリスの傑出した法学者であると同時に哲学者である。哲学者としての経歴は彼がオクスフォード大学のニュー・カレッジに入り、一九二六年古典奨学金をえて古代史および哲学専攻の後、一九二九年同大学の人文学科を卒業していることと深い関連がある。その才能はすでに卒業のさいの優等第一級の成績で示唆されているが、その後の哲学、ないし道徳哲学に関するいくつかの論文によっても跡づけられる。学風というか方法は主としてイギリスの分析哲学に属し、とりわけ日常言語の用法分析を重視するグループと緊密な接触をもっている。一九五四年の論文「法学における定義と理論」（*Definition and theory in Jurisprudence*）は、権利、責務……のような法的概念を扱うばあい、それらが実際に用いられる前後関係、文脈に照らして分析をし意味を明らかにすることが必要であると説き、大きな反響を呼んだものであるが、これなどは右の哲学的分析を法理論上の難問に用いて成果をあげた一例といえよう。彼の哲学的思考に影響をあたえた人々はおそらく数多いが、ここではJ・L・オースティン（Austin）――ただし一九世紀の法理学者、J・オースティンとは違う。この人の言葉は、ハートとして珍しく、序文と本文で二度引用されている――、後期のL・ヴィトゲンシュタイン（Wittgenstein）、さらに後述の「開かれた構造」の発想についてはJ・ウィスダム（Wisdom）の名をあげておく。

彼の学風の特徴は、右の一例にも示されるように、法、法理論の考察の過程において哲学的考察の成果を援用し、諸問題を効果的に分析するところに見い出されるのであって、このことは彼の法学者としての経歴が哲学者のそれと不可分に結びついていることからも推測することができる。一九二九年以後の足跡を簡単にまとめると、こうである。一九三二年―四〇年、衡平法弁護士として実務、一九三九年―四五年、陸軍省勤務、一九四五年よりオクスフォード大学、ニュー・カレッジの哲学のフェロー、テューター、一九四八年、オクスフォードの哲学のユニヴァシティ・レクテュラー、そして一九五二年より六八年まで同大学の法理学教授およびフェロー……。法学の分野における彼の研究活動は刑法と法理学の二つの分野にまたがっている。前者に関してはA・M・オノレ（Honoré）との共著、*Causation in the law*, 1959. をはじめ、*The morality of the criminal law*, 1965. *Punishment and responsibility — Essays in the philosophy of law*, 1968. などがあるが、多分に法理学、法哲学的問題意識とかかわっていることが興味を惹くであろう。法理学、法哲学に関しては代表的著作としてここに訳出した『法の概念』(*The concept of law*, 1961) があり、ほかに *Law, liberty, and morality*, 1962. *Social solidarity and the enforcement of morality*, 35 the Univ. of Chicago Law Review (1967) 1. *Kelsen's doctrine of the unity of law*, in: *Ethics and social justice*, ed. by H. E. Kiefer & M. K. Munitz, 1968. その他、非常に多くの業績がある。オクスフォードの法理学教授退任後も、J・ベンタム (Bentham) の研究を進めるかたわら、オクスフォード大学、Brasenose College の長 (Principal) をつとめ、理論上も、実務上もあい変わらずさかんな活躍をつづけている。彼は一九四一年ジェニファ (Jenifer、Sir J. F. Williams の娘) と結婚、三男、一女をもうけ、長身で、しっかりしたからだつき、ユーモアをまじえた話しぶりの特徴があることを加えておこう。次の問題は本書で展開されたハートの基本的構想を明らかにすることであるが、まず、繰り返し言及される「ルール」の観念に手がかりを求めることにする。

二　法とその関連領域

1　ルールと習慣　社会集団の成員の行動を観察するとき、あるタイプの行動は、その他の各人各様の行動と違って、一定の方向に向って収斂していくことに気づくであろう。イギリスの人たちは毎朝、きまって紅茶を飲むとか、土曜の晩には映画を見に行くというように。このような規則性をもった行動の様式をハートは「習慣」(habit) と呼んで「ルール」と区別する。ルールの例としてよくあげられるのは、教会で男子は帽子を取らなくてはならないといった言い廻しである。見たところ、教会における脱帽のルールは上に例示された習慣とあまり変わらない。しかし、ハートは次のような微妙な相違に注意し、また注意を促している。習慣のばあい、行動はたしかに一定の規則性を示しているが、それは「通常は」(as a rule) といった偶然の一致ぐらいの意味しかもたない。紅茶を飲まなくても、映画を見にいかなくても差しつかえないのである。しかし、教会では脱帽と言われているのに、それをしなかったばあいはどうだろうか。強い非難が予想される。他のメンバーからの非難もあれば、自分でも、しまったと思う自己に向けての非難も考えられる。教会における脱帽のルールはそのかぎりで単なる習慣と異なる。ハートはこの間の事情をより明確にするため、ルールを習慣との対比で次のように定式化している。習慣とルールは人々が一定方向に収斂する行動をとることを基礎とする点で、たしかに共通する。しかし、第一に、習慣のばあい、メンバーの行動が事実上収斂すればよいのであって、違反に対する批判は必要でないのに、ルールはこれを必要とし、ルール違反は批判にさらされる。第二に、批判は単に事実上なされるだけでなく、基準に違反したら批判されるだけの十分の理由があると一般に容認される。第三に、もちろん社会集団のメンバー全員が容認するというわけではないが、少くともメンバーのある程度の人々が当該の行動を集団全体によって従われなくてはならない一般的基準とみなし、したがってそれを容認していることが必要である。習慣は観察者（observer）が記録することができるような規則的、画一的な行動をもとにしており、社会的ルールもこれと同じ側面――ハートはこれを「外的側面」（external aspect）と呼んでいる――をもつが、ルールに関してはこのほか、集団内部のある程度の人々によって一般的基準とみなされ、容認され、用いられるという側面――彼はこれを「内的側面」（internal aspect）と呼んでいる――があるのであって（*The concept of law*, pp. 54-5. 本訳書六二―三ページ。以下、引用のさいには原著のページ数をアラビア数字、訳書のそれを和数字で示す。さらに、244, 二七六）まさにこの二重の側面がルールを外的側面だけの習慣からきわ立たせる役割をする。

なお、本書では「内的側面」に似た表現として「内的視点」（internal point of view）、また「内的陳述」（internal statement）が用いられている。「外的側面」にも同様の対照的表現が用いられる。内的視点は集団の個々のメンバーがルールを行動の指針として受けいれ、これを用いるばあいのことであるのに、外的視点は個々の観察者が、自身はルールを受けいれないでも、他の人々がそれを受けいれ、当該の規則的行動をしていると記述するばあいのことであり、外的陳述は後者の表現であって、「私はそうせざるをえなかった」、「あなたは、もし……の場合には、そのためにおそらく害をこうむるであろう」のような陳述に表わされる。内的陳述は前者の表現であって、「私は責務を負っていた」のような陳述に表わされる（法についていえば、「……ということは法である」の文は内的陳述に当り、「イギリスにおいて人々は、およそ議会における女王が制定するものが法であると認めている」の文は外的陳述に当る。88, 九九―一〇〇、99, 一一一―一二）。

社会的ルールについて右の外的―内的側面の双方がともに認識されなくてはならないことをハートは強調するが、ハートはこれを単に習慣からルールを区別する目的のためだけでなく、社会的ルールの、ルールとしてのあり方の理解の目的からも強調する。予測理論、あるいはアメリカン・リーガル・リアリズム、その他が本書で批判されているが、しばしば批判の理由として彼らがルールの「内的」側面等々を見落していることがあげられるのは、まさにこの方法上の処理に関連するのであって、ともかくルールに関する二側面の特徴づけは、次にあげるルール自身の分類、とくに一次的—二次的ルールの結合という発想とともに、彼の考えの理解のために不可欠の鍵を提供するものと考えられる。

2　ルールの分類　ルールという言葉は、限定なしで使えば、おそろしく広い意味をもつことになろう。ハートは主としてこれを「社会的」ルールの意味で用いているが、それでもまだ広い。彼の用いている基準的用法によれば、法的ルール、道徳的ルール、法的でないルールあたりが一番ひんぱんに見かけられるものである。「法の概念」という本書のテーマからすれば、法的ルールという用語法が主軸になり、法的でないルールがこれとの対比で用いられるのは当然であるが、法（的ルール）と道徳（的ルール）との関連、区別がハートの強い問題意識となり、その考察がいわば本書のバックグラウンド・ミュージックになっているため、法的でないルールに分類してしまえばよさそうな道徳的ルールだけがわざわざ別扱いをうけ、「道徳的ルール」として一本立ちさせられているように思われる。

法的でないルールは、さきにあげた教会における脱帽のルールもその一例になるが、ドレスのルールのようなものもあれば、儀式のルール、ゲームのルールのようなものもあって非常にさまざまである。あるルールは集団一般に、他のルールは集団内の下位集団に当てはまり、その拘束力、また違反に対する反応の仕方も各様である。しかし、ルールがどの程度まで私的利益の犠牲を求めるか、また画一性のための社会的圧力にどの程度の比重がかけられるかによって、ルールそれぞれの重要さは一応明らかにされる。しかし、大きな話題はもちろん「道徳的」ルールと「法的」ルールの関連である。

3　道徳的ルールと法的ルールの関連　両者は歴史的にも、現行制度の実際、内容においても多分に関連していることが本書のいたるところで注意されている。両者は責務、義務、権利のような共通の言葉をもっているし、——かならずしも両者だけに限らないが——両者で用いられる言葉は多くのばあい「開かれている」、あるいは「開かれた構造」（open texture）をもっている点でも共通する（7，八、164，一八三）。つまりルールに含まれる言葉はある一定の事態を予定するだろうが、その事態のいくつかの特徴しかもたないようなばあいにまで、いうならばボーダーライン・ケースにまで言葉が拡張されて用いられること、ないし可能性があることを「開かれている」という。この開かれた構造という着想がハートの扱う法的ルールばかりか、法体系の理解の他の一つの鍵になることをここであわせて留意されたい。さらに道徳的ルールと法的ルール、より広くは道徳と法は殺人とか暴力の自由な使用の禁止の点でも、また他人とかかわるさいの一定の形態の誠実さ、正直さの要求の点でも類似する（7、八、167-8、一八七）。しかし、より重要なことは、このようなもっとも基本的な諸ルールが可能になる前提条件をハートが日常的に自明な事態から拾い出していることである。

人間の行動やこれに関するわれわれの考えをたどっていくと、「生存」という事実にゆき当る。生存（survival）は、人々が生きのびてきたという自明な事実であると同時に、生きたい、生きていかなくてはならないという希望でもあり、言語の構造その他のあらゆる機会に関連をもつのである。法や道徳にとって生存が目的として前提されたばあい、両者はそのために必要な最小限、特定の内容をもたなくてはならない。このようにしてハートはふたたび日常の自然の（あるいは当然の、というべきであろう）事実に注目し、それをもとにして次の五つのものを自明の真理としてとり上げる。人間の傷つきやすさ、おおよその平等性、限られた利他主義、限られた資源、限られた理解力と意思の強さ。ハートはこれらを「自然法の最小限の内容」（the minimum content of natural law）と呼んでいるが（189ff, 二二一以下）、そのさい右のようにありふれた自然の事実からヒントをえている点でユニークさがある。彼自身付記するように、「自然法に関する経験的見解」（empirical version of natural law（254, 二九四））の特徴を帯びている。右にあげた最初の三つが人間のあり方に注目してつかまれるのに対し、第四のものはそれに制度的契機が導入され、分業による事態の変化が考慮され、人、所有、契約を骨子とした各人相互の自制と社会的仕組みが説かれていることは、今後の解釈の余地を残す程、興味ぶかい。彼はこのように法（的ルール）と道徳（的ルール）との関連を慎重に考察する。彼のこの関連をめぐる所論は、通常「法実証主義者」ハートについて想像されるよりはるかに深く、緊密なものとして展開されている。それにもかかわらず、彼は法と道徳が共有しえないような特徴が双方にあることを認め、イージーに両者を混同することをいましめる。

4　道徳的ルールの特徴　道徳の内面性、法の外面性は両者を比較するさいに好んで用いられる対照的表現である。この表現に対しハートは簡単にこれを捨て去るよりも、そこにもり込まれているより深い意味を汲みとるため、関連する四つの基本的特徴に言及し、それらが法だけでなく、その他の社会的ルールから道徳をきわ立たせるのに役立つと考える。それらは重要性、意図的な変更をうけないこと、道徳的犯罪の自発的性格、道徳的圧力の形態である。詳細は本文（169ff, 一八九以下）にゆずり、法的ルールの特徴の紹介に進むが、これは本書の主題にかかわるので項目を改め、法体系との関連でまとめることにする。

三　現代社会における法体系

1　法源　ハートが本書で解明しようとしているのは近代西洋で発達した法体系であり、その法的ルールである。同じ西洋近代でも状況に応じて制定法、先例、慣習といった法源がさまざまの組み合わせをもって展開されている。彼はこのことを当然のこととして考慮する。そしてこの種の法のあり方についても日常的なわかりやすい表現方法を用いることを忘れない。例の「男子はだれでも教会に入るとき帽子を取らなくてはならない」というルールを考えてみよう。このばあい明確な一般的言葉をとおして一般的基準が伝達される。これは立法とよく似ている。子供がお父さんに連れられて教会にいくばあいでも、他の将来のばあいでも、子供はルールの言葉どおりに行動することができる。しかし、父親が子供と教会に入るとき、帽子を取ってから、右のルールに加えて「ご覧、これがこういうばあいに当然振舞うべきことなんだよ」と教えるとしよう。これは事例をとおして行動の基準が伝達され、教えられるばあいである。そして、父親としては子供が彼を適切な行動の権威と考え、行動の仕方を学ぶため彼をよく見なさいというつもりであるならば、この事例をとおしての行動の基準の伝達は先例を法的に用いるばあいに酷似する。ハートは行動の基準が人々の工夫により、あるいは一般的言語をとおして、あるいは事例をとおして伝達されるかにより立法か、先例の形態をとることをたくみにのべている（121ff. 一三五以下）。しかし、彼は近代、あるいは現代の法体系を解明するに当たってこういった法源論をのべるだけではない。むしろ法的ルールの、ある意味では歴史的な、しかしより抽象化された形での展開を念頭に置きながら、さまざまの法的ルールが歴史的、場所的限定をうけた上で今日見るような法体系に結晶するという地味ではあるが、かなり壮大な構想の展開に重点を置いている。

2　第一次的ルールと第二次的ルールの結合　これは右の構想の骨組に当たる。ハートの見解のうち一番紹介され、よく知られている箇所なので、ごく簡単に紹介する。法的ルールの端緒的形態は暴力の自由な使用の禁止のように人に責務を課するルールであり、本来的には原初的社会に見られる。ここではまだ立法府、司法府、公機関のような典型的形態はあらわれていない。しかし、原初的社会からの発展が進むにつれて、しだいにこういったルールの限界、欠陥が明らかになる。たとえばその社会集団のルールは次々に生じる事件のどの範囲までをカヴァーするのか、さまざまの事情からルールを変更したいばあいに、はたして変えることができるか、ルール違反に対して実効力ある反作用を加えることができるかなどについてであり、ここにルールが不確定的であり、静態的であり、効果的でないという限界が見出される。これら三つのタイプの限界を補うために新なルールが導入されるというのがハートの議論の次の段階であり、新なルールは一括して第二次的ルールと呼ばれる。いまその一つである「承認のルール」についてみよう。

はじめは単に口頭で伝えられていた第一次的責務のルールはやがて何かの機会に石碑のようなモニュメントにきざみ込まれたり、文書に書かれたりするようになる。モニュメントや文書を見れば、第一次的ルールがあることはわかる。原初的社会では一体その件についてルールが存在するかしないかが争われやすいが、この限界は右のモニュメントや文書の参照で解決される。ルールの存在に関する疑問はとり払われるからである。しかし、そのように「文書やモニュメントを権威あるものとして、すなわちルールの存在に関する疑いを処理するのに適切な方法として参照することを認めること」はそれ以上の意義をもつ。というのは、このような承認があるところでは「第一次的責務のルールを最終的に確認するためのルール」、いいかえると、第一次的ルールとは別の「第二次的ルールの非常に単純な形態」が見られるからである（92, 一〇四）。新しいこのタイプのルールはその役割から見て承認のルールの一形態といえよう。第一次的ルールだけでなく、第二次的ルールがともにあらわれるこの過程はまさにハートにより法以前の世界から法的世界への移行のはじまりとして強調される局面である。

第二次的ルールとしては、何がその集団の法的ルールであるかを確認する承認のルール（rules of recognition）のほかに、だれが、いかなる権限でルールをつくることができるかに関する変更のルール（rules of change）、だれが、どのようにして裁判することができるかに関する裁判のルール（rules of adjudication）が加わる。それぞれは上にのべた不確定的、静態的、そして効果的でないという第一次的ルールに伴われる欠陥をとり除く。これら三つのタイプのルールは、たがいに異なった役割をもちながら、右の点では第二次的ルールという共通の次元で成立し、やがて互いの、そしてまた第一次的ルールとの緊密な結合（union or combination of primary and secondary rules）をとおして近代—現代社会における法体系の「中心的位置」（central place 96, 一〇八、107, 一二〇、151, 一六九）を占める。

3　究極の承認のルール　法体系という点で忘れてならないのは「究極の承認のルール」である。それはハートのいう法「体系」の基礎に当る。建築でいえば、定礎、あるいは礎石に当る。しかし、礎石というと何か固定したものを想像しやすいが、ハートは究極の承認のルールをそのように捉えないで、もっと日常的な事態のなかに見出しているようである。たとえばある特定の制定法規は、議会における女王が制定するものは法であるというルールにかなっているから、妥当すると言ってみよう。そのとき、議会における女王が……のルールは究極の承認のルールの位置を占め、特定の制定法規の妥当性のきめ手になっていることがわかる。それだと、究極の承認のルールは礎石のように極めて固定しているという印象を与えるであろう。しかし、ハートは――そしてこれが重要な点であるが――次のように説明して、右の法規の妥当性に関する説明を補なっている。つまりその特定の制定法規が話題になる状況の考慮が加えられるのである。その法規をもとにして裁判所、公機関、私人はそれぞれ当面する事態に関して判断をし、あるいは請求などをする。彼らは、そのように法規に依拠するとき、たとえ明言しないでも、その法規が国の法として適性をそなえることを行動で示していることになる。これをハートが念頭に置いて論じているイギリスについていえば、次のようになる。イギリスにおいて、議会における女王が制定するものは法であるというルールは裁判所、公機関、私人によって制定法規を確認する究極の承認のルールとして用いられているということである。これは、前に紹介した表現によれば、事実についての外的陳述である（104、一一七）。承認のルールは彼らの日常の慣習的行動（practice）において用いられ、その意味でこのルールの存在は事実の問題にほかならない（107、一二〇）。事実の問題という点に注意したい。ここに、一見類似する諸理論、たとえばケルゼンの根本規範論とハートの究極の承認ルール論とを区別する鍵がある。近代―現代社会における法はこの究極の承認のルールを媒介とした第一次的―第二次的ルールの結合により、体系の全貌をではないが、少くともその中心的要素を解明されるというのがこの点に関するハートのおよその論旨のようにみえる。さらに、国内法のみならず「国際法」に関する彼の見解（第十章）も同じく啓発的であることに留意されたい。

四　方法上の諸問題

1　法の解明　ハートは「法の概念」を扱うに当って、これを「定義」するよりは「解明」しようと努める（17、一九、208、二三一―二）。類と種差による伝統的定義は、三角形とか象のように単純なばあいについてはそうであるとしても、法のばあいには当てはまらないからである。そこで彼は当座の間、法、強制、道徳の関連、相違に焦点をあて、法の概念において「中心的位置」を占めるものを明らかにすることに力を注いでいる。本解説も、以上の数項の紹介でわかるように、この方向に沿って進められ、前項では法の枠組に関する彼のおよその考えをまとめようとした。しかし、これはあくまでも彼のおよその考えを解説者なりにまとめたものである。解説者のまとめが不十分であることはもちろんであるが、このことを別としても、およその考えでは語り尽されないものが多くある。たとえば、法の定義ではなく解明をという彼自身の見解についても、示唆に富む批評が出されているのは一例であるし、これに関して方法上いくつかの注意すべき論点が見出される。さらに、その二、三を加えておく。

2　法の開かれた構造　法は、その第一次的―第二次的ルールの結合という形式的側面から見る限り、一応の体系性を与えられている。この体系性はいうまでもなく固定したもの、その輪郭が極めて明確に画定されたものではない。それは体系的とはいっても、次のさまざまの意味で柔軟であり、比喩的には「開かれている」といってよいかもしれない。(a)非常に細かな側面からいえば、法的ルールに含まれている法的概念、言葉は予想された事案との関係でははっきりした意味、確定性の中心（core of certainty）をもっているが、そうでない事案との関係では、たとえばボーダーライン・ケースに関しては概念は当てはまるかどうかがはっきりせず、疑問の半影（penumbra of doubts）、ないし不確定性の半影に包まれている（123ff, 一三七以下）。それは、解説二、**3**で見たように、開かれているとか、開かれた構造をもつといわれる。(b)さらに、当面する事案について該当する法的ルールがまったく見当たらないばあいもある。大陸法系の学者たちの表現では、それは法の欠陥のばあいであるかもしれない。ハートによれば、このばあい裁判官はローマの学説彙纂《ディゲスタ》のテキストとか、フランスの法学者の作品に依拠して判断するかもしれない。当人はそうせよと要求されないが、当人がそうすることはまったく適切なことだとして容認されるのであって、このような判断の源を「許容的な法源」（246-7, 二八〇―一）と呼んでもよいとのべている。(c)彼は法が運用される実際を考慮し、実際面では法的ルールだけでなく、法的な基準、原則、あるいは公理（standards, principles, maxims）がしばしば非常に重要な役割を果たしていることを認める。(d)これと関連して裁量、司法的立法、公機関による類似の作用などの考察がある。これらが大きな話題となっていることはいうまでもない。

3　現代分析法理学　ハートの見解は、右の事情からもわかるように、法を複合的構造をもつものとして捉える。彼は法的概念の分析に貢献したJ・オースティンの遺産を批判的に継承し、その限りで「現代分析法理学」（modern analytical jurisprudence）の代表者としての位置を占める。しかし、法的概念主義、形式主義を批判し、上記のとおりボーダーライン・ケースに関してはアメリカン・リーガル・リアリスト同様に柔軟な見方をとるが、一切の法領域がそのようなケースに満ちているのではないとして、法の広大な中心的分野に関しては疑いもなくルールに依拠した運用が見られるという（150、一六八）。その点でリアリズムに対しても批判的である。こういった批判にあらわれるハートの見解を追っていけば、批判の主旨はおそらく法が複合的構造を成しているという彼の見解にふたたび帰着するであろう。もちろん、そのような見解に対して依然法的ルール中心であるとか、法的原則、基準、その他の配慮が欠けているといった批判は少くない。

4　法実証主義　本書でもハートは法と道徳について慎重な考察を行なっている。両者の関連を認めながら、原則としては区別が可能であり必要だという考えをとっているようにみえる。その限りではハートは一九五八年の論文――*Positivism and the separation of law and morals*, 71 Harvard Law Review 593. これがL・L・フラーとの論争の発端になった論文である――同様、法と道徳の区別を重視する見解、その意味における法実証主義に立っているといえよう。しかし、彼の考えは、かりにそのように呼ぶことができるにしても、単純な……主義のレッテル一枚では尽されない余りに多くのものをもっている。このことは法の複合的構造の考えでも明らかであるが、道徳との内容上の関連の指摘においても、さらに自然法の最小限の内容への言及においても（解説二、3）一層はっきりとあらわれる。

法の妥当ということを例にしてみよう。ある法が妥当するということはその国の承認のルールの提供するテストにかなっていることである。しかし、このことから直ちにその法に従えということは出てこない。なぜなら、法の妥当と法に従うこととは別個の問題であり（206、二二九）、時には順法の道徳的吟味の必要が生じるからである。これは、法実証主義といっても、ハートのばあい法と道徳に関しかなり柔軟な、ある意味ではリベラルな見解をもつことを示唆しているように思われる。

なおハートはしばしば法体系の存在について、公機関がルールを容認し一般の人々は従う（official acceptance and general obedience to rules）という二側面をあげて重視する。これは彼が事態をリアリスティックに捉えて表現したものであるが（197、二一九―二二〇、112-4、一二六―七、109、一二一、247-8、二八二、59-60、六七―八）、容認、あるいは服従の意味はかなり多様に理解される余地があり、右の例、その他と関連させながら慎重に検討する必要があると考えられる。

5　むすび　さて、ハートの考えは極めて示唆に富むと同時に刺激的である。そのためか、法の定義に関して、法的ルールの観念について、法体系論に関して、とくにいわゆる究極の承認のルールに関して、法と道徳の区別に関して、法実証主義に関して互いにかかわりをもつ多くの疑問と批判が加えられている。本書の刊行後、本書をめぐってなされた実におびただしい論評がこのことを物語る。巻末の本書に対する批判的著作はハートによりピックアップされたほんのわずかなサンプルにすぎない。解説者自身、ハートによる究極の承認のルールの基礎づけ、ケルゼンの根本規範論批判がはたして十分に理由あるものといえるかどうか、また事実の陳述と規範的陳述のような二元的な処理方法がどこまで本書で貫かれているかどうかなどについても若干の疑念をもっているが、解説の都合上それらをとり上げることは控えておく。

しかし、このように刺激的、チャレンジングでありながら綿密な論証への配慮を怠らないということが本書を一層手がたいものとすると同時に、まったく広範囲の人々の注目の的にし話題の書にしたといえる。それは単に法理学に関心をもつ人々だけでなく法律学に、そして哲学、社会学に関心ある人々の期待にさえこたえるものをもっている。それだけに、評価するものはもちろん、批判するものも作品を十分に熟読した上でなければならないという態度はおそらく本書に関してはより一層必要であろう。拙い訳であるが、本書を契機にしてハートの法理論の批判的検討が一層進められることを心から希望する。

最後に、この訳業に関して多くの人々から直接、間接の御支援をうけたことを、感謝の念をもって、付記したい。とくにハート教授は訳者らの翻訳の申出に対し快諾された上、日本語版への序文を書かれ、本書に対する批判的著作のリストを送って下さった。邦訳の過程では、凡例に示されているとおり、多くのメンバーが分担、協力しているが、訳文の校正、邦語参考文献、索引についてはとくに石井幸三氏のお世話になった。またハート教授の写真については井上茂氏（お茶の水女子大学教授）撮影のものをご好意により拝借することができ、出版にさいしては、みすず書房の高橋正衛氏のご配慮にあづかった。以上の方々に対して厚く御礼を申し上げる。

（矢崎光圀）

人名索引

ア行

アームソン　Urmson, J. O.,　290
アウグスティヌス　Augustine, St.,　9n, 15, 170
アクィナス　Aquinas.　9, 209, 292
アグネリ　Agnelli, A.,　265
アゴウ　Ago.　279, 293, 299
アリストテレス　Aristotle,　177, 209, 261, 288, 289, 292, 294
アレン　Allen, C. K.,　280
アンチロッチ　Anzilotti, D.,　299
イェリネック　Jellinek, G.,　297
ウィスダム　Wisdom. J.,　258, 259
ヴィットゲンシュタイン　Wittgenstein, L., 261, 284
ウィリアムズ　Williams, Glanville, L., 258, 260, 261, 290, 296
ウィリアムズ　Williams, John, Fisher, 296, 297, 298
ウィンチ　Winch, P.,　273, 284
ウェアー　Wheare, K. C.,　274, 282, 283, 288
ウェイド　Wade. H. W. R.,　282, 287, 288
ウェクスラー　Wechsler, H.,　294
ヴェトベルク　Wedberg, A.,　276
ヴォルハイム　Wollheim, R.,　260
ウォーレンとブランダイス　Warren, S. D., and Brandeis, L. D.,　290
エイムズ　Ames, J. B.,　294
エヴァンス-プリチャード　Evans-Prichard, E. E.,　277
オースティン　Austin, John,　序 iv, 8, 9, 18, 19, 20, 22, 23, 24, 26, 28, 67, 71, 82, 90, 93, 122, 162, 223, 226n, 229, 257, 258, 259, 261, 263, 264, 265, 268, 270, 271, 272, 273, 274, 275, 289, 291, 293, 294, 295, 298
オースティン　Austin, J. L.,　序 iv, 16, 260, 267, 292
オノレ　Honoré, A. M.,　285
オリヴェクローナ　Olivecrona, K.,　259

カ行

カウイン　Cowen, D. V.,　288
カタネオ　Cattaneo, M.,　283
カント　Kant, I.,　291
カントロヴィッチ　Kantrowicz, H.,　260, 286, 291
ギール　Gihl, T.,　296, 298, 299
キャンブル　Campbell, A. H.,　269, 275, 296, 299
グットハート　Goodhart, A. L.,　283, 294
グライス　Grice, P.,　262
グラクマン　Gluckman, M.,　277
グレイ　Gray, J. C.,　2n, 15, 153, 226, 258, 270, 272, 273
グレイ判事　Gray, Judge,　290
クロス　Cross, R.,　286
グロチウス　Grotius,　293
ケニ　Kenny,　292
ケルゼン　Kelsen, H.,　2n, 20, 39-40, 226, 251, 253, 257, 258, 259, 265, 267, 269, 270, 271, 277, 278-9, 280, 281, 283, 284, 293, 297, 298, 299
コーエン　Cohen, L. J.,　260, 276

サ行

サーモンド　Salmond, J.,　266, 278, 280
サンキー卿　Sankey, Lord,　165
ジェサップ　Jessup, P. C.,　297
ジェニングズ　Jennings, R,　299
ジェニングズ　Jennings, W. Ivor,　273
ジェンクス　Jenks, E.,　266
ジェンセン　Jensen, O. C.,　285
シジュウィック　Sidgwick, H.,　271, 273, 288, 290
ジャクソン　Jackson, H.,　289
シュウォーツ　Schwartz,　285
シュルツ　Schultz, F.,　277
ジョーンズ　Jones, J. W.,　284
スコット　Scott, J. B.,　299
スターク　Starke, J. B.,　298

ストローソン　Strawson, P. F.,　290
ストーン　Stone, J.,　271, 285, 297
ソクラテス　Socrates,　230

タ行

ダイアモンド　Diamod, A. S.,　277
ダイシー　Dicey, A. V.,　121, 165, 282
タッカー　Tucker, R. W.,　297, 299
ツォルン　Zorn, P.,　297
ディキンソン　Dickinson, J.,　276, 285, 286
ディクソン　Dixon, Sir O.,　283, 288
デヴリン　Devlin, L. J.,　292
デューイ　Dewey, J.,　285
デル・ベキオ　Del Vecchio, G.,　288
トウェイン　Twain, Mark,　294
ドーブ　Daube, D.,　266
トリーペル　Triepel, H.,　297

ナ行

ノーウエル－スミス　Nowell-Smith, P.,　275

ハ行

ハート　Hart, H. L. A.,　227n, 260, 262, 264, 267, 273, 275, 276, 282, 285, 288, 289, 291, 292, 294, 295
パウンド　Pound, R.,　285, 294
ハチソン　Hutcheson, J. C.,　287
バックランド　Buckland, W. W.,　266, 269
パッペ　Pappe, H.,　295–6
バン　クレフェンス　Van Kleffens, E. N.,　297
ハンド　Hand Learned,　286
ピディントン　Piddington, R.,　273
ヒューズ　Hughes, C. E., C. J.,　287
ヒューズ　Hughes, G.,　282, 291
ヒューム　Hume, D.,　209, 294
フィツモーリス　Fitzmaurice, G. G.,　296
フラー　Fuller, L. L.,　227n, 295
ブライアリィ　Brierly, J. L.,　296, 297, 298
ブラックストーン　Blackstone,　205, 293, 294
ブラドリィ　Bradley, F. H.,　290
プラトン　Plato,　177, 203
フランク　Frank, Jerome,　258, 269, 273, 286
フランクファーター　Frankfurther, F.,　274
フリードマン　Friedmann, W.,　287, 290
ブロード　Broad, C. D.,　276
プロッサー　Prosser, W. L.,　290
ヘアー　Hare, R. M.,　262, 270
ベイヤー　Baier, K.,　270, 277, 295
ペイン　Payne, D. J.,　271
ヘューゲルシュトレーム　Hägerström, A.,　259, 262, 271, 276
ペレルマン　Perelman, Ch.,　288
ベンとピーターズ　Benn, S. I., and Peter, R. S.,　289, 290, 292, 295
ベンタム　Bentham, Jeremy,　19, 71, 205, 229, 255, 260, 263, 269, 270, 273, 275, 292, 293, 294
ヘンデル　Hendel,　287
ホードリー主教　Hoadly, Bishop,　153, 158
ボーナート　Bohnert, H. G.,　262
ホーフェルト　Hohfeld, W. N.,　274
ホーブル　Hoebel,　277
ホームズ　Holmes, O. W., J.,　2, 9, 258, 266, 269, 275, 286, 291
ホール　Hall, E. W.,　262
ホール　Hall, J.,　291, 295
ホッブズ　Hobbes, T.,　71, 209, 273, 289, 294
ホフスタッターとマッキンジー　Hofstadter, A., and McKinsey, J. C. C.,　262
ホワイトリィ　Whitely,　290

マ行

マーシャル　Marshall, G.,　260, 274, 282, 283, 284, 287, 288
マキィ　Mackie,　287
マクネアー　McNair,　283
マーチ　March, J. D.,　15n
マリノフスキー　Malinowski,　277
ミラー　Miller,　287
ミル　Mill, J. S.,　204, 205, 293
メルデン　Melden, A.,　264, 267, 275, 290
モリソン　Morison, W. L.,　265, 270, 271
モンテスキュー　Montesquieu,　204

ラ行

ライル Ryle, G., 260
ラートブルフ Radbruch, G., 295
ラファエル Raphael, D., 289
ラモン Lamont, W. D., 294
ルウェリン Llewellyn, K. N., 2, 151, 258, 277, 286
レイサム Latham, R. T., 283
レヴィ Levi, 284
ローターパクト Lauterpacht, H., 298, 299
ロールズ Rawls, J., 289
ロス Ross, A., 262, 267, 269, 275-6, 282, 288
ロビンソン Robinson, R., 260, 261

ワ行

ワイスマン Waismann, F., 285

事 項 索 引

ア行

アメリカ合衆国憲法　Constitution of United States of America　14, 40, 80, 81, 82, 83, 86, 116, 158, 239, 271, 275　⟶憲法
威嚇を背景とする命令　orders backed by threats　7, 8, 9, 15, 18, 22-8, 30, 31, 35, 36, 42, 47, 56, 58, 68, 70, 88, 170, 208, 231, 236, 245　⟶強制的命令，命令
イギリス憲法習律　Conventions of British Constitution　121, 282
イギリス国会法　Parliamentary Acts of 1911 and 1949　165
イギリス遺言法　Wills Act 1837　14, 31, 37, 40, 42　⟶遺言
イギリス連邦　Commonwealth
――と議会　130-2, 283　→ウェストミンスター法，憲法
イスラエル　Israel　244
イラク　Iraq　244
ウェストミンスター法　Statute of Westminster　165, 288
オーストラリア憲法　Constitution of Australia　80
オランダ　Holland　274

カ行

懐疑主義　scepticism　13, 135-68（第七章），236, 260, 287-8
外的視点　external point of view　98, 99, 100, 111, 112, 129, 276　⟶内的視点
外的側面　external aspect (of rule)　98, 100, 108　⟶内的側面
外的陳述　external statement　112, 114, 117, 118, 119, 120, 122, 128, 236, 276　⟶内的陳述，陳述，予測
概念主義　conceptualism　134, 140, 141, 142, 285　⟶形式主義
革命　revolution　114, 128-30, 226, 283
⟶法体系の病理学
過失　negligence　144, 188
慣習　custom　29, 49-54,（第三章第三節）71, 76, 100, 101, 110, 188, 191, 208, 270, 276, 280
⟶第一次的ルール，黙示の命令
感情　feelings　⟶強制の感情
機械的法学　mechanical jurisprudence　140, 285,〔228〕　⟶形式主義，概念主義
議会　parliament　27, 28, 116, 117
――の主権　sovereignty of parliament　75, 82-9, 116, 121, 125, 162-5, 265, 279, 287-8
議会における女王　the Queen in Parliament　27, 28, 40, 41, 68, 72, 75, 82, 112, 116-7, 121, 126, 130, 158, 162, 165, 279
規範的言語　normative language　64, 95, 127, 150, 221　⟶内的陳述
行政機関　an administrative body　32, 71, 142, 144, 147, 285
強制的命令　coercive order　22, 29, 37, 39, 45, 46, 47, 48, 49, 50, 54, 56, 88, 89-91, 263-4
――としての法　23-8（第二章第二節），263-4
⟶威嚇を背景とする命令，命令
強制の感情　feelings of compulsion　13
――と責務　97, 150-1, 275
義務　duty　8, 9, 30, 31, 45, 46, 47, 54, 95, 96, 97, 101, 102, 107, 108, 122, 187, 198, 199, 200, 215, 246, 274
――と責務　265, 266
――と能力がないこと(disability)との相違　77-8
――と予測　269
――を課すルール　35, 36, 37, 39, 42, 45, 46, 96, 97, 123, 252, 268, 269　⟶責務，ルール，予測
究極の承認のルール　ultimate rule of recognition　115, 116, 117, 119, 120, 124, 126, 130, 132, 162, 166, 278　⟶承認のルール，妥当性
許容的法源　permissive legal source　280-1
⟶法源
形式主義　formalism　134, 135-68（第七章），247, 285　⟶概念主義
刑罰　punishment　3, 4, 8, 12, 30, 32, 37, 38,

39, 43, 44, 87, 95, 97, 185, 188, 189, 196, 220, 230
——と税金との比較　43-4　——→刑法，制裁，処罰
刑法　criminal law　〔刑罰法規　penal statute〕　8, 10, 23, 27, 30, 31, 32, 34, 35, 36, 41, 43, 45, 46, 54, 97, 176, 179, 216, 266
契約　constracts　3, 10, 29, 31, 32, 38, 42, 46, 106, 179, 266, 267, 269, 278　——→約束
ゲーム　games
——における審判の決定の永続性と法の永続性　70
——におけるスコアラーの裁量と法とは裁判所がそれだと言うものであるという理論　154-8
——における得点のルール　38, 39, 66, 111
——における多様なルール　10, 45, 267-8
——の定義　261
——のルールの内的側面　63, 64　——→内的側面
——のルールへの一致とチェスの駒の移動　153　——→ルールの適用
権威　authority　22, 23, 33, 57, 106, 107, 219
力（power）と区別された——　71, 219, 220-1, 222
立法的——　65-71, 78, 79
厳格責任　strict liability　181, 189, 194, 195, 290, 292　——→過失，不法行為法
拳銃強盗の場合　the gunman situation　7, 8, 21-27, 91, 92, 94, 263　——→威嚇を背景とする命令
原初的法　Primitive law　4, 5, 17, 100, 101, 102, 170, 179, 276-7
権能付与のルール　power-conferring rules　29-55（第三章），66, 86, 88, 89, 90, 105, 106, 123, 265, 266, 267, 268, 269
——と命令　32-6
法の断片としての——　39-43
——→公機関，変更のルール
憲法　constitutional law　9, 27, 42, 79, 83, 110, 120, 121, 123, 127, 154, 162, 166, 245, 269, 279, 282
——の改正　81, 82, 86, 87, 116, 158, 195, 274, 275, 282
「実定道徳」としての——　2
立法府を制限する——　76, 77, 78, 80-7（第四章第四節），273
——→アメリカ合衆国憲法，議会，承認のルール，スイス憲法，立法府，南アフリカ
権利　rights　3, 8, 9, 31, 32, 48, 54, 60, 61, 65, 66, 80, 81, 97, 107, 186, 215, 245, 272
公機関　officials　2, 11, 12, 23, 24, 29, 39, 40, 41, 42, 43, 44, 67, 68, 72, 75, 89, 96, 100-7, 100, 109, 114, 115, 116, 119, 120, 122-8, 131, 132, 133, 143, 147, 148, 156, 206, 224, 226, 269
——→ゲーム，権能付与のルール
国際法　international law　4, 5, 17, 76, 88, 129, 132, 170, 217, 231-55（第十章），283, 296-9
——と国家主権　238-44（第十章第三節），297-8
——と国内法　213, 250-5（第十章第五節），298-9
——と道徳　245-50（第十章第四節），298
——における意思主義の理論　242-4, 297
——の拘束力　234-8（第十章第二節），296-7
国際連合憲章　United Nations Charter　235, 297
国際連盟規約　Covenant of the League of Nations　235
国家　states　4, 27, 56, 59, 67, 107, 213, 298
——の主権性　238-44（第十章第三節），297
——の独立　239-44
古典的自然法理論　Classical theories of Natural law　203, 209, 259　——→自然法
根本規範　Basic Norm　251-4, 283
——と承認のルールとの相違　278-9　——→ケルゼン，承認のルール，妥当性

サ行

裁判官　judge　2, 12, 13, 14, 29, 37, 46, 51, 114, 115, 117, 123, 128, 148, 150, 151, 153, 159, 160, 223, 269
——の権限〔能〕　32, 33, 46, 106, 268
——の義務　32, 33, 269　——→裁判所
裁判所　courts　2, 3, 4, 6, 9, 10, 14, 15, 24, 32-4, 40, 41, 43, 44, 45, 50, 51, 53, 54, 67, 68, 71, 72, 73, 75, 76, 93, 106-8, 128, 129, 130, 131, 132, 133, 142, 149, 170, 232, 251
——と承認のルール　111, 115-20, 124-7, 162,

166-8
——の決定の最終性と無謬性　154-61(第七章第三節)
——の創造的機能　143-7, 154-61(第七章第三節), 222, 223
——→の判決と私人の決定　156-7
——→裁判官, 裁判のルール, 先例, リーガル・リアリズム
裁判所の管轄権　jurisdiction　32-4, 40, 106, 108, 250, 251　——→裁判所
裁判のルール　rules of adjudication　106-8, 169, 185, 232, 245　——→裁判官, 裁判所, 第二次的ルール
裁量　discretion
ゲームにおけるスコアラーの——　155-9
裁判所の——　52, 154-61(第七章第三節)
法定立機関の——　142, 143
自然的正義　Natural Justice　175, 224
——→正義, 類似の事例は同様に取り扱うべし
自然法　Natural law　9, 170, 171, 197, 292-4
——と法実証主義　202-11(第九章第一節)
——における自然の概念　206-9
——における法の概念　203-6
——の経験的見解　208-11
——の最小限の内容　211-18, 291
戦後ドイツにおける——理論の復活　227-30, 295, 296
実効性　efficacy (of law)　112-5, 227, 275, 281　——→妥当性
実定道徳　positive morality　2
司法審査　judicial review　81, 274　——→憲法
社会的慣行　social practice　61, 65, 66, 110, 118, 122, 128, 193, 198
社会統制(コントロール)　social controll　43, 44, 135, 185, 210, 220, 225, 228
習慣　habits　20
——とルール　11-3, 61-7, 149-50, 169, 273
——→服従の習慣, ルール
従属的立法者(機関)　subordinate or inferior legislator　27, 34, 35, 50-1, 161
十二表法　the XII Tables　277
主権者　sovereign　28, 31, 50, 51, 54, 56-87(第四章), 89, 109, 162-7, 240-4, 271-4
——としての選挙民　53, 82-7, 265, 274
——→議会, 選挙民, 民主制
承認のルール　rule of recoginition　104-5, 107-8, 109-20(第六章第一節), 121-22, 128, 130, 169, 185, 221, 232, 245, 251, 253, 282
——と根本規範との相違　278-9
——と裁判所　111, 115-20, 124-7, 162, 166-8
——の不確定性　132, 133, 161-8(第七章第四節)
——の容認(受けいれ)　117-20, 124, 125
国際法における——　251-4
——→究極の承認のルール, ケルゼン, 妥当性, 法の開かれた構造
処罰　Punishment　11, 12, 13, 51, 93, 94, 98, 100, 103, 107, 172, 188, 226, 230　——→刑罰
指令　direction　23, 24, 41, 42, 44, 45, 135, 139, 142, 148, 225, 267, 268
スイス憲法　Constitution of Switzerland　81, 274
スウェーデン　Sweden　274
スカンディナヴィア法理論　Scandinavian legal theory　12, 259-60　——→オリヴェクローナ, ヘェーゲルシュトレーム, ロス
スコラ的自然法理論　scholastic theories of natural law　9, 259　——→自然法
正義　justice　8, 9
——と共通の福祉　181-2, 290
——と道徳　169-201(第八章), 288-92
——の原則と法としての適正　224-5, 294
——の諸原則　172-83(第八章第一節), 222, 224, 288-91
自然的——　175, 224
配分的——　173, 178, 183
補償における——　179-82, 290
税金　taxes　10, 173-4, 178
——と刑罰との比較　43-4
制裁　sanction　30, 31, 40-3, 44, 54, 93, 94, 96, 103, 107, 144, 150, 170, 215-7, 232, 249, 250, 251, 264, 265, 277, 299
——としての無効　37-9, 268-9
——の予測と責務　12-3, 94, 97-100
国際法における——と責務　234-8(第十章第二節), 296-7
——→刑法, 無効, 命令(orders)
制定法　statutes
単なる法源としての——　2, 15, 18, 71-3, 148-50　——→法
責務　obligation　7, 8, 9, 31, 48, 49, 95, 96, 97, 102, 107, 108, 122, 125, 127, 198, 200, 213, 215,

タ行

——→自然法
独立　independence
国家の——　239-44
法体系の——　27, 28, 130-2, 283
トマス主義　Tomist　170-1　——→自然法
トルコ憲法　Constitution of Turkey　275, 282

ナ行

内的視点　internal point of view　98, 99, 101, 107-8, 111, 112, 125, 126, 127, 149, 151, 160, 219, 221, 276　——→外的視点
内的側面　internal aspect　63, 64, 93, 97, 98, 99, 108, 169, 276
ゲームのルールの——　63-4
ルールの——と感情　64, 97, 275-6
——→外的側面
内的陳述　internal statement　112, 113, 114, 115, 117, 118, 120, 122, 128, 132, 155, 221, 236, 276　——→外的陳述，規範的言語，陳述
ナチス・ドイツ　Nazi Germany　——→ドイツ

ハ行

ハックルベリ・フィン　Huckleberry Finn　218, 294
不確定〔実〕性　uncertainty
承認のルールの——　161-8（第七章第四節）
先例の——　136, 146-8
第一次的ルールの——　102, 104
法的ルールの——　14-5, 133-45
不確定性の半影　penumbra of uncertainty (of rules)；確実な核心(core of certainty)　146〔133, 162, 166, 168〕　——→法の開かれた構造
服従　obedience　23, 34, 46, 229, 230, 263
——と法体系の存在　122-8
——と法の永続性　68-73（第四章第二節）
——と立法権威の永続性　57-68（第四章第一節），270-2
——の習慣　26, 27, 57-73（第四章第一，第二節），74, 83, 84, 85, 86, 122, 123, 149, 271-3
——→慣習
不法行為法　laws of tort　30, 179, 181, 266, 290
変更のルール　rules of change　105-8, 169, 185, 232, 245　——→権能付与のルール，第二次的　ルール，立法，ルール
法　law
——的基準(legal standards)　142, 143, 144, 150, 285
——的ルール以外のルール　185, 186
——的ルールの不確定性　14, 15, 133-45
——としての適正(legality)と正義　224, 225
——と道徳　8, 9, 19, 96, 170-1, 202-30（第九章），231, 232, 279
——と命令　20-8（第二章），54, 55, 88, 89, 96, 231
——に対する抵抗　225-30
——に内在する道徳(inner morality of law)　225, 295
——の永続性と服従　26, 68-73（第四章第二節）
——の解釈　14-5, 47, 135-68（第七章），222-3, 270-1, 294-5
——の「外面性」と道徳の「内面性」　188-9, 195, 196, 291
——の起源　30, 49-55（第三章第三節）
——の効力（有効性）　——→妥当性
——の実効性　112-5, 228, 281
——の多様性　3-4, 29-55（第三章），265-6
——の断片としての権能付与のルール　39-43
——の定義　1-19（第一章），169, 227-30, 231-4（第十章第一節），260, 296
——の適用範囲　46-9（第三章第二節）
——の伝達　135, 136, 137, 138, 139, 146, 147, 284
——の内容　30-46（第三章第一節），269-9
——の発展と道徳　222, 223, 294
——の開かれた構造(open texture of law)　133, 139-47, 183, 258, 284-5
——の批判と道徳　119, 169-71, 172-83（第八章第一節），200, 223-5
第一次的ルールと第二次的ルールの結合としての——　88-108（第五章），120, 127, 169, 170
法源〔法の源泉〕　sources of laws　104, 107, 108, 110, 115, 280-1
——としての制定法　2, 15, 18, 71-3, 148-50
——→承認のルール，妥当性
法実証主義　legal positivism　9, 202, 203,

222, 224, 226, 227, 230, 292-3　──→自然法
法体系　legal systems　4, 8, 13, 27, 30, 36, 60, 66, 77, 84, 88, 89, 90, 107, 186, 191, 194, 202, 217, 219, 220, 221, 224
──と別々のルールのセットとの相違　101, 102, 105, 251-255
──の基礎　109-34(第八章)
──の存在　68, 122-7, 281, 282, 283, 284
──の中断　129
──の独立性　27, 28, 79, 283
──の発生　130-2, 283
──の病理学　128-34(第六章第三節), 283, 284
──の母体からの分離　131, 132, 283
──→革命
補償　compensation
──における正義　179-82, 289

マ行

南アフリカ　South Africa　218
──の憲法紛争　80, 81, 82, 132, 133, 167, 284, 288
民主制(民主主義)　democracy　56, 60, 200, 265
──における主権者　82-5
──における立法者　67
──→選挙民
無効　nullity　31, 33, 34, 35, 54, 77, 81, 83, 267
制裁としての──　37-9, 268-9
命令　commands　18, 22, 23, 263, 264　──→命令(orders), 命令法, 黙示の命令
命令　orders　2, 21, 22, 24, 25, 26, 27, 29, 33, 34, 263
──と慣習　49-54(第二章第三節), 270
──と権能付与のルール　32-6, 269
──と立法　47, 48, 272
──は法の分析に不適切である　61, 62, 86, 88, 90, 122, 169, 170, 270-1
──→威嚇を背景とする命令, 強制的命令, 命令(commands), 命令法, 黙示の命令, ルール
命令法　imperatives
──の多様性　20-3(第二章第一節), 261-3
──→命令, 黙示の命令
黙示の命令　tacit command or order　51-5, 71-3, 86, 87, 89, 244, 265, 270, 273　──→命令, 慣習

ヤ行

約束　promise　37, 38, 48, 49, 96, 106, 150-2, 159, 160, 215, 242, 243, 244, 247　──→契約
遺言　wills　10, 29, 31, 32, 33, 36, 37, 39, 40, 42, 46, 106, 247
イギリス──法　14, 31, 37, 40, 42
有効性　validity (of law)　──→妥当性
予言　prophecy　2, 9, 115　──→ホームズ, 予測
予測(説)　prediction　12, 13, 92, 93, 94, 97, 98, 99, 100, 108, 114, 148-52(第七章第二節), 219, 236, 259, 269, 275, 276, 281　──→リーガルリアリズム

ラ行

リーガル・リアリズム　legal realism　73, 148-52(第七章第二節), 273, 286, 287　──→裁判所, ルール
立法　legislation　25, 32, 33, 34, 35, 37, 40, 42, 105, 108, 122, 158, 161, 162, 265, 270, 271, 272
──的権威　60, 61, 65-71, 78, 79
──的権威の永続性　57-68(第四章第一節), 89, 271, 272
──と国際法　232, 248, 249, 250, 251
──と言葉　135-40
──と道徳　191-4, 247, 248
──に対する法的制限　74-9(第四章第三節), 81, 82, 83, 86, 116, 270, 273
──の自己拘束　47-9, 270
──の様式と形式　76, 80, 164, 165, 274
──の背後にある主権者　80-7 (第四章第四節), 274
立法者　legislatore　29, 35, 46, 49, 50, 53, 54, 56-87(第四章), 123, 159, 270
──の公的資格と私的資格　47, 75, 76, 89, 274-5
──→従属的立法者, 主権者
立法府〔機関〕　legislature　4, 6, 35, 42, 53, 57, 60, 80-7(第四章第四節) 116, 117, 130, 131, 132, 147, 161, 192, 193, 232, 240, 241, 248, 250, 265, 271
ルール　rules

本書に対する批判的著作

I. *Books*

Carrio, *Legal Principles and Legal Positivism*, Buenos Aires, 1971.

Eckmann, *Rechtspositivismus und Sprachanalytische Philosophie*, Berlin, 1969.

Fuller, *The Morality of Law*, ch. V, revised ed., Yale, 1969.

Gavazzi, *Norme primarie e norme secondarie*, Turin, 1967.

Munzer, *Legal Validity*, The Hague, 1972.

Raz, *The Concept of a Legal System*, chs. VI and VIII, Oxford, 1970.

Scarpelli, *Cos' è il positivismo giuridico*, ch. VII, Milan, 1965.

II. *Articles*

Bedau, 'Law, Legal Systems and Types of Legal Rules' in *Memoria del XIII Congreso Internacional de Filosofia* (Mexico), vol. VII (1964). 17.

Bobbio, 'Nouvelles R'eflexions sur les normes primaires et secondaires' in *La Règle de Droit* ed. Perelman, Brussels (1971). 104.

——'Ancora delle norme primarie e secondarie' 59 *Rivista di filosofia* (1968). 35.

Catania, 'L'Accettazione nel Pensiero di H. L. A. Hart' in 48 *Rivisita Internazionale di Filosofia del Diritto* (1971). 261.

Cattaneo, 'Il Diritto Naturale nel Pensiero di H. L. A. Hart' in 42 *Rivista Internazionale di Filosofia del Diritto* (1965). 673.

Cohen, 'The Concept of Law' 71 *Mind* (1962). 395.

Dworkin, 'The Model of Rules' in 35 *University of Chicago Law Review* (1967). 14, reprinted in *Essays on Legal Philosophy* as 'Is Law a System of Rules?' ed. Summers, Oxford, 1968.

——'Social Rules and Legal Theory' in 81 *Yale Law Journal* (1972). 855.

Dworkin and MacCallum, Symposium on 'Judicial Discretion' in 60 *Journal of Philosophy* (1963). 624, 638.

Hill, 'Legal Validity and Legal Obligation' in 80 *Yale Law Journal* (1970).

47.

Hughes, 'Rules, Policy and Decision Making' in 77 *Yale Law Review* (1968). 411.

——'Validity and the Basic Norm' in 59 *California Law Review* (1971). 695.

Macbride, 'The Acceptance of a Lega System' in 49 *The Monist* (1965). 377.

Morris, 'The Concept of Law' in 75 *Harvard Law Review* (1962). 452.

Raz, 'The Identity of Legal Systems' in 59 *California Law Review* (1971). 795.

——'Legal Principles and the Limits of the Law' in 81 *Yale Law Journal* (1972). 823.

Sartorius, The Concept of Law' in 52/2 *Archiv für Recht- und Sozialphilophie* (1966). 161.

——'Social Policy and Judicial Legislation' in 8 *American Philosophical Quarterly* (1971). 151.

Singer, 'Hart's Concept of Law' in 60 *Journal of Philosophy* (1963). 197.

Smith, 'Is there a Prima Facie Obligation to obey the Law' in 82 *Yale Law Journal* (1973). 850.

Winston, 'On Treating Like Cases Alike' in 62 *California Law Review* (1974). 1.

Woozley, 'The Existence of Rules' in 1 *Nous* (1967). 63.

Essays by Finnis, Hacker, MacCormick, Raz and Tapper in *Oxford Essays in Jurisprudence* II (forthcoming) Oxford.

邦語参考文献

1. 紹介論文

佐藤節子「H. L. A. ハート『法の概念』」(青山法学論集4巻3,4号 1963 所収)

田丸実「H. L. A. ハートの『法の概念』について」(日本法哲学会編「法実証主義の再検討」1962 所収)

恒藤武二「ハート」(矢崎光圀編「現代法思想の潮流」1967 所収)

2. 議論のなかで検討されているもの

碧海純一「裁判の客観性についての覚書」(ジュリスト544号 1974 所収)

井上茂「法規範の分析」(1967)

同「法哲学研究(1—3巻)」(1971—2)

上口裕「法適用におけるコアとピナンブラ」(一橋論叢73巻1号 1975)

佐藤節子「H. L. A. ハートの『法の概念』の分析方法」(日本法哲学会編「法の概念」1963 所収)

同「権利概念分析の方法」(青山学院創立百周年記念論文集　青山法学論集第16巻3・4合併号 1975 所収)

島津英郷「法の第一次規範と第二次規範——H. L. A. ハートの〈第一次ルール〉と〈第二次ルール〉をめぐるボッビオとガヴァツィの見解」(日本法哲学会編「法思想の諸相(2)」1970 所収)

田中成明「判決の正当化における裁量と法的規準——H. L. A. ハートの法理論に対する批判を手がかりに——」(法学論叢第96巻4•5•6合併号 1975 所収)

恒藤武二「現代イギリス法理学の実証的経験的傾向について」(同志社法学94号《17巻3号》1965 所収)

深田三徳「イギリス法理学と現代分析哲学」(八木鉄男編「現代の法哲学理論」1971 所収)

矢崎光圀「法哲学と法社会学」(1973)

同「法哲学」(筑摩書房, 1975)

六本佳平「法社会学の方法」(潮見俊隆編「社会学講座9——法社会学」1974 所収)

3. ハートの他の著作の邦訳

大谷実「法理学における定義と理論」(恒藤武二編訳「現代の法思想」1966 所収)
深田三徳「イギリスにおける法哲学と法理学(1945—1952)」(同志社法学第131号《25巻14号》1974 所収)

〈再版に際し追加〉

布川玲子「法と道徳の区別理論の検討——H. L. A. ハートと L. L. フラーの論争」(早稲田法学会誌28号 1977 所収)
尾崎重義「ハートの『承認のルール』と法体系としての国際法」(寺沢一他編「国際法学の再構築(下)」東京大学出版会, 1978 所収)
山崎康仕「H. L. A. Hart の法理論 (1) (2)」(六甲台論集27巻3, 4号, 1980, 81 所収)
井上達夫「法命題の概念に関する若干の考察」(社会科学紀要30輯《東大教養学部》1981 所収)
小谷野勝巳「現代人権理論の一考察——人権理論をめぐる H. L. A. ハートと R ドゥオーキンの論争を中心に——」(井上茂教授還暦記念「現代の法哲学」有斐閣, 1981所収)
田中茂樹「H. L. A. ハートの法理学における権利と法的権能についての一考察」(法と政治32巻4号《関西学院大学》1981 所収)
森際康友「法・言語・行為——H. L. A. ハートの法概念論の一分析 (1—4)」(法学協会雑誌98巻11号1981, 99巻1, 4, 8号 1982 所収)
同「法と言語行為」(法哲学年報1980,「法と言語」1981 所収)
守屋正通「法と言語体系, 生活様式」(法哲学年報1980,「法と言語」1981 所収)
矢崎光圀『法思想史』(日本評論社, 1981)
大塚　滋「H. L. A. ハートにおける二つの視点」(都立大学法学会雑誌24巻1号 1983 所収)
深田三徳『法実証主義論争——司法的裁量論批判』(法律文化社 1983)

著者略歴

(Herbert Lionel Adolphus Hart, 1907-1992)

1907年イギリスに生れる．29年オクスフォード大学卒業．32年弁護士となる．39年第二次世界大戦勃発後陸軍省に入り，大戦終結後オクスフォード大学に戻り，45年からニュー・カレッジの哲学のフェロー，テュター，48年に哲学担当の講師，52年から63年まで法理学教授およびフェロー，56年から翌年までハーヴァード大学客員教授，59年から60年までアリストテレス学会会長などをつとめた．68年オクスフォードの法理学教授を退官，72年から78年までブレイズノーズ・カレッジの学長．1992年歿．著者は本書のほか『法における因果法』（A. M. Honoré と共著，1959，邦訳，九州大学出版会，1991）『法，自由，道徳』（1963）「法学・哲学論集」（1983，邦訳，みすず書房，1990）その他がある．なお，本書第二版の「追記」が，『みすず』1997年9, 10月号に訳載されている．

監訳者略歴

矢崎光圀〈やさき・みつくに〉 1923年山梨県に生れる．1947年東京大学法学部卒．大阪大学名誉教授，元成城大学法学部教授．専攻，法思想史，法理学．2004年歿．著者『法哲学と法社会学』（1973，岩波書店）『法哲学』（2000，青林書院）『日常世界の法構造』（1987，みすず書房）ほか．訳書　ハート『法学・哲学論集』（1990，みすず書房）．

H. L. A. ハート
法の概念
矢崎光圀監訳

1976年2月28日　初　版第1刷発行
2019年5月16日　新装版第1刷発行

発行所 株式会社 みすず書房
〒113-0033 東京都文京区本郷2丁目20-7
電話 03-3814-0131(営業) 03-3815-9181(編集)
www.msz.co.jp

本文印刷所 三陽社
扉・表紙・カバー印刷所 リヒトプランニング
製本所 松岳社

Printed in Japan
ISBN 978-4-622-08821-9
[ほうのがいねん]